保険代理店の人事・労務管理と就業規則

社会保険労務士・行政書士
森 慎一 著

はじめに

　「うちの業界は特殊だから」とは、保険代理店の経営者の方からよく耳にする言葉です。たしかに、つい最近まで、労働契約ではなく業務委託契約を従業員と締結していたという経緯のある保険代理店における労務管理に、特殊なところがあることは間違いありません。歩合給が広く導入されていることも、よく知られています。

　しかし、「うちの業界は特殊」というのは、社会保険労務士をしていると、実はほとんどの業種の方から聞く言葉であったりもします。そして、その業界の特殊性という言い訳は、年々通じなくなってきていると感じます。労使間のトラブルは規模・業種を問わず発生しており、それがいったん労働基準監督署や弁護士のところに持ち出されれば、業種を問わず適用される労働関係法令によって処理されるためです。

　さらに、筆者が社会保険労務士として登録した10年前には考えられないほど、労働に関するニュースが新聞やラジオで頻繁に報道されたり、ヤフーニュースのトップページに掲載されたりすることが珍しくなくなりました。それは、悲しい過労死のニュースであったり、興味深い先進的な取組みであったりとさまざまですが、いずれにしろ、かつて当たり前だった働き方が、いますごい勢いで見直されてきていることの表れといえます。近年、委託型募集人の適正化や保険業法の改正といったビッグイベントがあった保険代理店業界も、その例外ではありません。

　本書は、このように大きく環境が変わる中で、保険代理店における労働の実態と労務コンプライアンスの両立をめざして、筆者の拙い経験と知識をまとめたものです。メインとなる読者は、いわゆる専業のプロ代理店の経営者や人事総務担当者、および現在もしくは将来保険代理店に関与する(関与したい)社会保険労務士や経営コンサルタントの方などです。

　本書は、大きく2部に分けて構成されています。

はじめの2章は「業界の知識の部」として、保険代理店を取り巻く業界の動向（第1章）、保険募集に関する法規制（第2章）について、最低限のポイントをまとめました。

　つづく第3章から第9章までは「労務の知識の部」として、保険代理店における問題となりやすいテーマを、入社から退社までの順に構成しました。労務管理の拠り所となる就業規則の解説から始まり（第3章）、雇入れの留意点（第4章）、労働時間と残業代の問題（第5章）、働きやすい職場づくりのための各種制度（第6章）、賃金（第7章）、営業成績不良による解雇（第8章）、労働基準監督署対応と健康管理（第9章）について、解説しています。体系的・網羅的にではなく、テーマごとに重要なポイントをまとめたのが、類書にはあまりみられない、本書の特徴です。したがって、関心のあるテーマの章から読んでいただいて問題ありません。

　本書を書くにあたっては、これまでかかわりのあった保険代理店の経営者や社員の方々に、改めて生の声をインタビューさせていただきました。ここでお名前を挙げることはできませんが、快く引き受けていただきましたことに、この場を借りて感謝申し上げます。また、本書の編集担当である日本法令の水口鳴海氏には、何度も原稿に目を通していただき、その都度的確なアドバイスをいただきました。ありがとうございました。

　最後に、いつも私生活を支えてくれる妻に……これは直接いわないといけませんね。労使関係も夫婦関係も、直接コミュニケーションをとることが何よりも大切であるようです。

　本書が、保険代理店の労務管理の改善と、さらなる事業の発展に役立つものとなれば、これ以上うれしいことはありません。

2019年1月

　　　　　　　　　　　　　　MORI社会保険労務士・行政書士事務所
　　　　　　　　　　　　　　　　代表　森　慎一

もくじ

第1章 保険代理店の基礎知識　業界の知識

第1節 保険代理店とは　12
- (1) 保険代理店の業務 …………………………… 12
- (2) 保険の種類は3つある ……………………… 13
- (3) 保険募集人とは ……………………………… 14
- (4) 販売チャネルは多様化している …………… 15
- (5) 代理店の種類 ………………………………… 18
- (6) 保険代理店の収益は ………………………… 21

第2節 保険業界の現状　23
- (1) 生命保険を取り巻く状況 …………………… 23
- (2) 損害保険を取り巻く状況 …………………… 24
- (3) 代理店業界の状況 …………………………… 26
- (4) 保険ショップの躍進 ………………………… 29

第3節 委託型募集人の適正化とは　31
- (1) 委託型募集人の禁止までの経緯 …………… 31
- (2) 労働契約とはなにか ………………………… 35

コラム❶ 保険代理店と社労士と ………………………… 42

第2章　保険業法の基礎知識　業界の知識

第1節 平成26年改正までの道のり　45
- (1) 平成26年改正以前までのあらすじ …… 45
- (2) そして平成26年改正へ …… 47

第2節 保険募集に関する規制　50
- (1) 保険業法300条の規制 …… 50
- (2) 平成26年改正による保険募集規制 …… 51
- (3) 平成26年改正法施行後の対応状況 …… 57
- コラム❷ 保険代理店と経営理念と …… 60

第3章　就業規則とはなにか　労務の知識

第1節 労働法と就業規則　62

第2節 就業規則の基礎知識　63
- (1) 就業規則の記載事項とその効力 …… 64
- (2) 就業規則を作成・変更するときは …… 67

第3節 就業規則の不利益変更　72
- (1) 就業規則の不利益変更が認められるためには …… 72
- (2) 個別同意も必ずとる …… 74
- コラム❸ 保険代理店とM&Aと …… 76

第4章 雇入れの実務 労務の知識

第1節 雇入れ時にするべきこと　78
- (1) 雇用契約書（労働条件通知書）の締結 ……… 78
- (2) 入社時の提出書類 ……………………… 84

第2節 入社したら職場のルールを教育する　94
- (1) 服務規律とはなにか ……………………… 94
- (2) 保険代理店でも極めて重要な情報管理のルール …96
- (3) SNSのメリット・デメリット ……………… 100
- (4) マイカーの通勤・業務利用 ……………… 103

第3節 試用期間　113
- (1) 試用期間とはなにか ……………………… 113
- (2) 本採用の拒否は可能か …………………… 114

第5章 保険代理店の労働時間管理と残業代の問題 労務の知識

第1節 労働時間規制の基本　118
- (1) 労働時間管理の必要性とリスク ………… 118
- (2) そもそも労働時間とはなにか …………… 119
- (3) 労働時間は把握しなければならない …… 124
- (4) 労働時間規制の原則 ……………………… 127

第2節 三六協定の基礎知識　131
- (1) 三六協定 ………………………………… 131

| (2) | 三六協定で定める延長時間 ･････････････････････ 133
| (3) | 労基法改正後の三六協定 ･･･････････････････････ 138

| 第3節 | 割増賃金計算の基本 | 143

| (1) | 基本的な計算式 ･･･････････････････････････････ 143
| (2) | 割増賃金の計算方法 ･･･････････････････････････ 143
| (3) | 具体的な計算例 ･･･････････････････････････････ 148
| (4) | 固定（定額）残業制 ･･･････････････････････････ 150

| 第4節 | 保険代理店の労働時間制度 | 155

| (1) | 事業場外みなし制 ･･･････････････････････････････ 156
| (2) | フレックスタイム制 ･･･････････････････････････ 159
| (3) | 小　　括 ･････････････････････････････････････ 167
| (4) | 事務担当者等の労働時間制度 ･･･････････････････ 168
| (5) | 「管理監督者」を活用できる範囲は狭い ････････････ 173

第6章　働きやすい職場のために ～休暇制度等～　【労務の知識】

| 第1節 | 年次有給休暇 | 177

| (1) | 年休の付与日数 ･･･････････････････････････････ 178
| (2) | 年休取得日の賃金 ･････････････････････････････ 180
| (3) | 年休を与えるのが難しい場合 ･･･････････････････ 183
　　　　～現実的な対応はあるか～
| (4) | 半日や時間単位の付与は必要なのか ･････････････ 185
| (5) | 年休の時効（取得可能期間）････････････････････ 186

| 第2節 | その他の法定休暇と女性が働きやすい職場づくり | 188

- (1) 母性保護に関する制度 …………………………… 190
- (2) 産前産後休業 …………………………………… 191
- (3) 育児期の両立支援策 …………………………… 191
- (4) 女性が活躍できる職場づくり ………………… 195
  〜セクハラ防止措置〜

第7章 保険代理店の賃金管理　労務の知識

第1節 保険代理店の賃金体系　203
- (1) 賃金の分類 ……………………………………… 203
- (2) 保険代理店における賃金の決定方法 ………… 206
- (3) 賞与を支払う場合のポイント ………………… 214

第2節 賃金に対する法規制　217
- (1) 賃金支払5原則 ………………………………… 217
- (2) 最低賃金法による規制 ………………………… 220
- (3) 保障給 …………………………………………… 224
- (4) 賃金台帳等の保存 ……………………………… 226

第3節 社会保険と賃金　227
- (1) 労働・社会保険にはどのような場合に加入するのか ……………………………………… 228
- (2) 労働・社会保険料の決まり方 ………………… 232
- (3) 老齢年金受給者は年金の減額にも注意 ……… 239

コラム❹ 保険代理店と歩合給をめぐる最新動向と ……… 244

第8章 退職・解雇をめぐる問題　労務の知識

第1節 解雇〜営業成績不振者の解雇を中心に〜　250
- (1) 解雇に関する労働法の規制 …………………… 250
- (2) 営業成績不振者への対応 ……………………… 255
- (3) 成績不振の社員を懲戒処分することはできるか …………………………………………… 261

第2節 解雇以外の労働契約の終了　269
- (1) 自動退職〜有期雇用・定年・休職等〜 ……… 269
- (2) 任意退職（辞職） ……………………………… 283

第3節 退職後のトラブル防止のために　284
- (1) 退職にあたって注意すべき事項 ……………… 284
- (2) 情報漏洩防止の実践 …………………………… 288
- (3) 退職後の保険契約等に関する取り決め ……… 292

第9章 労働基準監督署対応と健康管理
　労務の知識

第1節 労働基準監督署の基礎知識　296
- (1) 監督官はいつやってくるのか？ ……………… 296
- (2) 臨検を受けた場合のその後は ………………… 298
- (3) 突然の臨検にどう臨むか ……………………… 300
  〜是正指導で多いのは労働時間と残業代の不払い〜

| 第2節 | 社員の健康障害の防止 | 305 |

- (1) 過労死防止のために ……………………………… 305
- (2) 定期健康診断 …………………………………… 313

| 第3節 | 保険代理店の働き方改革の展望 | 317 |

| 就業規則　規定例　索引 | …………………………… 320 |

凡　例

▶　法　律　等

労基法	労働基準法
労基則	労働基準法施行規則
労契法	労働契約法
安衛法	労働安全衛生法
安衛則	労働安全衛生規則
育介法	育児休業、介護休業等育児又は家族介護を行う労働者の福祉に関する法律
均等法	雇用の分野における男女の均等な機会及び待遇の確保等に関する法律
健保法	健康保険法
厚年法	厚生年金保険法
高年齢者雇用安定法	高年齢者等の雇用の安定等に関する法律
個人情報保護法	個人情報の保護に関する法律
最賃法	最低賃金法
最賃則	最低賃金法施行規則
自賠法	自動車損害賠償保障法
徴収法	労働保険の保険料の徴収等に関する法律
番号法	行政手続における特定の個人を識別するための番号の利用等に関する法律
募取法	保険募集の取締に関する法律
身元保証法	身元保証ニ関スル法律
有期特措法	専門的知識等を有する有期雇用労働者等に関する特別措置法
労働者派遣法	労働者派遣事業の適正な運営の確保及び派遣労働者の保護等に関する法律

▶　判　例

最一小判H31.1.1　最高裁判所第一小法廷平成31年1月1日判決

　その他、一般の慣例によります。

第1章 業界の知識

保険代理店の基礎知識

第1節 保険代理店とは
第2節 保険業界の現状
第3節 委託型募集人の適正化とは

保険代理店とは

(1) 保険代理店の業務

　保険代理店とは、保険会社（メーカー）と保険販売等について業務委託契約（委任または準委任契約）を締結し、その業務を代行する法人または個人をいいます。

　主な業務内容は、委託契約に基づいて保険商品の設計・提案・販売等の営業活動、いわゆる保全業務とよばれる各種の諸手続や給付金・保険金等の請求手続の支援の業務などです（**図表1－1**）。

図表1－1　代理店委託契約

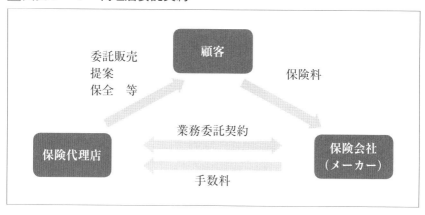

　近年は、保険募集を本業としている代理店の中にも、保険販売の提案だけでなく、FP（ファイナンシャルプランナー）資格(注)を活かして顧客のライフプラン全体を見通したトータルな提案・アドバイスを行う

こともあり、住宅ローンや相続、年金などの専門的な相談への対応している場合もあります。さらには、経営を安定させるために、別の事業を持っている場合もあります。

(2) 保険の種類は 3 つある

「〇〇保険」と名の付くものにはさまざまなものがありますが、保険業法ではこれを 3 つに分類しています。すなわち、「**生命保険**」、「**損害保険**」、そしていわゆる「**第三分野保険**」と呼ばれる保険の 3 つです。

生命保険とは、人の生存または死亡に関し、一定額の保険金が支払われる保険をいいます（保険業法 3 条 4 項 1 号）。たとえば、死亡した場合に保険金が支払われる死亡保険、一定期間生存していた場合に保険金が支払われる生存保険、そして死亡保険と生存保険を組み合わせた生死混合保険があり、長期契約の保険が中心です。

生命保険は、年齢別・男女別などの 1 年間の死亡率をまとめた「生命表」を基にしており、これが安定的な生命保険ビジネスを可能にしています。

損害保険は、一定の偶然の事故によって生ずることのある損害をてん補する保険をいいます（同条 5 項 1 号）。たとえば、自動車保険や火災保険などがあります。損害保険は保険期間が 1 年の場合が多く、保険代理店としては、その更新業務は非常に重要で、かつ比重の高い業務とな

（注）ＦＰ資格は、保険代理店の社員にとってはもっともメジャーな資格。一般的なものとしては、ＮＰＯ法人日本ＦＰ協会が認定する「ＣＦＰ資格」「ＡＦＰ資格」、国家検定であるＦＰ技能士がある。ＡＦＰは 2 級ＦＰ技能検定の合格とＡＦＰ認定研修の修了等の要件を満たした者が日本ＦＰ協会に登録することで付与される資格。ＣＦＰはＡＦＰよりもさらに上級の資格である（日本ＦＰ協会ＨＰ：https://www.jafp.or.jp/aim/fpshikaku/kind/）。その他にも生保ＦＰと呼ばれる生保協会認定ＦＰ（ＴＬＣ）のようなものもある。

ります。

　第三分野保険は、生存リスクに対して備える保険をいいます（同条4項2号、5項2号）。たとえば、非常に競争の激しい医療保険のほか、介護保険、がん保険などがあります。第三分野保険はこのほかにもさまざまな種類があり、損害保険や生命保険の商品の中に組み込まれていることもあります。

(3) 保険募集人とは

　上記(2)の保険商品を実際に販売する営業社員を「保険募集人」といい、「**生命保険募集人、損害保険募集人又は少額短期保険募集人**」に分類されます（保険業法2条23項）。

　このうち、**生命保険募集人**とは、「生命保険会社……の役員……若しくは使用人若しくはこれらの者の使用人又は生命保険会社の委託を受けた者若しくはその者の再委託を受けた者……若しくはこれらの者の役員若しくは使用人で、その生命保険会社のために保険契約の締結の代理又は媒介を行うもの」とされています（同条19項）。

　これに対して、**損害保険募集人**は、損害保険契約の締結の代理または媒介を行う損害保険会社の役員、使用人、損害保険代理店、その役員、使用人をいいます（同条20項）。

　余談ですが、保険業法では「損害保険代理店」という言葉は定義されているのに対し（同条21項）、「生命保険代理店」という言葉は出てきません。その理由は、「生命保険会社の販売チャネルがその使用人たる営業職員をメインとし、損害保険会社では販売チャネルの多くを代理店に依存して来たという歴史的経緯によるものであろう」と考えられます（村田敏一「保険募集法制見直し論の焦点」生命保険論集第176号）。

　生命保険募集人および損害保険代理店は、内閣総理大臣の登録を受けなければなりません（同法276条）。また、損害保険代理店は、その役員・使用人に保険募集を行わせようとするときは、その氏名・生年月日

を内閣総理大臣へ届け出なければなりません（同法302条）。この登録や届出は、原則として代理店の所属する保険会社を代理人として行います。この保険会社を代理申請会社（いわゆる「代申（だいしん）」）といいます。乗合代理店の場合でも、取り扱う保険会社のうち1社だけが代申になります。

(4) 販売チャネルは多様化している

① 保険の商品としての特性

　保険は、商品そのものが見えないという特性があるばかりでなく、それがなければ生きていけないという衣食住などとは異なり、それらが満たされたうえで初めて必要とされるものです。そのため、顧客に販売するにあたっては、商品の内容そのものだけではなく、生活するうえでのリスク、保険のもつメリットを説明し、顧客の希望とニーズに合致した商品を提案する必要があります。特に、生命保険・第3分野保険の場合は、顧客が実際に健康問題を生じる前でなければ保険に加入できない場合もあるため、潜在的なニーズを喚起する説明が不可欠といえます。

　そこで、保険販売のための窓口（販売チャネル）が必要となります。主な販売チャネルとしては、本書のテーマである代理店のほか、保険会社の営業社員、保険仲立人（ほけんなかだちにん）などがあります。

　さて、保険の営業といえば、家庭（近所の喫茶店）や職場への訪問して面談するというイメージですが、近年は販売チャネルにも新しいタイプのものが登場しています。たとえば、平成13年から、銀行窓口における保険募集（銀行窓販）が住宅関連長期火災保険などを皮切りに解禁されました（第1次解禁）。銀行窓販は、その後順次取扱商品が拡大されており、平成19年に全面解禁され、現在では、生命保険の有力な販売チャネルの1つとなっています。

　また、自動車保険に代表されるように、インターネットや電話による

保険販売（ダイレクト型・通販型）も増えています。最近では、ダイレクト型保険のCMを見ない日はないほどです。申込手続がすべてインターネットで完結できるような保険もあり、割安な保険料を武器に売上げを拡大しています。

　このように保険の販売チャネルは多様化しているわけですが、実際の保険販売では、どのような販売チャネルが利用されているのでしょうか。一般的には、生命保険は保険会社の営業職員、損害保険は保険代理店が販売チャネルとなる場合が多いといわれていますが、その実態を生命保険と損害保険で分けてみていきます(注)。

②　生命保険の販売チャネル

　生命保険の「直近加入契約の加入チャネル（平成30年調査）」では、「生命保険会社の営業職員」が53.7％と最も多く、次いで「保険代理店の窓口や営業職員」17.8％、「通信販売」6.5％となっています（生命保険文化センター「平成30年度生命保険に関する全国実態調査（速報版）」）（図表1－2）。

　このように、保険会社の営業職員が販売の中心になっているという点が、生命保険の大きな特徴です。これは、戦後、大手生命保険会社等が歩合給制の女性外務員を営業職員として大量採用し、当時「GNP（義理・人情・プレゼント）」と呼ばれた営業方法によって多くの契約を獲得した頃から続く傾向です。

　これと比べると保険代理店での販売は少ないようにもみえますが、前回調査（平成27年度）と比べると「生命保険会社の営業職員」は5.7ポイント減少している一方、「保険代理店の窓口や営業職員」は4.1ポイン

（注）　それぞれのデータを作成している団体が異なるため、データのとり方、集計方法が異なる。また、乗合代理店の増加にともない、生損保ともに取り扱う代理店も多く、損害保険代理店の約9割が生命保険を取り扱っている（日本損害保険代理業協会・野村総合研究所「代協正会員実態調査報告書」平成28年）。

ト増加しており、保険代理店での生命保険の販売は全体の2割に迫る勢いです。これには、後述する保険ショップ等の乗合代理店の躍進も背景にあると考えられます。

図表1－2　直近加入契約（民間の生命保険）の加入チャネル（複数回答）

(%)

	生命保険会社の営業職員	家庭に来る営業職員	職場に来る営業職員	通信販売	インターネットを通じて	テレビ・新聞・雑誌などを通じて	生命保険会社の窓口	郵便局の窓口や営業職員	銀行・証券会社を通して	銀行を通して	都市銀行の窓口や銀行員（ゆうちょ銀行を含む）	地方銀行の窓口や銀行員	信託銀行、信用金庫、信用組合の窓口や銀行員	証券会社の窓口や営業職員	保険代理店の窓口や営業職員	保険代理店（金融機関を除く保険ショップ等）の窓口	保険代理店（金融機関を除く）の営業職員	勤め先や労働組合等を通じて	その他	不明
平成30年調査（平成25～30年に加入）	53.7	43.2	10.5	6.5	3.3	3.3	2.9	4.2	5.4	4.9	2.7	1.8	0.4	0.5	17.8	7.8	9.9	3.4	5.6	0.6
平成27年調査（平成22～27年に加入）	59.4	47.5	12.0	5.6	2.2	3.4	3.1	3.0	5.5	5.3	2.3	2.7	0.3	0.2	13.7	4.7	9.0	4.8	4.1	0.7
平成24年調査（平成19～24年に加入）	68.2	53.0	15.2	8.8	4.5	4.3	2.5	2.1	4.3	4.2	1.9	2.3	0.1	0.1	6.9	—	—	3.2	3.2	0.8
平成21年調査（平成16～21年に加入）	68.1	52.5	15.7	8.7	2.9	5.7	1.9	2.9	2.6	2.6	1.1	1.1	0.4	0.0	6.4	—	—	3.0	4.9	1.3

＊かんぽ生命を除く。

（生命保険文化センター「平成30年度生命保険に関する全国実態調査」より）

③　損害保険の販売チャネル

　一方、損害保険では、（募集形態別元受正味保険料の構成比のデータになりますが）「代理店扱」が91.5％、「直扱（損害保険会社の役職員が直接販売する場合や、ダイレクト型・通販型など）」が7.9％、「保険仲立人（保険ブローカー）扱」が0.6％となっています（日本損害保険協

会「日本の損害保険-ファクトブック2018」)（**図表１－３**）。

**図表１－３　募集形態別元受正味保険料割合**

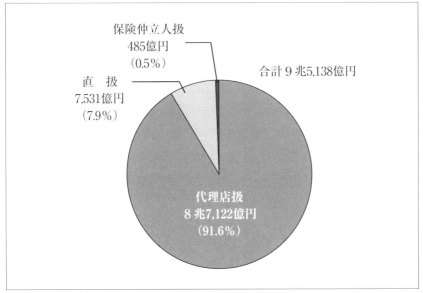

（日本損害保険協会「日本の損害保険-ファクトブック2018」より）

　このように、生命保険と比べると、損害保険の販売チャネルは代理店が圧倒的に多いことがわかります。ただし、損害保険代理店は、後述する副業（兼業）代理店が大半を占めていることに注意が必要です。

(5) 代理店の種類

　保険代理店は、その経営形態や取扱保険会社によって、分類することができます。

① 専業代理店と副業代理店

　保険代理店は、保険販売が専業か副業かで、「**専業代理店**」と「**副業代理店**」（兼業代理店）に分けることができます。

　専業代理店とは、文字通り、保険販売のみを行う代理店をいいます。この場合、収入は基本的に保険会社からの手数料のみの代理店です。一般的な保険代理店のイメージがこれで、このような代理店がいわゆる「プロ代理店」とよばれます。本書のメインターゲットもこの形態です。

　これに対して**副業代理店**とは、他に主たる事業を持つ代理店をいいます。具体的にどのような事業所が保険販売を副業にしているのかというと、損害保険協会のデータによれば、主に自動車保険を扱う自動車ディーラーや整備工場などの自動車関連業が51.7％、主に火災保険を扱う不動産業者が11.8％、主に旅行傷害保険を扱う旅行代理店が1.1％などとなっています。これらの店舗に、保険会社の表示が出ているのをみかけたことがある読者も多いのではないでしょうか。

　専業と副業の両者の割合では、専業代理店は３万5,283店で18.9％、副業代理店は15万1,450店で81.1％となっており、副業代理店が大半を占めています（日本損害保険協会「2017年度代理店統計」）。このように副業代理店が損害保険代理店の多くを占めるにいたったのは、次の**第２章**でみるように、商品の内容と保険料が全社一律であったため、プロ代理店が得意とするリスクマネジメントが大きな武器にはなりにくかったという事情が挙げられます（株式会社トムソンネット編「図説損害保険代理店ビジネスの新潮流」きんざい）。

　なお、専業保険代理店の割合は代理店全体の約19％ですが、取扱保険料（火災保険、自動車保険および傷害保険の合計額）は全体の約40％の割合を占めており、金額は約２兆4,946億円になります。

②　専属代理店と乗合代理店

　保険代理店には、専業・副業による分類のほか、取り扱う保険会社数によって「専属代理店」と「乗合代理店」に分類できます。

　専属代理店とは、1社の保険会社と業務委託契約を締結し、その会社の保険商品のみを販売する代理店をいいます。

　これに対して**乗合代理店**とは、複数の保険会社の保険商品を販売している代理店をいいます。近年、駅周辺やショッピングセンターなど人通りの多い場所に店舗を構える「(来店型)保険ショップ」が急速に拡大していますが、これも乗合代理店である場合が多いです。このタイプの店舗は、複数の保険会社の中から商品を提案できるため、「全○社の保険会社の中からお客様に最適な保険をご提案します」というような「オーダーメイド」の提案・販売を武器に、その存在感を強めています。

　乗合のプロ代理店の中には、保険ショップも含めた多店舗展開を行うなど大規模化しているものもあります。このような代理店では、従業員が100人以上いて、独自に専用のシステムを開発するなど、一般的にイメージされる保険代理店とは様相が異なります。いま勢いがあるのが乗合代理店といってよいでしょう。

　では、専属と乗合の割合はどのようになっているのでしょうか。これも損害保険代理店のデータですが、専属代理店は14万2,969店なのに対して、乗合代理店は4万3,764店と全体の約4分の1を占めています（前掲・日本損害保険協会）。

　しかし、募集従事者の数をみると、専属代理店が62万7,859人で30.3％であるのに対して、乗合代理店が144万5,029人で69.7％と逆転しており、さらに、取扱保険料でも乗合代理店が65.1％を占めています（前掲・日本損害保険協会）。したがって、乗合代理店は店舗数こそ専属代理店より少ないものの、一店舗ごとの規模や売上は専属代理店よりも大きいことが伺えます。

　このようにしてみると、これからの代理店の経営は、乗合代理店のほうが品ぞろえも良く、勢いがあって有利なように思われますが、実際に

はそれぞれメリットとデメリットがあります。

　たとえば、乗合代理店は多くの保険商品の中から比較しながら顧客のニーズにより合致したものを提案することができますが、その反面、複雑かつ多様化している保険商品に関する知識が必要となります。短時間で最適な提案を行うことは、高いスキルが求められます。

　また、後述する平成26年改正保険業法により、比較・推奨販売にかかる体制整備義務が課せられるなどの規制強化への対応も必要です。ＩＴ機器を活用した比較説明も行われていますが、限られた時間の中で顧客の理解を得てクロージングするためにはかなりの工夫と準備を要することは想像に難くありません。

　一方、専属代理店では、乗合代理店に比べて商品は少ないですが、保険会社から支払われる手数料率が高く、また保険会社からの支援を受けやすいなどのメリットがあります。

(6) 保険代理店の収益は

　専業代理店の場合の収益源は、基本的に保険の販売実績に応じて保険会社から支払われる手数料となるのはよく知られているとおりですが、手数料体系は保険会社や保険商品によって異なります。

　たとえば、いま筆者の手元にある生命保険会社の手数料体系では、代理店の年間収入保険料（挙績）に基づいたランク（資格）付けがされます。当然、年間収入保険料が高いほど手数料率も高くなるように設定されています。そして、ある商品については、初年度手数料が収入保険料の約60％、翌２～10年度が約10％で、11年度以降は０％となる体系です。

　このように、契約初年度の手数料率を高めに設定する手数料体系は「Ｌ字型」と呼ばれ、生命保険でよくみられます。これに対して、手数料率が一定期間変わらないものを一般的に「平準型」とよびます。

　損害保険では、挙績や業務能力による代理店業務ランクや、専業かどうか、規模や増収、業務品質等の評価によって決まるポイントに基づい

て手数料率が変動する、いわゆる代理店ポイント制によって、代理店ごとに手数料に差をつける手数料体系がみられ、特に近年は代理店の規模・増収が重視されています。手数料率は、収入保険料のおおむね15〜20％程度が支払われることが多いといわれています。

　このほかにも、特定の商品についてキャンペーン手数料やボーナス手数料を設けたり、年間の収入保険料の目標を設定して、上位者を表彰・研修と称して旅行に招待したりするといったキャンペーンで販促を行う保険会社もあります。しかし近年、過度なインセンティブによる手数料優先の保険販売が問題視されたことや、金融庁が乗合代理店に対するインセンティブ報酬について「原資は保険契約者から預かった保険料であることを踏まえると、『質』・『量』ともに、顧客にきちんと説明ができる合理的なものとしていくことが重要」と指摘していること（金融庁「平成28年事務年度金融レポート」）などもあって、今後、過剰な手数料の割増しや海外表彰を行う保険会社は、縮小していくとみられます。

　このように、保険代理店の収益源である手数料は、保険代理店の年間収入保険料だけでなく、代理店ランクや代理店ポイント制によって差がつくようなしくみになっています。これには、保険会社が保険代理店の高品質化、大型化を求めているという意図も反映されているとみられており、最近は保険会社のほうから代理店同士の規模の拡大のためのM＆Aを促すような動きもあります。

　なお、手数料に関しては、成立した保険契約が早期に失効したり、解約されたりしたような場合に、すでに支払われた手数料の一部を保険会社に返還する「戻入（れいにゅう）」というしくみがあるケースもあります。たとえば、契約日から半年後に解約された場合には、既払い手数料の半分を戻入しなければならないことが定められているようなケースです。

　このようなしくみは、無理な保険募集を防止するという効果もありますが、一方で、戻入金をその保険を販売した社員に負担させるのかどうかといった問題も生じさせます。

保険業界の現状

(1) 生命保険を取り巻く状況

　生命保険（個人年金を含みます）の世帯加入率は、簡保、ＪＡ、県民共済・生協等も含めた全生命保険会社で合計すると88.7％に上ります。つまり日本に住む人の約9割の世帯が何らかの生命保険に加入しているといえます。もちろん加入率には年齢によって差があり、若年層の加入率は比較的低いです（前掲・生命保険文化センター）。

　一方、平成29年度末の個人保険の保有契約高（死亡保障などの主要保障の金額）は852兆9,627億円で、ここ数年はほぼ横ばいとなっています。また、個人保険の保有契約件数は1億7,302万件で、10年連続で増加しており、顧客の節約志向により単価が減少していることが伺えますが、ここ数年は堅調な結果となっています（生命保険協会「2018年版生命保険の動向」）。

　しかし、将来の見通しを考えると、楽観できる状況ではありません。その大きな理由の1つが日本の少子高齢化です。すでに平成21年以降、我が国の人口は減少に転じており、国立社会保障・人口問題研究所の推計によると、現在の傾向が続けば、平成77年（2065年）には人口が8,808万人（中位仮定）、1年間に生まれる子どもの数は現在の半分程度の約56万人となり、老年人口の割合は現在の26.6％（平成27年）からさらに上昇して約38％に達するという、厳しい見通しが示されています（「日本の将来推計人口（平成29年推計）」）。

　従来、生命保険は、（典型的には）男性会社員の就職や結婚、出産を契機に加入・増額をすることにより、長期の契約保持とライフイベント

ごとの収入保険料増額が見込めましたが、今後はさらにこの層が減少することは避けられません。また、セキュリティ意識の高まりにより、営業社員が直接職場や家庭を訪問することも、少しずつ難しくなってきています。

このように、生命保険を取り巻く状況は、今後は厳しさが増すことが予想されます。

しかし、社会情勢が変動することによる新たなニーズも生まれてくることも考えられます。たとえば、高齢化（長寿化）や晩婚化（生涯未婚者の増加）は、従来の生命保険商品の販売では不利であっても、生存リスクに備える医療保険や（私的）介護保険、個人年金、積立保険などに対して関心が高まることが考えられます。さらに、高所得の医師や経営者、資産を持つ高齢者向けに、節税対策として生命保険を活用するコンサルティング営業をかける動きもみられます。つまり、社会構造の変化にともなって、生命保険（第三分野も含む）に対する新しいニーズも生じているわけです。

(2) 損害保険を取り巻く状況

損害保険の主力商品は、なんといっても自動車保険です。任意保険の加入率は、対人賠償保険・対物賠償保険ともに7割を超えており、元受正味保険料（収入積立保険料を含みます）は4兆1,318億円に上ります。これは損害保険市場全体（9兆2,790億円）の約45％を占めています（日本損害保険協会「日本の損害保険－ファクトブック2018」）。

このように自動車保険は損害保険の中心的な保険ですが、今後大きな成長は見込めない分野といえます。前述のように人口が減少していることに加え、高齢者の免許の返納、少子高齢化にともなう若年層の減少、さらに自動車離れなど、自動車を運転する人口が減少傾向にあるからです。将来、自動運転技術がさらに向上すれば、ますます交通事故の減少に繋がるものとみられます。また、ダイレクト型・通販型が大量にテレ

ビCMを放映して販売数を伸ばしていることも、代理店にとっては脅威といえます。

　このように社会環境の変化や個人の顧客がより割安な保険料の商品に流れる中、法人や事業者向けのコンサルティング営業に力を入れる代理店が増えています。最近では保険料の全額を損金扱いできる商品も話題になりましたが、このような節税目的だけでなく、多様化した企業を取り巻くリスクに備えた商品の開発も進んでいます。たとえば、過労死が社会的に問題になったことを受けて労働災害総合保険が注目されるようになりました。このほかにも、サイバー保険や炎上保険などのインターネットに関係する保険、会社の不祥事により役員に対して高額の損害賠償が請求されることに備える会社役員賠償責任保険（D＆O保険）などへの関心が高まっています。法人営業は会社ごとに十分に聞き取りをしたうえでのリスク分析が不可欠であり、ネット販売には不向きであるとされているため、営業を地元の中小企業にシフトする動きが加速するでしょう。

　また、自然災害、特に地震に関するリスクの認知度が高まっています。地震保険の世帯加入率は平成6年度末には9.0％であったものが、平成29年末には31.2％と3倍以上増加しています（前掲・日本損害保険協会）。この間には、阪神淡路大震災（平成7年）、東日本大震災（平成23年）があり、震災リスクに対する危機感が高まったためと考えられます。

　このように、リスクが複雑化・多様化する現代では、損害保険の活用の幅が広がる可能性は十分あるといえます。特に経営基盤が脆弱とされる中小企業には、保険によるリスクマネジメントは潜在的なニーズがあります。

　したがって、保険募集人が経営に関する知識や専門性を身に着け、リスクコンサルティングによるアプローチをしていくことが重要となります。

(3) 代理店業界の状況

(1)～(2)の生命保険・損害保険の現状をふまえて、代理店の状況をみていきます。

① 生命保険代理店の場合

生命保険の代理店に関する指標を概観すると、法人代理店数は近年横ばいとなっており、平成29年度では3万5,113店です。個人代理店数は減少傾向にあり、同年度で5万3,537店となっています（前掲・生命保険協会、図表1－4）。近年、生命保険代理店の数は、全体としては減少傾向にありますが、その原因は、個人代理店の廃業や合併、買収、その事業主が他の代理店の使用人となっていることなどが考えられます。

図表1－4 登録営業職員数、登録代理店数、および代理店使用人数の推移

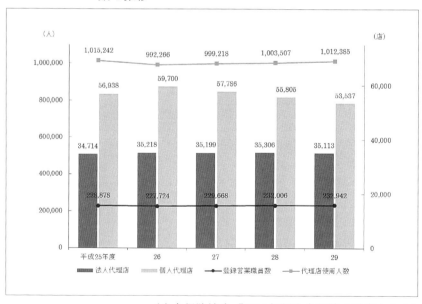

（生命保険協会「2018年版生命保険の動向」より）

一方、代理店使用人数は、平成26年度を除いて増加が続いており、平成29年度は101万2,385名となりました。これは、保険代理店の統廃合が進んでいることを表す一方で、平成13年の銀行窓販の解禁や、平成18年の郵政民営化の影響もあるものと考えられます。

② 損害保険代理店の場合

　損害保険代理店の代理店数は減少傾向にあり、平成29年度末で18万6,733店となっており、前年から9,310店減少しています（日本損害保険協会「2017年度代理店統計」、図表１－５）。ちなみに、過去20年間の損害保険代理店数のピークは平成10年の59万3,872店で、そのときと比べると約３分の１以下にまで減少していることになります。これは保険業法の改正により、平成13年１月から生命保険会社本体が損害保険代理店になることが可能となり、それまで個々に登録していた生命保険営業職員の個人代理店が大量に廃止されたためという事情もありますが（前

図表１－５　代理店実在数の推移

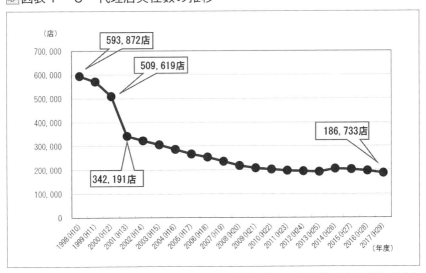

（日本損害保険協会「2017年度代理店統計」より）

掲・日本損害保険協会)、このような特殊な要因のためだけではなく、代理店手数料の減少や後継者不足などにより廃業やM&Aが行われているためと考えられます。

　このように損害保険代理店は今後大型化が進み、小規模な代理店は淘汰される時代になるとみられます。

　さらに、規模だけでなく、代理店の品質向上を進めるため、損害保険会社各社の中には、保険会社の定めた水準を満たす代理店を独自に認定する制度を設けたり、ベテラン社員による支援を行ったり、訓練施設などのメニューをそろえたりするなどの支援を行っている会社もあります。そして、このような保険会社の意向は、代理店ポイント制の中にも組み込まれ、手数料に差がつくようになっているようです。

　次に損害保険の募集従事者数についてみると、ここ10年間はおおむね横ばい傾向にあり、平成29年度末で207万2,888人となっています(図表

■図表1-6　損害保険の募集従事者数の推移

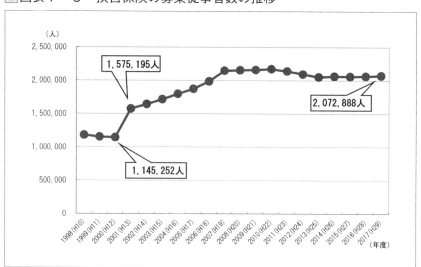

(前掲・2017年度代理店統計より)

1-6)。募集従事者数は平成13年度に大幅に増加したことがありますが、これは銀行等の金融機関の窓口において保険販売（銀行窓販）が解禁されたことにともない、銀行員等が募集従事者になったためと推測されます（前掲・日本損害保険協会）。その後は大きな変化はありません。

最後に、一店舗あたりの従業員数についてみると、10人未満が全体の8割を占めており、小規模の代理店が大半であることがわかります。また、従業員の年齢構成は40歳以上が大部分を占めています。このように小規模かつ高齢化が進んでおり、保険代理店の後継者問題の深刻化という事態が生じています（日本損害保険代理業協会・野村総合研究所「平成27年代協正会員実態調査報告」）。

(4) 保険ショップの躍進

近年「（来店型）保険ショップ」と呼ばれる保険代理店の形態が人気を集め、急拡大しています。保険ショップは、前述の乗合代理店である場合が多く、人通りの多い駅前やショッピングセンターなどに入店しやすい店舗を構えて、複数の保険会社の商品の中から顧客の要望に沿った保険の提案やコンサルティング、既存契約の見直しなどを行います。フランチャイズ事業を展開している場合もあり、看板が同じでも運営会社は違う法人であることもあります。

このような営業形態は、消費者にとって、気軽に立ち寄れて、多数の保険商品を比較してより自分に合った保険選びができるメリットがあり、特に若者層の人気につながっていると思われます。筆者も保険ショップを利用したことがありますが、がん保険1つとってもたくさんの商品が紹介され、たしかに自分がイメージしていた保険をみつけやすい利点はあると思います。

しかし、この業態もすでに激しい競争に見舞われています。保険ショップ自体の数が増えており、広告を打っても従来ほどの集客は見込

めなくなっていると聞きます。大資本を持つ保険会社による保険ショップの買収も行われ、さらに大手小売や携帯電話会社など異業種からの参入も相次いでおり、今後は来店型ショップ同士でいかに差別化を図るかが課題となるでしょう。

　また、来店型ショップが「公正・中立」とうたいながら、実は手数料の高い保険会社の商品を優先して販売しているのではないかなどといった疑念が生じたことが、平成26年の保険業法改正の１つの原因といわれています。そのため、近年フィデューシャリー・デューティー（顧客本位の業務運営）を重視した経営が求められるようになってきています。

委託型募集人の適正化とは

(1) 委託型募集人の禁止までの経緯

　ここまでみてきたように、保険代理店をめぐる状況は大きく変わってきています。そのような中、近年大きな話題となったのが、平成26年のいわゆる「委託型募集人の適正化問題」です。結論からいえば、これにより保険募集人の多くが、それまでの業務委託契約から労働契約（雇用契約）に切り替わることになりました。

　委託型募集人（損害保険業界では「委託型使用人」ともいいます）とは、保険会社が保険募集などの業務を委託した保険代理店から、さらに委託を受けて保険募集にあたる募集人をいいます。典型的には、手数料に応じた完全歩合給制（フルコミッション）で、各人が営業活動を行う個人事業主です。

　このような形態が認められたのは、平成12年に当時の業界からの規制緩和要望を受けて、保険代理店の使用人の基準が見直され、代理店との雇用関係が使用人の要件から削除されたことによります（H25.6.7保険商品・サービスの提供等の在り方に関するワーキング・グループ「新しい保険商品・サービス及び募集ルールのあり方について（以下「WG報告」といいます）」）。そして、委託型募集人は、その後、広く普及することになりました。

　業務委託契約には、保険代理店にとって、労働関係法令の規制を受けることなく、また社会保険料負担もないまま規模を拡大できるというメリットがありました。

一方、委託型募集人の側にも、手数料率の良い規模の大きな代理店の委託型募集人になることによって、手数料収入を上げることができるなどのメリットもありました。特に小規模な代理店にとっては、代理店手数料の自由化により手数料の引き下げが避けられない状況であったため、存続を図るためにも委託型募集人制度が活用されたのです。
　このように委託する側、受託する側双方にメリットがあったことが、委託型募集人の増加につながったといえます。
　しかし、平成25年に金融審議会内のワーキンググループがとりまとめたWG報告では、「代理店は本来その使用人が行う募集業務について、教育・指導・管理を行うことを当然に求められるにも関わらず、代理店と第三者の間に形式的に委託契約等の関係があることをもって当該第三者を使用人として届出を行い、適切な教育・指導・管理を行うことなく当該第三者に募集業務を行わせている可能性がある、との指摘がある」としたうえで、「このような状況を踏まえれば、使用人との間の契約関係の名目に関わらず、保険募集人が自らの使用人と位置づけて募集業務を行わせることが認められるのは、法令等に基づき<u>使用人としてふさわしい教育・指導・管理等を受けている者のみである</u>ことを明確にすることが適当である〔下線は筆者〕」とされました。ちなみに引用文の後には、「法令上、保険募集の再委託は原則として禁止されていることに留意する必要がある」との注記も付されています。
　そして翌年（平成26年）1月に監督官庁である金融庁の担当課長名で発出された通知（H26.1.16金監63）[注]により、保険募集の再委託は明示的に禁止され、事実上委託型募集人を労働契約に基づく労働者に転換する道筋が明確になったのです。

（注）　本通達の全文は、平成31年1月時点では、日本損害保険代理業協会「代協活動の現状と課題　平成27年度版」でみることができる。

同通知では、前述のWG報告の内容に触れたうえで、「当局では、これを受け、一部の保険会社等に対して、保険代理店使用人の契約形態等の実態を聴取したところ、一部の保険代理店において、……再委託の禁止に抵触するおそれのある者や使用人の要件を満たさないおそれのある者を保険代理店使用人として登録・届出を行っていることが確認された」として、そのような募集体制については、可及的かつ速やかに解消され、上記の趣旨をふまえた新たな募集体制へ移行する必要があるとされました。

　同通知で示された新たな募集体制に廃業を加えると、図表1－7のようにまとめられます。これにより、委託型募集人が法令に違反するという金融庁の見解が明確に示されることとなり、当時数万人とも、10万人超ともいわれる委託型募集人の見直しが必要となりました。さらに、金

図表1－7　委託型募集人の適正化の対応

見直しの方向性	内　容
雇　用	労働関係法令に従った雇用にあてはまること(注)
派　遣	派遣会社（派遣元）から派遣された者を代理店使用人とすること
出　向	他の会社から受け入れた出向者を代理店使用人とすること
当人が個人代理店になる	これまで所属していた代理店から独立して個人代理店、個人代理店の使用人となること
新たな法人代理店を設立して、その役員または使用人になる	これまで所属していた代理店から独立して、法人代理店の代表者、役員、使用人となること
廃　業	引退・転職

(注)　「役員」については、その契約の性質は委任契約であると考えられるが、保険業法上禁止される「保険募集の再委託」には該当しないとされている。ただし、実態として一般に求められる役割・責任を十分に果たしており、保険代理店から保険募集に関し適切な教育・管理・指導を受けている必要がある（パブリックコメント）。

融庁は、前述の通知が発出された同日に、監督指針の改正案を公表し、パブリックコメントで意見募集を行うとともに、全保険会社に対して、委託型募集人問題に関して報告徴求命令を発しました。報告徴求は、保険金不払問題以来7年ぶりのことでした。

なお、現在の監督指針では、次の2点が保険代理店の使用人の要件として明示されており、さらに注意書きで保険募集の再委託の禁止が示されています（監督指針Ⅱ-4-2-1）。

ⅰ）保険代理店から保険募集に関し、適切な教育・管理・指導を受けて保険募集を行う者であること。
ⅱ）使用人については、保険代理店の事務所に勤務し、かつ、保険代理店の指揮監督・命令のもとで保険募集を行う者であること。

金融庁が、すべての保険会社等および少額短期保険業者に対して、平成27年3月末までに必要な措置を講じることを求めたため、保険会社は、各代理店に対して適正化に関する資料の作成や説明会の開催を実施し、対応結果について報告を求めました。保険会社の中には、弁護士や社会保険労務士などの専門家による雇用、出向または派遣の契約であることの確認を受けることを推奨していたこともあって、この時期に労務管理に関する相談や雇用契約書、就業規則などの作成、労働・社会保険の適用などの業務を受託した社会保険労務士も少なくなかったものと思われます。

そして、金融庁が示した対応の締切りである平成27年3月までに、多くの委託型募集人は（少なくとも形式的には）雇用にシフトしたとみられます。特に生命保険の募集人の場合には、乗合代理店に所属し、保険の比較提案を武器に販売を増やしてきたため、個人代理店に逆戻りすることは現実的ではなかったようです。

こうして、多くの業務委託契約は労働契約に、手数料は賃金に切り替わることになりました（図表1-8）。

◆図表１－８　委託型募集人の適正化（労働契約）

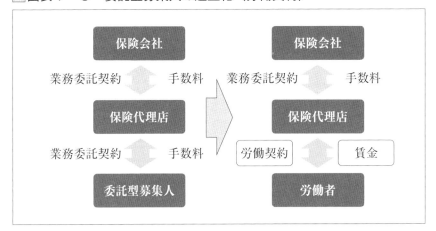

　なお、損害保険代理店の場合には、「可能な限り、現状の実態が維持できる移行策として業界ベースで考え出された仕組み」（「代協活動の現状と課題」平成27年度版）として「３者間契約スキーム」により対応したケースもあります。

　３者間契約スキームとは、「委託型募集人と所属代理店および保険会社の３者間で改めて契約を締結し、現行実務を極力維持した形で３者の役割分担を定め、顧客対応に当たるもの」です。これにより誕生した新たな個人代理店を「勤務型代理店」と呼ぶ場合があります。本スキームは広く活用され、「１万人規模の委託型募集人が本スキームを活用したものと思われる」とされています（前同）。

(2) 労働契約とはなにか

　業務委託契約から労働契約に変えるといっても、両者の違いは、現実には必ずしも明確ではない場合もあります。なるべく現状のままの体制を維持しようとすればするほど、その境界はあいまいなものになりました。

金融庁はというと、労働関係法規等に則って判断することを求めていました。しかし、労基法で「労働者」がどのように定められているのかというと、労働者を「職業の種類を問わず、事業又は事務所……に使用される者で、賃金を支払われる者をいう」と定義しているだけであり、この基準だけで判断することは容易ではありませんでした。

　そこで、労働契約といえるための要素を理解するために、具体的に解説している労働省（当時）内に設置された労働基準法研究会の報告（以下「労基研報告」といいます）をみていきます。

①　労基研報告にみる労働契約の判断基準は

　労働契約にあたるかどうかは、形式的な契約形式のいかんにかかわらず、実質的な使用従属性を、労務提供の形態や報酬の労務対償性、さらにはこれらに関連する諸要素をも勘案して総合的に判断されます。つまり、労働契約というためには、「使用従属性」があることが必要であり、そのためにはその労働が保険代理店の「指揮命令下」で行われること、そして報酬（賃金）が「労働の対償」として支払われるものであることが必要というわけです。

　そして、その具体的判断基準として労基研報告が掲げる要素をまとめると、図表1-9のようになります。

図表1-9　労働者性の判断基準

| 「使用従属性」 | 「指揮監督下の労働」 | 【仕事の依頼、業務従事の指示等に対する諾否の自由の有無】
・諾否の自由を有する場合は、指揮監督関係を否定する重要な要素となる。
・諾否の自由を有しない場合は、指揮監督関係を推認させる重要な要素となる。
【業務遂行上の指揮監督の有無】
・業務の内容・遂行方法について使用者の具体的な指揮命令を受けていることは、指揮監督関係の基本的かつ重要な要素となる。
・使用者の命令、依頼等により通常予定されている業務以外 |

に関する判断基準	に関する判断基準	の業務に従事することがある場合は、使用者の一般的な指揮命令を受けているとの判断を補強する重要な要素となる。
		【拘束性の有無】 勤務場所・勤務時間が指定され、管理されていることは、指揮監督関係の基本的な要素である。
		【代替性の有無－判断を補強する要素－】 労務提供の代替性が認められている場合には、指揮監督関係を否定する要素の1つとなる。
	報酬の労務対償性の判断基準	報酬が賃金であるか否かによって使用従属性を判断することはできないが、欠勤控除がある、残業手当が支払われるなど報酬の性格が使用者の指揮監督の下に一定時間労務を提供していることに対する対価と判断される場合には、使用従属性を補強することとなる。
「労働者性」の判断を補強する要素	事業者性の有無	【機械器具の負担】 本人が所有する機械、器具が著しく高価な場合には、事業者としての性格が強く、労働者性を弱める要素となる。
		【報酬の額】 報酬の額が同一企業で同様の業務に従事している正社員と比べて著しく高額な場合には、「労働者性」を弱める要素となる。
		【その他】 業務遂行上の損害に対する責任を負う、独自の商号使用が認められている等の点を「事業者」としての性格を補強する要素としている裁判例がある。
	専属性の有無	・他社の業務に従事することが制度上制約され、また、時間的余裕がなく事実上困難である場合には、「労働者性」を補強するものと考えて差し支えない。 ・報酬に固定給部分がある、業務の配分等により事実上固定給となっている、その額も生計を維持しうる程度のものである等報酬に生活保障的な要素が強いと認められる場合には、「労働者性」を補強するものと考えて差し支えない。
	その他	「使用者」がその者を自ら労働者と認識していると推認される点を「労働者性」を肯定する補強事由とするものがある。 例）採用・委託の際の選考過程が正社員の採用の場合とほとんど同様であること、報酬について給与所得としての源泉徴収を行っていること、労働保険の適用対象としていること、服務規律を適用していること、退職金制度・福利厚生を適用していること　など

② 保険代理店における問題点

　前述のような基準に照らすと、これまでの委託型募集人のような働き方の場合には、いくつか問題となる点が生じます。たとえば、毎日出社しなければ雇用とは認められないのかという問題です。

　結論からいえば、毎日出社することは、必ずしも必要ありません。監督指針改正の際のパブリックコメントに対する「金融庁の考え方」においても、「必ずしも保険代理店の事務所に毎日出社することまでを求めているものではありません」とされており、毎日事務所や店舗に出勤しなければ雇用とは認められないわけではありません。さらに、損害保険協会も「使用人の担当業務の分量に応じ毎日の出社は求めていないものの、代理店主の指示に基づき、その出社日が定期的に定まっており、その定めに従って出社している場合」は「勤務」に該当するとしています（「お客様からの信頼を高めていくための募集コンプライアンスガイド」）。これらをふまえて、代理店の中には、週1回とか3回の朝礼参加を義務づけるなどといった対応をしている場合もあります。労基法上も上記の労基研報告で「拘束性の有無」という基準がありますが、必ずしも毎日事務所等に出勤することを求めているわけではなく、「勤務場所が指定され、管理されていること」がポイントとして示されています。

　ただし、保険業法で保険代理店に課される募集人に対する監督・教育・指導、さらに労働関係法令で課される労務管理上の義務がないわけではないことに留意が必要です。

　次に、賃金に関しても、「固定給にしなければならないのか」というような質問が当初は多くきかれましたが、労働契約であっても歩合給制は可能で、パブリックコメントにおいても、次のような方法について、容認しています（労働契約における歩合給制の留意点については**第7章・第2節**参照）。

(1) 各募集人と雇用契約を結び、一定の固定給を支払い、社会保険に加入します。そして、募集人の教育、指導、管理、研修等を行います。
(2) (1)の固定給の他、商品等の販売高に応じて歩合報酬を支払います。なお、歩合報酬に伴う経費は各募集人が負担することとします。
(3) 各募集人は、生命保険会社の外務員と同様に、(1)の部分は給与所得として所得税の確定申告をし、(2)の部分は事業所得として確定申告します。

このような方法は、(3)でも触れられているように、保険会社の外務員をモデルにしたものと思われます。実際、このようなしくみに移行した募集人も少なくありません。

このように、当時は、従前の働き方をどのように労働契約になじませるのか、つまり、なるべく自由な勤務と完全歩合給制（フルコミッション）に近い形で労働契約に移行することを目指した保険代理店が多かったように思います。

一方で、これまでの歩合給制から固定給化したという代理店もありましたが、待遇が大きく変わり、中には雇用に切り替わる前の6割程度にまで減額になるようなケースもあったといわれています。また、歩合給を残す場合でもその配分方法などを巡って対立し、分裂した代理店もあったようです。そのため、より条件の良い代理店を探して転職を繰り返す募集人もいました。

このようにして委託型募集人の適正化問題は、紆余曲折を経ながらも、対応完了の期限とされた平成27年3月にいったんは収束しました。しかし、適正化後においても、保険代理店によっては、従来と変わらないままの実態が残っていることもあるようです。

派遣・出向とは

ここでは、出向と派遣について本文を補足します。

①出向とは

出向には、大きく分けて在籍型出向と移籍型出向があります。

このうち在籍型出向とは、出向元事業主と労働契約を締結したまま、出向先事業主との間にも労働契約関係に基づいて出向先で就業することをいいます（図表1－10）。損害保険代理店の中には、新入社員を保険会社に1～2年程度出向させて、研修を受けさせるというような、保険会社のサポートを受けながら社員育成を行っている場合もあり、なじみのあるしくみです。

図表1－10　在籍型出向

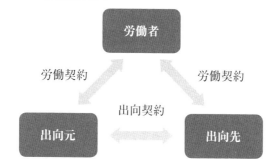

一方、移籍型出向とは、出向元との労働契約を終了させたうえで、出向先と労働契約を締結し、就業させることをいいます。つまり、「出向」とはいっても、実質的には移籍ということになります。図表1－10でいうと、労働者と出向元との間の労働契約が存続していないのが移籍型出向です。

委託型募集人の適正化の方針の1つとして挙げられた「出向」は、基本的には「在籍型出向」を意味しています。

そして、結果的に出向はあまり利用されていないようです。それは、出向元が出向先に対して対価を求めることは、それが「業として行われる」場合には、職業安定法44条で禁止される労働者供給に該当するおそれがあったためと考えられます。

②労働者派遣とは

労働者派遣とは、ⅰ）派遣元と派遣先との間で労働者派遣契約が締結され、ⅱ）派遣元と派遣労働者との間に労働関係が締結され、その契約に基づいて派遣元が労働者を派遣し、ⅲ）派遣先が派遣労働者を指揮命令して就業させる形態をいいます（図表1－11）。

図表1－11　労働者派遣

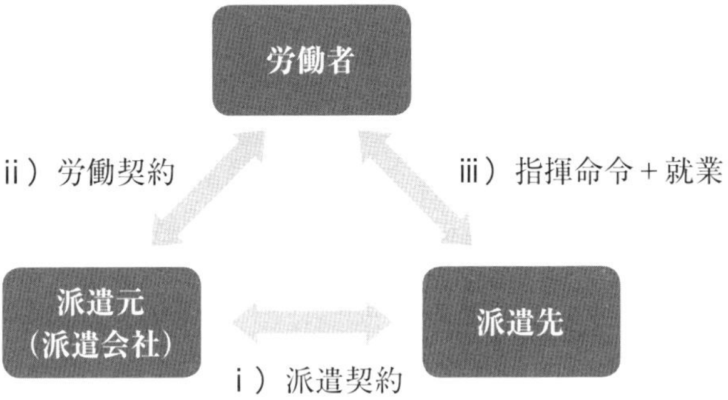

```
                    労働者
                   ↗      ↘
         ⅱ）労働契約    ⅲ）指揮命令＋就業
               ↙              ↘
         派遣元 ←─ ⅰ）派遣契約 ─→ 派遣先
        （派遣会社）
```

したがって、保険の相談の問合せを受けて「これから弊社の営業社員を『派遣』します」という場合の「派遣」は、ここでいう「労働者派遣」ではありません。なぜなら、この場合には訪問先で訪問先の指揮命令を受けるわけではないからです。

派遣元（派遣会社）、派遣先および派遣労働者の三者間の関係が生じるのは在籍型出向と似ていますが、実際に指揮命令を行う者（派遣の場合は派遣先）との間には労働契約は存在していないということがポイントになります。

なお、労働者派遣もまた、委託型募集人の転換先としては、あまり利用されていません。しかし、人材を迅速に補充することができるしくみとして、たとえば、事務職やテレアポ業務などで活用することが考えられます。

コラム❶

保険代理店と社労士と

　保険代理店は社会保険労務士（社労士）にとって近い関係にある業種といえます。というのも、社労士は「健康で文化的な最低限度の生活を営む権利」を保障するための社会保険の専門家であり、保険代理店は、社会保険の給付では不足する保障（補償）を補い、さらに生活を向上させる役割を持つ民間保険の専門家であるので、相互に補完関係にあるものを取り扱っているからです。

　実際、会社が退職金制度や労災上乗せ補償制度を導入するにあたって、民間保険を活用する場合は多く、保険代理店が保障（補償）内容を設計し、社労士が規程類の整備を行うということはよくあることです。さらに、最近では労務リスクに対応した保険販売も好調といわれています。たとえば、パワハラや不当解雇に対する損害賠償請求が行われた場合に、会社が負担する法律上の損害賠償責任等を保障する「雇用慣行賠償責任保険（EPLI）」などです。このような商品の販促のため、社労士がこれらの労務リスクについて解説するセミナーを保険代理店と共催することもあるようです。

　企業の抱えるリスクが複雑化・多様化する現代では、社労士も保険代理店も単独で対応するには限界があります。リスクマネジメントの手法には、回避、損失防止、損失削減、分離・分散、移転、保有の6つがあるといわれており、リスクの性質（特に発生しやすく、損害の大きいリスク）によってはリスク「移転」としての保険の活用が、きわめて重要なものとなるでしょう。

　このように、専門家同士がそれぞれの持つノウハウを持ち寄って、組み合わせていく必要性がますます高まっていくと思われます。

第2章 業界の知識

保険業法の基礎知識

第1節　平成26年改正までの道のり
第2節　保険募集に関する規制

保険代理店をめぐる法令、ガイドライン等には、さまざまなものがありますが、保険募集に関するものとしては、次のようなものがあります。

保険募集に関する法令等

- 保険業法
- 保険業法施行令
- 保険業法施行規則
- 保険会社向けの総合的な監督指針（以下「監督指針」といいます）
- 上記の改正の際に募集・公表されるパブリックコメントの結果

　上記のほか、消費者契約法や金融商品販売法なども関係しますが、本書では割愛します。

　これらの内容について、社会保険労務士等が保険代理店から質問されるということはあまりないと思いますが、平成26年5月に成立・公布され、平成28年5月に施行された保険業法関係法令の改正では、保険募集に関する厳しいルールが新たに創設されました。労務管理上のアドバイスをするにあたっても、最低限の内容を知っておくことは、有益です。
　そこで本章では、保険募集のルールを中心に、保険業法の概要をみていきます。

　ところで、保険業法と似た名前の法律に「保険法」がありますが、両者では役割が異なっています。
　保険法は契約当事者間における契約ルールについて定めるものであるのに対し、保険業法は保険会社に対する監督（免許の内容、業務の内容の規制、罰則等）のほかに保険募集の規制について定めるものです。したがって、本書では、保険業法を中心にとりあげます。

平成26年改正までの道のり

(1) 平成26年改正以前までのあらすじ

① 自由化までの道のり

　保険業法は、「保険業の公共性にかんがみ、保険業を行う者の業務の健全かつ適切な運営及び保険募集の公正を確保することにより、保険契約者等の保護を図り、もって国民生活の安定及び国民経済の健全な発展に資することを目的とする」法律です（保険業法1条）。

　保険業法という名称を持つ法律の歴史は古く、制定は明治33年にさかのぼります。このときは、保険事業の監督規制を定めたものでした。

　戦後になると、保険募集に関する規制として、「保険募集の取締に関する法律（以下「募取法」といいます）」が昭和23年に施行されました。この中にはさまざまな内容が含まれており、たとえば、生命保険代理店の一社専属制（取り扱える生命保険は1社に限るとする規制）などがありました。また、当時の家計保険分野の損害保険は、商品の約款や料率が「損害保険料率算出団体に関する法律」により事実上同一のものでした。このような法令による規制を背景に、その後長い間大蔵省（当時）主導による「護送船団方式」により細かな介入が行われつつ、保険業界は全体として発展していくことになります。

　しかし、バブル経済崩壊後、保険業界は規制緩和と自由化へ大きく転換する時期に突入します。

　その先駆けとなるのが、平成8年に施行された保険業法の大きな改正です。このとき、保険金等の支払能力の充実の状況に係る基準としてソ

ルベンシー・マージン基準が導入されるなどの重要な改正もありましたが、その後の保険代理店への影響をかんがみて重要なのは、ⅰ）子会社方式による生損保の相互乗入の解禁、ⅱ）保険商品・料率の規制緩和、ⅲ）生命保険募集人の一社専属制の見直し、ⅳ）募取法の廃止と保険業法への一本化などです。

　この中でも、ⅲ）により生命保険の乗合が認められたことは、その後の乗合代理店の台頭のきっかけとなりました。もともと募取法では、前述のように生命保険募集人について一社専属制が定められており、複数の保険会社に乗合をすることはできませんでした^{（注）}。このような規制が設けられたのは、かつて「不適切な保険募集が横行するような状況にあったこと等が背景となっている」とされています（安居孝啓編著「最新保険業法の解説」大成出版社）。

　これが、平成8年改正法により、「保険募集に係る業務遂行能力その他の状況に照らして、保険契約者等の保護に欠けるおそれがない」場合には、一社専属制の例外を認め、生命保険でも乗合が認められることになりました（保険業法282条3項、同法施行令40条、H10大蔵告228）。これにより、生命保険代理店でも複数の募集人が存在することにより認められる「複数使用人特例」による乗合が可能となりました。

　一方、損害保険代理店においても、従来から外資系の生命保険の販売を行っている代理店もありましたが、これに加えて複数使用人特例や所属する損害保険会社の子生命保険会社の代理店になることができる「クロス特例」により、乗合が進むことになったのです。

　さらに、同じ年には日米保険協議が決着し、保険料率の自由化も決定されました。この結果、平成10年の損害保険料率算出団体に関する法律により、自動車保険や火災保険等について、算定会が定めた料率の使用

（注）　損害保険においては、生命保険の反対解釈として、乗合が認められていたが、前述のように、保険料が自由化される前の損害保険の保険料等は、事実上同一であったため、乗合をするメリットがほとんどなかった。

義務が廃止され、保険料自由化時代に突入することになったのです。平成13年からは代理店制度も自由化され、支払われる手数料体系も保険会社ごとの制度となっていきました。また、銀行窓販が解禁されたのもこの年です。

② 保険金不払問題

自由化後、保険会社間の価格競争がより熾烈になるとともに、保険会社各社がさまざまな商品を開発するなど、保険商品の多様化も進みました。多くの「特約」も販売されるようになったため、保険商品の複雑化が進行することにもなりました。

このように自由化後の競争が激化する中、平成17年に発覚したのが、「保険金支払い漏れ事件」です。この年の2月に明治安田生命保険相互会社と富士火災海上保険株式会社において初めて不払いが判明して以降、ほぼすべての保険会社が、保険金不払いを理由に、金融庁から業務停止処分などの厳しい行政処分を受けることになりました。

このような大問題が発生した原因としては、保険商品の複雑化や支払管理体制の不備、販売競争激化による契約者軽視の業界体質などが指摘されています（井上涼子「生損保業界における保険金不払い問題 〜求められる信頼回復へ向けた取組〜」立法と調査 No.274）。

そして、金融庁は再発防止のために、監督指針により平成18年に「契約概要」および「注意喚起情報」の情報提供を義務づけ、さらに平成19年には「意向確認書面」の作成・交付・保存をすることを定めました。このような消費者保護のための規制強化の流れが、平成26年改正に繋がることになります。

(2) そして平成26年改正へ

平成26年改正の直接の端緒となったのは、平成24年4月11日の金融審議会総会において、金融担当大臣より、次の点等について検討すべき旨

の諮問がなされたことでした。

> ⅰ）保険契約者の多様なニーズに応えるための保険商品やサービスの提供及び保険会社等の業務範囲の在り方
> ⅱ）必要な情報が簡潔で分かりやすく提供されるための保険募集・販売の在り方〔下線は筆者〕

　この諮問事項を検討するため、金融審議会内に「保険商品・サービスの提供等の在り方に関するワーキング・グループ」が設置され、検討の結果、平成25年6月7日に次の内容を含む「新しい保険商品・サービス及び募集ルールのあり方について（以下「WG報告書」といいます）」が公表されました。

> ⅰ）保険商品・サービスのあり方
> 　　a）新しい保険商品
> 　　b）共同行為制度
> 　　c）業務範囲規制
> ⅱ）保険募集・販売ルールのあり方
> 　　a）保険募集に係る行為規制
> 　　b）乗合代理店・保険仲立人に係る規制
> 　　c）募集規制の及ぶ範囲　等

　このうち、保険募集・販売ルールのあり方に関する改正が行われた背景には、保険募集の現場において、銀行窓販やいわゆる来店型ショップ、インターネットによる募集など新しい募集形態が増加しつつあることなど、募集チャネルが多様化していることがありました。
　また、保険代理店の大型化が進展していることにともなって、保険会社と保険募集人の関係も、法令が従来前提としていた、ある特定の保険会社が保険募集人の業務の全容を把握し、管理・指導を行うというケースに必ずしも当てはまらない場合が増えていました。かつての一社専属制の時代であれば所属保険会社が代理店の業務を管理することができたのですが、乗合代理店では、複数の保険会社（たとえばA社とB社）の

保険商品を販売しているので、A保険会社がB保険会社の商品の販売方法までを把握して管理・指導することはできないわけです。

このような状況をふまえると、保険募集の規制のあり方を、販売チャネルの変化をはじめとする募集実態の変化に対応できるよう、ⅰ）情報提供義務等、保険募集全体に通じる基本的なルールを法律で明確に定めるとともに、ⅱ）保険会社を主な規制対象とする現行法の体系を改め、保険募集人自身も保険会社と並ぶ募集ルールの主要な遵守主体とする法体系へと移行する必要があったというわけです。こうした観点から、平成26年改正法では保険募集規制について見直しを行うこととされました（WG報告書）。

次節では、保険募集の規制の内容についてみていきます。

第2節 保険募集に関する規制

(1) 保険業法300条の規制

　平成26年改正前の保険業法に保険募集にかかわる規制がまったくなかったわけではありません。募取法から受け継がれた規制が保険業法300条1項および保険業法施行規則234条で定められていました。その概要は図表2－1のとおりです。

☞図表2－1　代理店の禁止行為

項　目	内　容
1．虚偽のことを告げる行為、または重要事項を告げない行為	募集人が、契約者または被保険者に対して、虚偽のことを告げること、または契約者等の判断に影響を及ぼすこととなる重要な事項（保険料、保険期間、補償内容、保険金を支払わない場合など）を告げないこと。
2．重要事項について虚偽のことを告げることを勧める行為	募集人が、契約者等に対して、重要な事項（住所・氏名、保険の対象、他の契約の有無、事故歴など）について虚偽のことを告げることを勧めること。
3．告知義務違反を勧める行為	募集人が、契約者等に対して、重要な事実を告げるのを妨げること、または告げないことを勧めること。
4．不当な乗換募集行為	募集人が、契約者等に対して、不利益となる事実を告げずに、すでに成立している契約を解除（解約）させて新たな契約を勧めること。

5．特別の利益の提供行為	募集人が、契約者または被保険者に対して、保険料の割引、割戻し、その他特別利益の提供を約束すること、または提供すること。	
6．契約内容の違法な比較行為	募集人が、契約者等に対して、他の保険商品との比較の中で有利な部分のみ説明し、不利な部分を説明しないこと。たとえば、補償内容を比較せず、保険料のみを比較して他より有利であると説明すること。	
7．契約者配当・剰余金分配の予想などの行為	募集人が、契約者等に対して、不確実な事項について、断定的判断を示すこと。たとえば、積立型保険の販売において、契約者配当金は予想配当額どおり必ず支払われると説明すること。	
8．保険会社のグループ会社などによる特別の利益の提供行為	保険会社のグループ会社などが、契約者等に対して、特別利益の供与を約束し、または提供していることを知りながら、契約の申込みをさせること。	
9．信用または支払い能力に関し、客観的事実に基づかない事実・数値の表示の禁止	募集人が、契約者等に対して、たとえば、保険の勧誘にあたり、客観的事実に基づかない、「業界No.1」などの説明を行うことなど。	
10．保険の種類・保険会社の誤解を招く行為の禁止	募集人が、契約者等に対して、たとえば、生損保のセット商品の販売にあたり、生保商品の引受保険会社を説明しない行為など。	

(日本損害保険協会HP(注)より一部修正)

(2) 平成26年改正による保険募集規制

　前述のWG報告書の内容をベースに、平成26年5月に改正保険業法が成立しました（平成28年5月29日施行）。その全体像は、**図表2－2**のとおりです。

（注）　http://soudanguide.sonpo.or.jp/basic/3_2_q2.html

◉ 図表２−２ 平成26年改正の概要

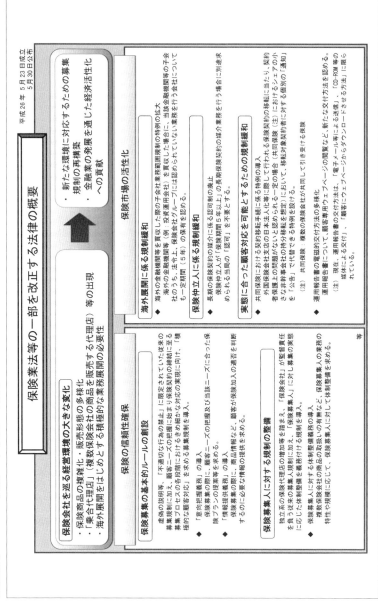

(金融庁HP(注)より)

(注) https://www.fsa.go.jp/common/diet/186/02/gaiyou.pdf

図表２－２のうち、保険募集に関係するのは、左側の「保険募集の基本的ルールの創設」と「保険募集人に対する規制の整備」の部分です。
　以下では、保険募集に関係の深い、次の３つのポイントについて概説します。

ポイント①　顧客の意向把握義務
ポイント②　情報提供義務
ポイント③　保険募集人の体制整備義務

①　顧客の意向把握義務

　顧客が抱えているリスクは多種多様であり、また、保険のニーズも顧客によって異なっています。そのため、保険募集にあたっては、募集人が顧客の抱えているリスクやそれをふまえた保険のニーズを的確に把握したうえで、そのニーズに沿った商品の提案およびわかりやすい説明を通じ、顧客が自らの抱えているリスクやそれをふまえた保険のニーズに当該商品が対応しているかどうかを判断して保険契約を締結することの確保が重要です（WG報告書）。

　そこで、新たに設けられた保険業法294条の２では、保険契約の締結、保険募集などの保険契約に加入させるための行為に関し、「顧客の意向を把握し、これに沿った保険契約の締結等……の提案、当該保険契約の内容の説明及び保険契約の締結等に際しての顧客の意向と当該保険契約の内容が合致していることを顧客が確認する機会の提供を行わなければならない」と定められました。この長い条文を整理すると、図表２－３のようになります。

図表2-3 意向把握義務

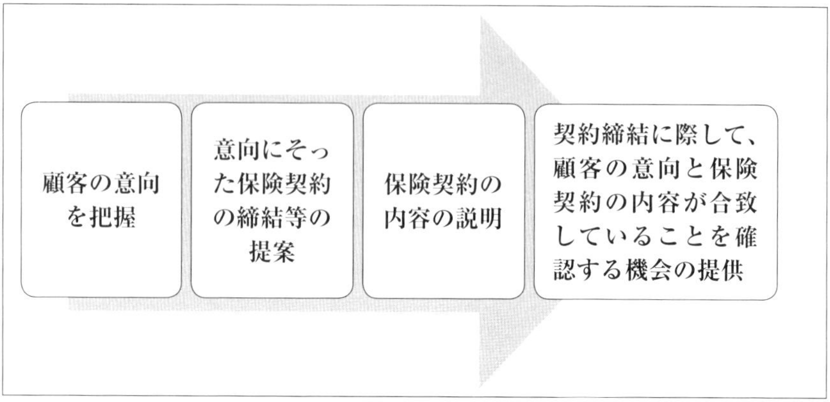

顧客の意向を把握 → 意向にそった保険契約の締結等の提案 → 保険契約の内容の説明 → 契約締結に際して、顧客の意向と保険契約の内容が合致していることを確認する機会の提供

　意向把握義務の履行については、監督指針では、「取り扱う商品や募集形態を踏まえたうえで、保険会社又は保険募集人の創意工夫によ」るとする原則を示しつつ、達成すべき目標水準を統一するために、大きく分けて、ⅰ）アンケート等を利用する「意向把握型」、ⅱ）募集人が推定した顧客の意向を基に提案を行う「意向推定型」（以上の2つが第1・第3分野に向けられたもの）、ⅲ）自動車等の購入にともなう補償を望む顧客に対する「損保型」の3つの方法を例示しています（Ⅱ-4-2-2(3)）。そして、これらの方法により把握された顧客の意向に基づき、個別プランの提案・説明を行い、当初の意向と最終的な意向とを比較（いわゆる「ふりかえり」。損保型はしなくてもよい）したうえで、最終的な意向と申込内容の合致を確認するというフローになります。
　このように、意向把握と確認を通して、顧客が保険商品を適切に選択・購入できるようにすることが必要とされています。
　もとより、保険の募集にあたっては、顧客の話を聴くことは当然のことです。ある代理店の社長は常々、「保険の営業では聴くことが最も大事」と言い切っていました。営業社員は商品について知識があるのでつい話したくなってしまいがちなのですが、そこをぐっとこらえて、顧客の話をじっくり聴いて、ニーズを理解して商品の提案をするようにと、

その社長は従前から指導していたため、意向把握義務は自分の会社にとっては「何をいまさら」と感じたそうです。

② 情報提供義務

保険募集における顧客への商品情報の提供について、改正前においては、保険募集に関して保険契約者または被保険者に対して「保険契約の契約条項のうち重要な事項を告げない行為」が禁止され（平成26年改正前の保険業法300条1項1号）、当該規定の違反は刑事罰の対象となっており、さらに監督指針において、「契約概要」および「注意喚起情報」の交付義務が定められていました。

しかし、改正前の規制については、「告げない」ことが許されない重要事項の範囲が契約内容に限られていることや、不告知自体が刑事罰の対象となるために運用が謙抑的なものとならざるを得ないため柔軟な運用が難しいこと、預金等との規制のバランス等が問題点として指摘されていました（WG報告書）。

そこで、改正後の保険業法294条1項では、保険契約に加入させるための行為に関し、保険契約者等の保護に資するため、「保険契約の内容その他保険契約者等に参考となるべき情報の提供を行わなければならない」ことが定められ、積極的な情報提供義務が課されることになりました。具体的には、施行規則、監督指針等により、次の事項が定められています（保険業法施行規則227条の2第3項、監督指針Ⅱ-4-2-2(2)、Ⅱ-4-2-9(5)ほか）。

ⅰ）契約概要・注意喚起情報として掲げられている事項
ⅱ）保険契約と関連性の大きい付帯サービスにかかる事項（自動車保険のロードサービス等）
ⅲ）乗合代理店が保険商品の比較推奨販売を行う場合には、顧客の意向に沿った比較可能な商品の概要を明示し、顧客の求めに応じた商品内容の説明をすること、特定の商品を提示・推奨する際にはその理由をわかりやすく説明すること　等

なお、ⅰ）およびⅱ）は専属代理店、乗合代理店ともに所属する保険募集人に対して適用されますが、ⅲ）はその内容から明らかなように、乗合代理店が複数の保険会社の商品を比較・推奨する場合に適用されるルールです。

③ 体制整備義務

前述のように、募集形態が多様化したことにより、ある特定の保険会社が保険募集人の全容を把握し、管理・指導を行うという、保険業法がもともと想定していたケースが必ずしも妥当しない場合が増えてきました。

そのため、保険代理店を含む保険募集人についても、募集ルールの遵守をはじめとして、保険募集の適切性を確保するために主体的な取組みを行うことが求められるようになったことから、保険募集の基本的ルールを遵守するための体制整備が義務づけられることになりました（WG報告書）。

すなわち、保険募集人は、次の措置を講じなければならないとされました（保険業法294条の3）。

ⅰ）保険募集の業務に係る重要な事項の顧客への説明（重要事項説明）
ⅱ）保険募集の業務に関して取得した顧客に関する情報の適正な取扱い（顧客情報管理）
ⅲ）保険募集の業務を第三者に委託する場合における当該保険募集の業務の的確な遂行（委託先の業務管理）
ⅳ）乗合代理店において商品比較をする場合の、比較した事項の提供（比較推奨販売）
ⅴ）フランチャイズ方式による場合における指導の実施方針の適正な策定および実施方針に基づく適切な指導
ⅵ）その他の健全かつ適切な運営を確保するための措置

そしてこのような体制を実効あるものとするために、「監査等を通じて実態等を把握し、不適切と認められる場合には、適切な措置を講じるとともに改善に向けた態勢整備を図っている」ことが求められます（監督指針Ⅱ-4-2-9）。

　そのため、保険業法施行規則227条の7では、保険募集業務の内容および方法に応じ、「顧客の知識、経験、財産の状況及び取引を行う目的を踏まえた重要な事項の顧客への説明その他の健全かつ適切な業務の運営を確保するための措置……に関する社内規則等……を定めるとともに、従業員に対する研修その他の当該社内規則等に基づいて業務が運営されるための十分な体制を整備しなければならない」とされています。このように、社内規則を策定（Ｐｌａｎ）したうえで、社内規則に沿った教育・管理・指導を行う（Ｄｏ）とともに、上記の自己点検等の監査（Ｃｈｅｃｋ）をふまえて、改善に向けた態勢整備（Ａｃｔ）というサイクルを回していくことのできる体制づくりの構築が求められているというわけです（日本損害保険協会「お客さまからの信頼を高めていくための募集コンプライアンスガイド［追補版］」）。

(3) 平成26年改正法施行後の対応状況

　法改正を受けて、保険代理店では、定期的に研修を実施する体制の構築、ＩＴを活用した業務管理システムの導入などの対応が行われました。

　平成29年2月には、金融庁が、平成26年改正法施行後（平成28年10月から12月）に、保険募集人（保険代理店）を対象として行った調査結果「改正保険業法の施行後の保険代理店における対応状況等について〜保険代理店に対するヒアリング結果〜」を公表しています。これは、保険代理店の規模や業務の特性に応じた体制整備状況として、「意向把握・確認義務に係る実務上の創意工夫の事例」や「保険代理店の規模や業務の特性に応じた体制整備状況」の聞き取りを行い、結果をまとめたもの

です。

　この中に、労務管理の観点から興味深い事例がありますで、本章の結びとして紹介します（「比較推奨販売における事例」の事例3）。

　この事例の代理店では、顧客の意向に合った適切な保険商品を提案するため、顧客に対して募集人が無理に保険契約を勧めたり、顧客の意向に沿わない保険商品を勧めないようにする必要があると考え、次のような取組みを行いました。ちなみに、この保険代理店は役職員1名～10名の規模です。

> 　募集人の給料は『固定給』とし、保険会社が行うキャンペーンや手数料ランクなどを募集人に開示していない。また、保険会社にも募集人には一切伝えないよう依頼している。
> 　顧客対応は一募集人が担う（担当する）ことなく、例えば、来店した顧客に対し、拠点長などが同席し、隣から募集人の顧客対応を把握し、必要に応じて、助言等のサポートを行うなど、全募集人で顧客対応を行えるようにしている。これが有効にできるのも「固定給」だからこそと考えている。

　この事例からは、会社の業績を、個々人の成果の積み上げではなく、チームとして取り組んで伸ばしていこうという方針転換を行ったという意味で、今後の保険代理店の労務管理を考えるうえで大きな示唆を得ることができます。このような取組みは、ともすると「一匹狼」的な営業スタイルになりがちな保険代理店にとって、根本的に方針を変えるものといってよいでしょう。

　そのうえで、そのような営業方法にマッチする賃金体系として「固定給」というしくみを導入した点も見逃すことができないポイントです。このように賃金体系を、働き方に相応しく、一貫性のあるものとすることは、きわめて重要です（固定給と歩合給については**第7章・第1節**で

詳しくとりあげます)。

　なお、不動産業（これも歩合給が多い業界）の事例ですが、歩合給目的の営業を防止することに加えて、終身雇用を実現するために歩合給を廃止したというものがあります（みずほ総合研究所「Fole」(2016.4))。住宅営業では40代を過ぎると若いときほど成績を上げられなくなり、一番お金が必要となる年代の社員が辞めざるをえなくなります。これを打開するための転換でした。

　ただし、固定給化すれば歩合給で営業成績がよかった社員ほど退職するリスクが生じます。この事例でも４人のトップ営業社員が辞めてしまいましたが、「お客さま目線」を実現するための組織体制を整備した結果、地元で13年連続ナンバーワンという好業績を上げ続けており、参考になる事例です。

　次章から、労務管理について解説します。委託募集人の適正化にあたっては、急ごしらえの対応で済ませてしまった代理店もまだ多く残っています。もし「雇用には切り替わったけれど、実態は変わっていない」ということであれば、もう一度自社は一企業として何を目指すのか（経営理念、ビジョンの策定）、そのために社員にどのように働いてもらって、成果を分配するのがふさわしいのか、労務コンプライアンスの視点も含めて検討する必要があると考えます。

コラム❷

保険代理店と経営理念と

　保険業法で体制整備義務が課せられたこともふまえて、保険代理店も組織化を図ろうとする動きが出てきたように筆者は感じています。これまで自由に営業活動をすることを認めてきた保険代理店にとっては、これは大きな方向転換といえます。

　組織として動いていくためには、社員全員が同じ目標に向かっていくことが求められます。そのために必要となるのが経営理念です。経営理念は、企業の社会的使命（ミッション）であり存在意義（レゾンデートル）を簡潔に表現したものです。たとえば「お客様の利益を最優先」「安心を守る」などがあります。すでに、このような理念を策定し、ホームページなどで発信している保険代理店も増えてきています。中には採用試験で経営理念をテーマにした小論文を課したり、入社時に経営理念を追求する誓約書を提出させているような代理店もあります（保険代理店の経営理念の重要性については、栗原敏彰「保険業界で成長し続けるための８つの戦略」（新日本保険新聞社）のⅦ章などが参考になります）。

　しかし、経営理念は、往々にして抽象的であったり、あいまいであったりします。そのような経営理念が無意味だというわけではありませんが、迷ったときの基準になるもの、議論の土台とするためには、より具体的な中期目標や行動指針に落とし込むことで、経営理念の理解・浸透が期待できます。これをビジョンと呼ぶこともあります。さらに、具体的な事業計画にまで落とし込むことによって、中長期的な視点に立った安定的なビジネスが可能になるのです。

　最近では、このような経営理念やビジョンを１枚のカード形式にまとめた「クレド」を業務中常時携帯し、必要に応じて確認できるようにしている企業もみられ、経営理念を浸透させる取り組みとして注目されます（クレドについては、実島誠「１枚の『クレド』が組織を変える！」（実務教育出版）などがあります）。

　経営理念や行動指針は、トップダウンで作成されることが多いですが、筆者は、その策定にあたって社員を巻き込んでいくことを勧めます。それにより「押しつけ」ではなく「自分たちがつくった目標」になり、その後の取組み、浸透に大きな違いが生まれます。

第3章　労務の知識

就業規則とはなにか

第1節　労働法と就業規則
第2節　就業規則の基礎知識
第3節　就業規則の不利益変更

第1節 労働法と就業規則

　本章より、いよいよ保険代理店における労務管理について解説するにあたり、まず労働法とはなにかについて、簡単に説明します。

　実は、労働法といっても、「労働法」と名前がついた法律があるわけではありません。よく知られた労働基準法や最低賃金法のほか、労働契約法、労働安全衛生法、労働組合法、男女雇用機会均等法、労働者派遣法、育児・介護休業法など、雇用に関する法律をひとまとめにして労働法と呼んでいます。

　では、なぜこのような一群の法律があるのでしょうか。

　そもそも保険代理店に限らず、会社（使用者）が社員（労働者）を雇おうとする場合、両者の間で、「労働契約（雇用契約）」が結ばれます。このとき、いつどこで働いてもらうのか、賃金をいくらにするのかといった契約の内容（労働条件）は労働者と使用者の合意で決めることになります。しかし、労働契約を自由に結んでよいとしてしまうと、使用者よりも交渉力の弱い労働者は、低賃金や長時間労働など劣悪な労働条件での労働契約の締結を余儀なくされてしまうおそれがあります。そこで、労働者を保護するための労働法というルールが定められているというわけです。

　一方、使用者もまた、労働者が自社で働くうえでのルールや労働条件を、「就業規則」として定めることができます。労働者は就業するにあたってこれを遵守しなければなりません。

　以下では、このような重要な意義をもつ就業規則のポイントをみていきます。

就業規則の基礎知識

　就業規則とは、「労働者が就業上遵守すべき規律及び労働条件に関する具体的細目について定めた規則類の総称」（H24.8.10基発0810第2号）をいいます。簡単にいえば、社員が働くときのルールや労働時間、賃金などの労働条件をまとめたものです。日本では、効率的、合理的な事業経営を可能とするため、個別の労働契約書に詳しい労働条件を定めずに、就業規則で詳細な労働条件を統一的に設定することが広く行われています。

　就業規則は、保険代理店の方にはおなじみの「保険約款」と似ているかもしれません。形式的にも箇条書きで条や項で区分されて書かれており、しかも正確さを期すために硬い文章で書かれるのが一般的です。分量も多いので、あまり読みやすいものではありません。そして、保険約款と同じように、実際に手にとって読まれることも、残念ながら少ないようです。

　しかし、保険約款が何か不明な点があったときや問題が起こったときに参照されるように、就業規則は社内の制度が不明な場合や労使でトラブルが発生した場合などに、解決の拠り所になるものです。

　そして、就業規則は単なる社内文書ではなく、「労働契約の内容は、その就業規則で定める労働条件による〔下線は筆者〕」（労契法7条）と定められているように、法律でその効力の認められた文書です。そのため、裁判等においても、就業規則に書かれている内容が大きな意味を持つことになります。また、社内的にも就業規則をあらかじめ作成しておくことにより、働くときのルールが明確になり、社内の規律・風紀の維持に役立つとともに、社員の公平感を醸成することができます。

このように、就業規則は、労務管理を行ううえで、法的な根拠となるばかりでなく、円滑な業務遂行上も重要なものです。

(1) 就業規則の記載事項とその効力

① 就業規則の記載事項

就業規則の規定には、必ず記載しなければならない事項（絶対的必要記載事項）、定めをする場合には記載をしなければならない事項（相対的必要記載事項）、会社が任意に記載することができる事項（任意的記載事項）があります（労基法89条）。

☞ 就業規則の記載事項

【絶対的必要記載事項】
　ⅰ）始業・終業の時刻、休憩時間、休日、休暇、労働者を２組以上に分けて交替で就業させる場合においては就業時転換に関する事項
　ⅱ）賃金（臨時の賃金等を除く）の決定・計算・支払の方法、賃金の締切り・支払時期、昇給に関する事項
　ⅲ）退職に関する事項（解雇の事由を含む）

【相対的必要記載事項】
　ⅳ）退職手当の定めをする場合には、適用される労働者の範囲、退職手当の決定・計算・支払の方法、退職手当の支払の時期に関する事項
　ⅴ）臨時の賃金等（退職手当を除く）・最低賃金額の定めをする場合には、これに関する事項
　ⅵ）労働者に食費、作業用品、その他の負担をさせる定めをする場合には、これに関する事項
　ⅶ）安全・衛生に関する定めをする場合には、これに関する事項
　ⅷ）職業訓練に関する定めをする場合には、これに関する事項
　ⅸ）災害補償・業務外の傷病扶助に関する定めをする場合には、これに関する事項
　ⅹ）表彰・制裁の定めをする場合には、その種類・程度に関する事項
　ⅺ）以上のほか、当該事業場の労働者のすべてに適用される定めをする場合には、これに関する事項（服務規律、人事、休職に関するものなど）

【任意的記載事項】
　ⅻ）その他の事項（たとえば、就業規則の制定趣旨、適用に関する規定など）

　これらの事項のうち、保険代理店の場合、他の業種と異なるのが労働時間と賃金、そして解雇に関する規定です。よく知られているように、保険代理店の中心となる営業社員は、オフィスワークや工場、店舗での勤務とは違い、かなり自由度の高い働き方をしている場合が多く、支払われる報酬についても自己責任の要素が強い歩合給制が広く採用されています。したがって、厚生労働省の作成しているモデル就業規則も含め、インターネット上にあるような就業規則のひな形をそのまま使用すると、実態から大きくかけ離れたものになるおそれがあります。必ず自社に合った就業規則を作成するようにしてください。

　就業規則は記載事項の一部を別規程にすることも可能です。賃金に関する事項をまとめた「賃金規程」、退職金に関する事項をまとめた「退職金規程」などがよくみられます。

　また、社員区分ごとに別規程とすることも可能で、むしろそれが望ましいです。たとえば、正社員用と契約社員用で分冊化することで、どの規則が適用されるのか、明確に分けることができます。

　なお、小規模の事業所において、就業規則は正社員用しかつくっていないという場合がありますが、就業規則は全労働者について作成する必要があります（前掲・労基局）。したがって、パート社員に適用される就業規則がないというような場合は、就業規則の作成義務違反になります。

② 就業規則が有効になるためには内容の合理性と周知が必要

　就業規則の記載内容は、労働契約の内容となるものですが、一般的に会社が一方的に作成するものですので、無制限にその効力が認められるわけではありません。就業規則が有効であるためには、「**合理的な労働**

条件が定められている」ことと、「就業規則を労働者に**周知**させていた」ことという2つの要件を満たすことが必要です（労契法7条）。

　もちろん、法令や公序良俗に反するような労働条件は「**合理的**」とはいえませんので、無効となります。しかし、法令や裁判例で明確になっていない微妙な部分（グレーゾーン）については、むしろ就業規則で明確に定めておくことが大切です。たとえば、解雇が法的に有効かどうかは最終的に裁判所が判断するものですが、そもそも解雇の根拠がないまま行った解雇が有効となることは難しいため、必要だと考えるものは（程度はありますが）規定しておくべきといえます。要するに、就業規則の規定は十分条件ではないが、必要条件ではあるというわけです。そして、就業規則を作成する場合には、できれば、社会保険労務士のような専門家と相談するとよいでしょう。そのときには思い切って、こういう規定がほしいという希望をぶつけてみてください。

　次に、「周知」とは、「労働者が知ろうと思えばいつでも就業規則の存在や内容を知り得るようにしておくことをいうもの」（H24.8.10基発0810第2号）とされています。したがって、社長の机にしまいこまれていたり、金庫の中に入っていたりするような状態では、周知したことにはなりません。そのような就業規則は無効と解されます。

　労基則52条の2では、周知方法として、次の3つの方法が定められていますので、基本的にはこのいずれかの方法によります。実際には、ファイリングして保管場所を周知したり、パソコンで確認できるように保存しておくことが多いです。

ⅰ）常時各作業場の見やすい場所へ掲示し、または備え付ける
ⅱ）書面を労働者に交付する
ⅲ）磁気テープ、磁気ディスクその他これらに準ずるものに記録し、各作業場に労働者が当該記録の内容を常時確認できる機器を設置する（注）

　以上の「合理性」と「周知」の要件を満たした就業規則は有効となり、適用対象となる社員全員の労働契約の内容になります。ここで社員

の同意が必ずしも必要ではない点は重要です。

　一方、就業規則で「定める基準に達しない労働条件を定める労働契約は、その部分については、無効」となり、「無効となった部分は、就業規則で定める基準による」ことになります（労契法12条）。全社員に適用される就業規則より個別に締結された労働契約のほうが優先されそうなものですが、就業規則よりも不利な労働契約を締結することはできません。つまり、就業規則は、社員の労働条件の最低基準を定めたものというわけです。

　なお、就業規則は、当然法令に反してはならないものとされています（労基法92条1項）。

(2) 就業規則を作成・変更するときは

① 就業規則作成・変更時の流れ

　常時10人以上の労働者を使用するにいたった店舗や事務所（法人単位ではなく、事業場単位で判断します）については、就業規則を作成し、遅滞なく、所轄労働基準監督署長に届け出ることが義務づけられています（労基法89条、労基則49条1項）。ここでいう「常時10人以上」とは、「時としては10人未満となることはあっても、常態として10人以上の労働者を使用している」場合をいうものとされています（労基局編「平成22年版労働基準法・下」労務行政）。

　では、10人未満の店舗・事務所では就業規則を作成することはできないのかというと、そういうことではありません。労働者が10人未満で

（注）　この方法によって周知を行う場合には、事務所にパーソナルコンピューター等の機器を設置し、かつ、労働者にその機器の操作の権限を与えるとともに、その操作の方法を労働者に周知させることにより、「労働者が必要なときに容易に当該記録を確認できるようにすること」とされています（H11.1.29基発45）

図表3-1 就業規則の作成から届出、社内周知まで

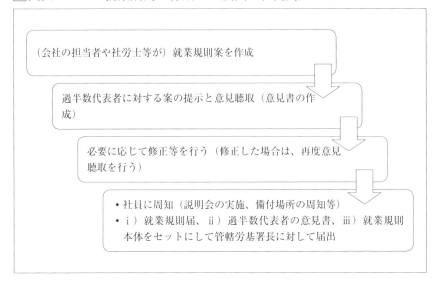

あっても、就業規則を作成することは可能です。実際、保険代理店の店舗・事務所では、社員が10名に達しないことも多いです（損害保険代理店では、10人以下で全体の8割を占めます（日本損害保険代理業協会・野村総合研究所「代協正会員実態調査報告書（2016年6月）」）が、就業規則はつくっているケースが多いと感じます。特に、委託型募集人を雇用契約に切り替えたタイミングで、労務リスクへの対応のために就業規則を作成した保険代理店は少なくありません。

就業規則を作成する手順は**図表3-1**のとおりです。以下では、監督署に届け出る際に必要となる手続きについて説明します。

② 過半数代表者の選出

労基署に提出するにあたっては、過半数代表者等の意見書を合わせて提出します。

この過半数代表者等とは、ⅰ）労働者の過半数で組織する労働組合が

ある場合においては「その労働組合」、そのような労働組合がない場合にはⅱ）労働者の過半数を代表する者（以下「過半数代表者」といいます）をいいます（労基法90条1項）。一般的に保険代理店にⅰ）の労働組合があることは少ないので、ⅱ）の「過半数代表者」を選出する場合がほとんどでしょう。

そして、過半数代表者は、次のいずれも満たすものでなければならないとされています（労基則6条の2第1項、平11.1.29基発45、平22.5.18基発0518第1）。

過半数代表者の要件

> ⅰ）管理監督者でないこと
> ⅱ）就業規則の作成・変更の際に使用者から意見を聴取される者等を選出することを明らかにして実施される投票、挙手等の方法による手続きにより選出された者であること
> ⅲ）使用者の意向によって選出された者ではないこと

このうち、ⅰ）の「管理監督者」とは、一般的には部長、工場長など、労働条件の決定その他労務管理について経営者と一体的な立場にある者とされており、役職者であればこれにあてはまるというわけではありません（昭22.9.13基発17、昭63.3.14基発150）が、上位の役職者は過半数代表者に選任しないほうが無難です（管理監督者の詳細は第5章・第4節(5)参照）。

ⅱ）については、「民主的な手続き」であること求められているということであり、「投票、挙手」に限られるわけではありません。たとえば、「労働者の話合い、持ち回り決議」なども認められています（平11.3.31基発169）。意外に多いのが、過半数代表者を社長が選んでしまうケースです。しかし、このような選出方法は「民主的な手続き」とはいえませんので、労基法が求める過半数代表者とは認められません。同じように、もともと存在していた社員の親睦団体やサークルの代表者を

そのまま過半数代表者とすることもできません（最二小判 H13.6.22「トーコロ事件」）。

現実には、立候補を募ってもだれも手を挙げないということも珍しくありませんが、その場合でも、必ず社員同士の話合いや投票で決めさせるようにします。

なお、三六（サブロク）協定など他の労使協定の締結当事者についても、同じ要件が定められています。

③　意見聴取と労基署への届出

過半数代表者を選出したら、作成した就業規則に対する意見聴取を行い、労基署長への届出時に必要となる意見書を作成してもらいます。

ちなみに、意見書に就業規則の内容に反対する旨の意見が書かれていた場合であっても、「その効力の発生について他の要件を具備する限り、就業規則の効力には影響がない」（S24.3.28基発373）とされていますので、監督署に届け出れば受理されます。もっとも、その意見に対して何らかの回答するなどの対応をしたほうが、社員の納得を得るためには望ましいことはいうまでもありません。

過半数代表者の意見書ができあがったら、就業規則届と作成した就業規則の3点セットを2部（1部は届出用、もう1部は労基署で受理印をもらい会社保管用とします）用意して、管轄の労基署へ届け出て、手続きは終了です。

なお、就業規則の届出は、就業規則の効力そのものにはなんら影響はありません。逆に、監督署に受理されたからといって、その就業規則が有効であるというわけではありません。就業規則の有効となる要件は、あくまで内容の合理性と社員への周知なのです。ただし、届出を怠った場合には、労基法上の罰則が適用されます（30万円以下の罰金。労基法120条）。

就業規則を変更する場合も、作成と同じ手順で行います。ただし、就業規則の変更によって労働者に不利益が発生する場合（これを「不利益

変更」といいます）、次節にみるような法令上の制限があることに留意してください。

第3節 就業規則の不利益変更

(1) 就業規則の不利益変更が認められるためには

　就業規則は、法改正はもちろん、実際に運用してみて生じた不具合・不整合の修正、環境の変化への対応などのために、定期的に見直しを行うべきものです。

　では、就業規則を変更する場合に、社員に不利益な労働条件を一方的に課す、たとえば、業績悪化を理由に手当や退職金を廃止するようなことは許されるでしょうか。

　この点について、労契法9条では、会社は、社員と「合意することなく、就業規則を変更することにより、労働者の不利益に労働契約の内容である労働条件を変更することはできない」という合意原則を定めています。そのうえで、次のような例外を同法10条で定めました。すなわち、変更後の就業規則を労働者に周知させ、かつ、就業規則の変更が、次の5つの要素に照らして合理的なものであるときは、労働条件は、「変更後の就業規則に定めるところによるものとする」とされています。

☞不利益変更の合理性を判断するための5要素

　　ⅰ）労働者の受ける不利益の程度
　　ⅱ）労働条件の変更の必要性
　　ⅲ）変更後の就業規則の内容の相当性
　　ⅳ）労働組合等との交渉の状況
　　ⅴ）その他の就業規則の変更に係る事情

このように、就業規則を不利益に変更する場合には、その会社と社員の利益と不利益のバランスを考慮して有効性が判断されます。したがって、一度つくった就業規則の労働条件を安易に切り下げることはできないので、初めて就業規則を作成するときは充分な注意が必要です。迷ったら、労基法で定める最低基準の規定にするくらいでよいといえます。

　ところで、ⅱ）**労働条件の変更の必要性**については、賃金、退職金などの労働者にとって重要な権利、労働条件に関し実質的な不利益を及ぼす就業規則の作成または変更の場合には、「当該条項が、そのような不利益を労働者に法的に受忍させることを許容することができるだけの高度の必要性に基づいた合理的な内容のものである場合において、その効力を生ずるものというべき」とされています（最二小判 H9.2.28「第四銀行事件」）。つまり、手当の廃止などのような賃金の不利益変更の有効性については、そのほかの不利益変更に比べて厳しく審査されるということです。したがって、このような場合には、一層慎重に実施しなければなりません。

　これに関連して、保険代理店においては、保険会社の経営方針で手数料体系や手数料率が変更されることが考えられます。この場合、就業規則で手数料の算式を定めていれば、就業規則の不利益変更が要となることも考えられます。

　このため、（賃金に限ったことではありませんが）どこまでを就業規則で定めるべきなのかということも、よく考えなければならないポイントです。就業規則に記載することのメリットは、就業規則の変更による場合に合理性が認められれば、反対する社員にも変更後の就業規則を適用することができることにあります。しかし、賃金の不利益変更が厳しく審査されることをふまえると、小規模な代理店では、個別の労働契約で定めたほうが、対応がしやすいと思われます。

　ただし、賃金の決定、計算方法に関しては就業規則の絶対的必要記載事項ですので、就業規則にまったく規定しないというわけにはいきません。この場合には、「個別の労働契約書で定める」などの委任規定を設

けてください。

　なお、仮に賃金の減少が避けられないような場合であっても、不利益を緩和するために経過措置を設けるといった対応をとることが、合理性の判断にプラスとなることがあります。

　たとえば、年功序列型賃金制度から成果主義をとりいれ新賃金制度に変更するにあたって、「制度変更の1年目は差額に相当する調整手当を全額支払うが、2年目は50％だけであり、3年目からはこれがゼロとなる」という経過措置を設けたことについて、「いささか性急なものであり、柔軟性に欠ける嫌いがないとはいえないのであるが、それなりの緩和措置としての意義を有することを否定することはできない」と一定の評価をし、結論として賃金制度の変更を有効と認めた裁判例があります（東京高判 H18.6.22「ノイズ研究所事件」）。

　就業規則の不利益変更にあたっては、「これをすれば有効」というような方法はありませんが、不利益変更によって社員が被る影響を洗い出したうえで、それに対して可能な限り緩和措置をとるよう検討することが、万一トラブルになっても変更の合理性を認められやすくするために大切です。

　このことは、次にとりあげる個別同意を取得する際にも重要な説得材料になります。

(2) 個別同意も必ずとる

　就業規則について不利益変更を行った場合には、必ず社員一人ひとりから個別に同意をとることが大切です。なぜなら「労働契約の内容である労働条件は、労働者と使用者との個別の合意によって変更することができる」というのがあくまでも原則であるためです（最小二判 H28.2.19「山梨県民信用組合事件」）。

　しかし、労使間の場合には、仮に書面で合意を得たとしても、その合意が必ずしも有効と認められるわけではありません。業務委託と比べて、

労働契約の場合は、法令で手厚く保護されており、「就業規則に定められた賃金や退職金に関する労働条件の変更に対する労働者の同意の有無については、……当該変更により労働者にもたらされる不利益の内容及び程度、労働者により当該行為がされるに至った経緯及びその態様、当該行為に先立つ労働者への情報提供又は説明の内容等に照らして、当該行為が労働者の自由な意思に基づいてされたものと認めるに足りる合理的な理由が客観的に存在するか否かという観点からも、判断されるべき」とされているためです（前同）。

　したがって、労働条件の不利益変更の局面では、単に形式的に同意書をとるというのではなく、変更に至った理由や経緯、その内容などについて十分説明をしたうえで、同意を得ることが大切です。

コラム❸

保険代理店とM&Aと

　保険代理店はもともと比較的少ない資本で事業を始めることができたこともあって、小規模な代理店が多く存在しています。特に損害保険会社が、「代理店研修生制度」により、社員として雇い入れて一定の顧客獲得ができた後に代理店として独立させ、それにより販売チャネルを拡大させることに力を注いでいた時期もあったため、小規模な代理店が今でも多い状態です。

　しかし、近年、保険会社（メーカー）がM&A（合併と買収）を働きかけるケースが増加しており、特に地域で中心的な保険代理店にはそういった声掛けが頻繁にあります。

　これには、保険業法改正による業務量の増加への対応や、経営者の高齢化により事業や顧客サービスの停止することのリスクに備える目的があります。また、代理店の側としても、手数料が今後も減少が続くとみられる中、手数料体系も代理店ポイント制度に代表されるように、規模が大きいほうが有利になるよう設計されているため、収入を確保するために合併を選択する場合もあります。

　しかし、実際には、合流してみるとなかなかうまくいかないということも少なくありません。特に手数料を目的とした安易な統合をしてしまうと、経営方針や経営理念が合わない、あるいは手数料の分配方法で軋轢が生じるなどといった問題が後から発生することがあります。

　筆者も、代理店経営者から保険会社に頼み込まれて別の代理店と統合したけれども、結局うまくいかず、別の代理店にいた元事業主と社員の何名かは離職してしまった、という話を耳にしたことがあります。もとは一国一城の主だった自負からか、意に沿わない決定にはなかなか承服できないということもあるのかもしれません。また、労働条件で揉めるケースもあり、就業規則の見直しが必要となる場合もあります。

　最近では、むしろM&Aには慎重な意見を聞くことのほうが多いと思われますが、規模の拡大自体の必要性は経営者として認識しており、顧客本位の品質の維持向上との難しい舵とりを迫られています。

第4章 労務の知識

雇入れの実務

- 第1節 雇入れ時にするべきこと
- 第2節 入社したら職場のルールを教育する
- 第3節 試用期間

雇入れ時にするべきこと

　雇入れは、雇用関係のスタートです。「始めが大事」といわれるように、ここで労働条件はもとより、自社で勤務するうえでの注意点などをしっかり説明しておくことで、スムーズに自社の業務に入っていくことができるでしょう。しかし、保険代理店の業務経験者だからといって「同じ仕事だから大丈夫だよね」というスタンスでは、思わぬ行き違いが生じるかもしれません。

　労務管理の観点では、法令で義務づけられている書面の交付や、社会保険の手続き、給与計算等で必要な資料を提出してもらう必要があります。

(1) 雇用契約書（労働条件通知書）の締結

① 雇用契約書で定める事項

　採用が決定した場合、会社は、労基法で定められた賃金・労働時間その他の労働条件を明示しなければなりません。初めに法令で義務づけられている明示事項を確認しましょう（労基法15、労基則5）^(注)。

　図表4-1のⅰ）～ⅵ）までは書面によるものとされています。ただし、平成31年4月1日からは、社員が希望した場合にはFAXまたは電

（注）　パートタイム労働者の場合には、昇給、退職手当および賞与の有無も明示すべき事項とされている。なお、これらについては、文書のほか、労働者が希望すれば、FAXや電子メールでもよいとされている（パート労働法6条1項、パート労働法施行規則2条）。

☞図表4-1　採用時に明示しなければならない事項

必ず明示しなければならない事項（★は書面によらなければならない事項）	ⅰ）労働契約の期間★ ⅱ）有期労働契約を更新する場合の基準（契約期間満了後に更新する場合がある労働契約のときのみ）★ ⅲ）就業の場所・従事すべき業務★ ⅳ）始業・終業の時刻、所定労働時間を超える労働（残業等）の有無、休憩時間、休日、休暇、労働者を2組以上に分けて就業させる場合における就業時転換に関する事項★ ⅴ）賃金の決定、計算・支払の方法、賃金の締切り・支払の時期★ ⅵ）退職に関する事項（解雇の事由を含む）★ ⅶ）昇給に関する事項
定めをした場合に明示しなければならない事項	ⅷ）退職手当の定めが適用される労働者の範囲、退職手当の決定、計算・支払いの方法および支払い時期に関する事項 ⅸ）臨時に支払われる賃金、賞与等および最低賃金額に関する事項 ⅹ）労働者に負担させる食費、作業用品などに関する事項 ⅺ）安全・衛生に関する事項 ⅻ）職業訓練に関する事項 ⅹⅲ）災害補償、業務外の傷病扶助に関する事項 ⅹⅳ）表彰、制裁に関する事項 ⅹⅴ）休職に関する事項

子メール等（本人が出力することにより書面を作成できる場合のみ）により明示することもできるようになりました（改正後の労基則5条3項、4項）。

　この労働条件の明示のための書面については、厚生労働省が作成した「モデル労働条件通知書」を使用している例もみられます。しかし、保険代理店の場合、もともと業務委託契約関係にあった経緯があるため、会社から一方的に交付する「通知書」よりも、会社と社員の相互が合意

したことを明確にする「契約書」という形式が好まれる傾向にあります（以下では「雇用契約書」という名称を用います）。

なお、図表4－1のvii）以降の事項についても定めがある場合は明示する義務が課せられていますので、漏れのないように、以下で示すモデル雇用契約書のように、なるべく書面の中に記載しておくとよいでしょう。

また、これら以外の内容を雇用契約書に定めてはならないということはありません。会社ごとに必要と考える内容は、自由に定めることができますので、会社ごとに工夫することもできます。たとえば、経営理念なども採用時に一対一で確認して、遵守することに同意させるという保険代理店もあります。個性派が多い営業社員に経営理念を浸透させるための工夫といえるでしょう。

雇用契約書には、労基法に違反、または労基法を下回るような労働条件を定めることはできません。労基法13条では、労基法で定める基準に達しない労働条件を定める労働契約は「その部分については無効とする。この場合において、無効となった部分は、この法律で定める基準による」とされています。たとえば、年次有給休暇はないと雇用契約書に定めたとしても、その規定は無効となり、労基法で定められた年次有給休暇を付与しなければなりません。また、前述のように、就業規則を下回る労働条件は無効となり、就業規則で定める基準に引き上げられます（労契法12条）。

② 労働契約に関する禁止事項

労基法では、労働契約に関して、国籍・身上・社会的身分による差別の禁止（労基法3条）、男女同一賃金の原則（同4条）、強制労働の禁止（同5条）、中間搾取の禁止（同6条）、損害賠償予定・違約金の禁止（同16条）、前借金相殺の禁止（同17条）、強制貯金等の禁止（同18条）などの規制が定められています。たとえば、「1年以内に退職した場合には、違約金を支払うこと」などのような内容を定めることはできません（損害賠償予定の禁止に違反）。

雇用契約書

　株式会社○○○○（以下「当社」といいます。）と＿＿＿＿＿＿＿（以下「社員」といいます。）は、次表および就業規則で定める労働条件により雇用契約を締結することに合意しました

社員区分	正社員❶（雇入れ日：××××年４月１日）
契約期間	1　契約期間　期間の定めなし❷ 2　試用期間　××××年４月１日　から　××××年７月31日 　　試用期間中に当社の社員として不適格と認められたときは、本採用を拒否します。
就業の場所および従事すべき業務の内容	1　就業の場所　株式会社○○○○　本店 2　従事すべき業務の内容 　①　保険募集の業務（営業職） 　②　①に付随するすべての業務 3　従事すべき業務の変更を命じることはありません。❸
達成すべき成果	社員ごとに当社が設定する売り上げ目標（目標の未達は解雇となる場合があります。）❹
始業、終業の時刻、休憩時間、休日、所定時間外・休日労働の有無等	1　始業・終業の時刻等 　　始　業　10時00分 　　終　業　19時00分（休憩１時間00分） 2　所定休日 　①　毎週土曜日、日曜日 　②　冬季休日（毎年12月30日から翌年１月３日まで） 3　所定外労働・休日労働の有無　　あ　り
休　暇	1　年次有給休暇　就業規則第○条の規定によります。 2　その他の休暇については、就業規則第○条から第○条までの規定によります。
賃　金	1　賃　金 　　賃金は、次の額を支払うものとします。 　①　基　本　給 　　　月　額（　＊＊＊，０００円　） 　②　インセンティブ　会社基準によります。 　③　資格手当 　　　賃金規程第○条の規定によります。 　④　通勤手当 　　　賃金規程第○条の規定によります（上限月額２万円）。 2　最低保障給　賃金規程第○条の規定によります。

第１節　雇入れ時にするべきこと

	3	所定時間外の勤務に対して支払われる割増賃金率　賃金規程第○条の規定によります。
	4	賃金締切日　毎月末日
	5	賃金支払日　翌月25日（支払日が金融機関の休業日の場合は、その前営業日）
	6	賃金の支払方法　会社は、本人が指定した口座に振り込むことができます。
	7	賃金支払時の控除　賃金規程第○条の規定によります。
	8	給与改定　賃金規程第○条の規定によります。
	9	賞　与　な　し（ただし、会社の業績および社員の成果等を勘案して、支給することがあります。）
	10	退職金　な　し
退職に関する事項	1	退職事由　就業規則第○条の規定によります。
	2	定　年　65歳（退職日は就業規則第○条の規定によります。）
	3	自己都合退職の手続　退職日の30日前までに社長へ退職届を提出すること。
	4	解雇の事由　就業規則第○条の規定によります。
その他	1	服務規律　社員は就業規則第○条から第○条までに掲げる事項を遵守し、勤務時間中は職務に専念しなければなりません。
	2	表彰および懲戒❺　就業規則第○条から○条までの規定によります。
	3	休職　就業規則第○条から○条までの規定によります。
	4	社会保険の加入 ①　雇用保険　あり ②　健康保険・厚生年金保険　あり
特記事項		

　本契約の成立を証するため、本書を2通作成し、当社および社員の双方が1部ずつ保管するものとします。

　　　　　　　　　　　　　　　年　　　月　　　日
　　　　　　　　　使用者　所在地　千葉市中央区中央○－○－○
　　　　　　　　　　　　　名　称　株式会社○○○○
　　　　　　　　　　　　　職氏名　代表取締役　○○　○○　㊞
　　　　　　　　　社　員　住　所　千葉市中央区登戸○－○－○
　　　　　　　　　　　　　氏　名　○○　○○　　　　　　　㊞

❶　会社によって、正社員、契約社員、パートタイマー、アルバイトなどの社員区分を設ける場合があります。

　この中で、会社の中心な役割を担うのが「正社員」です。正社員に法令上の定義はありませんが、一般的には基幹的、中核的業務に就く無期労働契約でフルタイム勤務の社員をいいます。

　このほかの区分についても、会社ごとに自由に定義することができます。一般的には「契約社員」は有期労働契約（❷を参照）のフルタイム勤務の社員、「パートタイマー」は有期労働契約の短時間勤務の社員で、代理店では、営業補助、事務、計上手続、保険会社との連絡業務などを担うことが多いようです。「嘱託」は定年後再雇用される者を指すことが多く、働き方はフルタイムの場合も、短時間勤務の場合もあります。

❷　労働契約は、1年とか半年といった期間を定めて締結することができます。ただし、契約期間は、原則3年（一定の高度専門職および60歳以上の高年齢者については5年）を超えることはできません（労基法14条1項）。

　期間を定める労働契約を締結する場合には、雇用契約書に「更新する場合の基準に関する事項」を定めなければなりません（労基則5条1項1号の2）。たとえば、更新の有無として「更新する場合があり得る」と定め、契約更新の判断基準として「売上目標の達成したかどうかにより判断する」「会社の経営状況により判断する」などを定めることが考えられます（有期労働契約については第8章・第2節(1)①を参照）。

❸　一般的な正社員は、職種、職務、勤務地等を限定せずに雇い入れられ、就業規則でも会社に包括的な異動命令権が規定されています。この場合、正社員は転勤や配置転換を拒否できません。しかし、小規模の会社では、必ずしもこのような規定が妥当とはいえない場合もあります。特に保険代理店では、営業担当が仮に能力不足だったとして、別の業務（たとえば事務担当）に異動させることは想定されていないのではないでしょうか。このような場合は、職種変更をしないことを明確にすることにより、実態に則した対応がしやすくなります。

❹　営業社員については、このように期待すべき成果を明確にしておくことが大切です。なお、具体的な金額を定める場合もあります。

❺　市販の雇用契約書のひな形では、必ず書面で示さなければならない事項だけしか記載していないものもみられます。しかし、前述のとおり、そのほかの事項についても定めがあれば明示が必要とされていますので、本モデルのように重要な事項は規定しておくことが適切です。

雇用契約書により、労働条件を確認することは、後のトラブルを予防するうえで重要です。採用が決定した際には、雇用契約書の締結のために一度場を設けて読み合わせを行うなど、双方の認識に離齟(そご)のないようにしておきましょう。

(2) 入社時の提出書類

　社員を雇い入れた場合には、労務管理や社会保険手続、給与計算のために多くの書類を提出させる必要があります。
　主な入社時の提出書類には、次のものがあります。

☞入社時の主な提出書類

① 給与計算、社会保険手続に必要な書類
② 誓約書
③ 身元保証書
④ 住民票記載事項証明書
⑤ 健康診断票
⑥ 通勤に関係する書類（通勤経路申請書等）
⑦ 保険募集人資格に関する書類（図表4-5参照）
⑧ その他（会社独自の登録票など）

　ところで、これらの書類には、当然個人情報が含まれるものがあります。平成29年5月30日に施行された改正個人情報保護法では、過去6か月間で取り扱う個人情報の数が5,000人以下の事業者の特例が廃止されました。そのため、保険代理店も、取り扱う個人情報の数にかかわらず「個人情報取扱事業者」となり、同法の義務規定が適用されることになりました。

① 給与計算、社会保険手続に必要な書類

　保険代理店においては、業務委託契約から労働契約への切替えにより、社員を労働・社会保険に加入させる必要が生じます。また、社会保険料や所得税、住民税も賃金から控除して支給することになるため、雇入れにあたっては、これらの処理に必要な書類を提出させる必要があります（図表4－2）。

☞図表4－2　給与計算・社会保険の手続きで必要な書類

書類等の名称	備　考
ⅰ）通知カード、番号カードなどマイナンバーがわかるもの	万一紛失している場合には、住民票の写しで確認することができます。
ⅱ）扶養控除等（異動）申告書	給与計算において源泉所得税を甲欄で計算する場合、年末調整を受ける場合などに必要です。
ⅲ）給与所得の源泉徴収票	同じ年に他社で給与を支払われたことがある場合に、その年の年末調整で必要になります。
ⅳ）年金手帳（マイナンバーがあれば不要）	健康保険・厚生年金保険に加入する社員については、平成30年3月から加入手続はマイナンバーを利用することができますので、基礎年金番号は不要になりました。マイナンバーの提供が困難な場合には、基礎年金番号で手続きを行うため年金手帳を提出させます。
ⅴ）雇用保険被保険者証	雇用保険に加入する社員については、雇用保険被保険者番号が必要となりますので、雇用保険被保険者証を提出させます。離職票など退職時に交付される書類でも、代用できます。

　このうち、特に取扱いに注意が必要なのがマイナンバーです。
　マイナンバー（個人番号）とは、日本国内の全住民に付される一人ひとり異なる12桁の番号をいいます。平成28年1月から税・社会保障の分野でマイナンバーの利用が始まり、雇用保険の加入（資格取得）手続や「扶養控除等（異動）申告書」等で記載が必要になっています。平成30

年3月からは健康保険・厚生年金保険の加入手続（被扶養者を含む）でもマイナンバーの利用が開始されました。

このため事業主は、雇い入れたすべての社員からマイナンバーの提供を受ける必要があります（ちなみに、3者間契約スキームで、委託型募集人のままとなっている保険募集人のマイナンバーが必要な場合もあります）。

会社がマイナンバーを取得するにあたっては、利用目的を明示し、本人確認を行わなければなりません（個人情報保護法15条、番号法16条）。

利用目的を明示する方法としては、就業規則に規定することも考えられますが、マイナンバーの利用目的は、従業員だけでなく、マイナンバーを提供することになる扶養親族等にも通知する必要があるため、就業規則に規定するだけでは不十分です。マイナンバーの提供を受ける家族等に対しても、利用目的は明示しなければなりません。

本人確認については、番号確認と身元確認を行う必要があります。次表の書類等で確認してください（番号法16条、番号則1条）（**図表4－3**）。

図表4－3　身元確認・番号確認に必要な資料

マイナンバーカードを持っている場合	マイナンバーカードを持っていない場合	
マイナンバーカード1枚で身元確認と番号確認が可能	身元確認	番号確認
	運転免許証、パスポートなど	通知カード、住民票（マイナンバー記載あり）など

図表4-4　マイナンバーの安全管理措置

基本方針の策定	・マイナンバーを含む個人情報（特定個人情報等）の適正な取扱いの確保について組織として取り組むために、基本方針を策定すること
取扱規程等の策定	・特定個人情報等の取扱い等を明確化すること ・事務取扱担当者が変更となった場合、確実な引継ぎを行い、責任ある立場の者が確認すること
組織的安全管理措置	・事務取扱担当者が複数いる場合、責任者と事務取扱担当者を区分すること ・特定個人情報等の取扱状況のわかる記録を保存すること ・情報漏洩等の事案の発生等に備え、従業者から責任ある立場の者に対する報告連絡体制等をあらかじめ確認しておくこと ・責任ある立場の者が、特定個人情報等の取扱状況について、定期的に点検を行うこと
人的安全確保措置	・事務取扱担当者に対して必要かつ適切な監督を行うこと ・事務取扱担当者に適正な取扱いを周知徹底するとともに適切な教育を行うこと
物理的安全確保措置	・特定個人情報等を取り扱う区域を管理すること ・機器・電子媒体等の盗難等の防止のために書庫に鍵をかけるなどの措置を講じること ・電子媒体等を持ち出す場合、パスワードの設定、封筒に封入して鞄に入れて搬送するなどの方策を講じること ・特定個人情報等を削除・廃棄したことを、責任ある立場の者が確認すること
技術的安全確保措置	・ユーザーアカウント制御により、情報システムを取り扱う事務取扱担当者を限定すること ・外部からの不正アクセス等の防止のためのしくみ（ウィルス対策ソフトなど）を導入し、運用すること ・通信経路における情報漏洩等を防止するための措置（パスワードの設定など）を講じること

（個人情報保護委員会「中小企業向けはじめてのマイナンバーガイドライン」を基に作成）

保険代理店は社員のマイナンバーを利用する者として、漏洩、滅失または毀損の防止その他のマイナンバーの適切な管理のために必要な措置、すなわち図表４－４の「安全管理措置」を講じなければならないとされています（番号法12条）。なお、これらの措置は、「中小規模事業者」に該当することを前提としています。

　安全管理措置については、税理士や社会保険労務士などに事務委託を行っている場合にも、委託先が適切な安全管理措置を講じていることを確認したうえで、マイナンバーを含む個人情報等の適切な取扱いに関する契約を締結し、必要な管理・監督を行わなければなりません。

②　誓約書

　業種や規模を問わず、採用時に特に遵守してほしい事項や注意喚起したい事項などを記載した「誓約書」を提出させるケースが広くみられます。

　特に保険代理店では、多くの顧客の個人情報を取り扱うこと、近年の電子化にともない個人情報にアクセス可能で、かつ情報を大量に保存できる端末（ノートＰＣ、タブレット等）を外に持ち出す機会も多いことから、入社時に情報管理に関する遵守事項などについて定めた「誓約書」を提出させるべきです。

　もっとも、「誓約書」の内容は、就業規則の内容と重複することが少なくありませんので、誓約書によって社員に新たな義務を課すというよりも、社員に対する意識づけの意味合いが強いものともいえます。

誓　約　書

株式会社　○○○○
代表取締役　○○　○○　殿

> チェック（✓）を入れてもらいましょう。

　私は、貴社の従業員として入社するにあたって、次の事項を遵守することを誓約します。

☐　貴社の一員としての自覚と責任をもって職務に精励するとともに、雇用契約書、就業規則その他貴社の諸規程、上長の指示および命令等を遵守し、他の従業員と互いに協力して貴社の発展、職場秩序の維持、および明るい職場づくりに努めます。

☐　履歴書、職務経歴書その他採用試験にあたって提出した書類の記載事項、および面接の際申し述べた事項は、事実に相違ありません。

☐　採用の際に提出した書類、ならびに入社後に提供する私および私の親族等の個人情報について、貴社が人事労務管理、給与計算、各種手続き等の目的を達成する上で必要な範囲において取得し、利用し、または第三者に提供することに同意します。

☐　就業時間中はもちろん、就業時間外においても貴社の信用やイメージを傷つけ、またはそのおそれがある言動（Facebook、Twitter、ブログ等への投稿を含む。）は、一切しません。

☐　在職中はもちろん退職後においても、貴社の従業員として知りえた経営または業務上の機密、顧客情報（見込み客を含む。）、他の従業員の個人情報（番号法上の特定個人情報ファイルを含む。）、貴社の不利益となる事項等を決して漏らしません。また、これらを業務目的以外での利用、複製、複写等は一切しません。

☐　機密情報の漏えい、貴重品の紛失、危険物の持ち込み等の事故を防止するために貴社が行う所持品の検査に協力します。

☐　機密情報の漏えい、パソコンの不正利用等の防止または保険募集行為の内容を確認するために貴社が行うパソコン、タブレット、スマートフォンの使用履歴の調査、モニタリング等に協力します。

☐　自己の都合により退職する場合は、遅くとも30日前までに退職届を提出し、業務の引継ぎ、誓約書の提出その他上長に指示された事項を完了します。

☐　退職の際には、貸与され、または保管している備品、貴社が保有する情報が記録された資料（USBメモリ、DVD、CD等の磁気媒体を含む。）、名刺等を返納します。また、退職後に貴社の役員または従業員について退職の勧誘、引き抜き行為等は一切しません。

☐　在職中はもちろん退職後においても、私に支払われた保険手数料について戻入金が生じた場合には、貴社の請求にしたがって返還します。

☐　過去において保険業法関係法令に違反した事実、現在負っている競業避止義務については、全て申し述べました。

☐　暴力団、暴力団関係企業、総会屋またはこれに準ずる団体等反社会的勢力との関係を現在有しておらず、将来も一切関係を持たないことを約束します。

　上記に違反した場合、または故意もしくは過失により貴社に損害を与えた場合は、原状回復をし、または回復に必要な費用の全部を賠償すること、および懲戒処分に処されることがあることを十分理解しました。

年　　月　　日
住　所　千葉市中央区○―○―○
氏　名　○○　○○　㊞

③　身元保証書

　身元保証書とは、身元保証人（親族の場合が多い）に社員としての適格性を保証させるほか、万一会社に損害を与えた場合にその損害賠償債務について連帯保証することを契約する文書です。一般的に正社員に対して提出を求める企業が多いのですが、保険代理店の場合には、パート社員であっても大きな額の金銭を取り扱ったりセンシティブな個人情報に接したりすることもありうるため、そのような可能性のある社員については提出させるようにするのがよいでしょう。

　ところで、身元保証書を提出させたからといって、身元保証人に対して無条件で損害賠償を請求できるかというと、実際にはそうではありません。

　身元保証法3条では、ⅰ）社員が業務上不適任または不誠実である事跡のために身元保証人の責任を惹起するおそれがあることを知ったとき、ⅱ）社員の勤務地を変更することにより身元保証人の責任を加重し、または監督が困難となるときは、身元保証人への通知義務を課しており、身元保証人はこの通知を受けた場合には将来に向かって身元保証契約を解除することができます（同法4条）。

　また、身元保証法5条では、裁判所が身元保証人の損害賠償の責任およびその金額を定める場合には、次のものを斟酌するものとされています。

裁判所が斟酌するもの

> ⅰ）社員の監督に関する会社の過失の有無
> ⅱ）身元保証人が身元保証を引き受けるに至った事由
> ⅲ）身元保証人が身元保証契約を引き受けるに当たって払った注意の程度
> ⅳ）社員の任務または身上の変化
> ⅴ）その他一切の事情

　裁判例の中には、証券会社が歩合外務員の業務命令違反によって損害

を被ったとして、身元保証人に対して損害賠償を求めた事件について、身元保証契約の方法、信用力・財力等の調査方法等の程度に照らして、社員の負担すべき損害額の4割に減額するのが相当としたものがあります（東京地判 H4.3.23「ワールド証券事件」）。

このように、身元保証人がいれば社員の賠償責任をすべて担保できるというわけではありませんが、それでも身元保証書の提出を求める企業が多いのは、損害賠償の負担だけでなく、「不正行為を防止する精神的な歯止め」という役割を期待しているためと考えられています（能登真規子「現代の身元保証6・完」彦根論叢 No.404）。

保険代理店の場合も、以上の観点から、社員の採用にあたり、身元保証書の提出を求めるとよいでしょう。

身 元 保 証 書

株式会社　〇〇〇〇
代表取締役　〇〇　〇〇　殿

　私は、このたび下記の者（以下「本人」といいます。）が貴社の社員として雇用されるにあたり、身元保証人として、次のとおり約束します。
1　本人の健康状態（メンタルヘルスを含む。）が就業に支障なく、誠実に勤務することを保証します。
2　本人が雇用契約書および貴社の就業規則、諸規程、業務命令等に違反し、または故意もしくは過失により貴社に損害を与えたときは、本人と連帯してその損害を賠償する責任を負います。
3　本身元保証書の保証期間は、雇入れの日より5年間とします。

記

身元保証される者	
現　住　所	
生　年　月　日	昭和・平成　　年　　月　　日

※社員となる方の氏名等を記入してください。

以上

　　　　　　　　　　　年　　月　　日
　　　　　　　　　住　所
　　　身元保証人　氏　名　〇〇　〇〇　　　㊞
　　　　　　　　　続柄等
　　　　　　　　　連絡先

④ 保険募集人資格に関する書類

　保険募集人として営業活動を行うためには、保険募集に関する法令を遵守し、保険契約に関して十分な知識を有していることが求められます。そこで、生命保険、損害保険のそれぞれについて、募集人として登録するために必要な資格が設けられています。

　すでに試験に合格していて、その資格で引き続き自社でも業務を行える場合は、代理店で募集人として登録します。その際に必要な登録番号（ＩＤ）等を確認するため、試験の合格証や資格証明書の提出などを求めます（図表4-5）。

　ただし、現在はインターネット上で容易に資格情報を確認できるため、あえて提出を求めていないほうが一般的です。また、生命保険募集人については、資格を引き継げないことが多いため、その場合は転職後に再度受験させなければなりません（落ちることはほとんどないそうです）。

■図表4-5　保険募集人資格を証明する書類の例

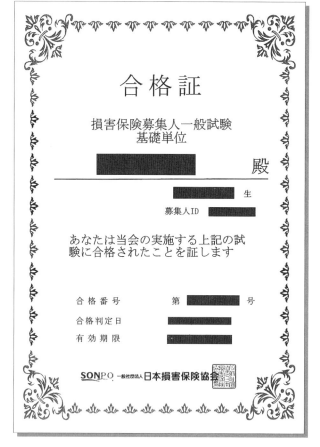

☞ 規定例

（雇入れ時の提出書類）
第○条　会社は、社員として雇い入れられることを希望する者であって、選考試験に合格し、所定の手続きを経た者を、社員として採用する。
2　社員として雇い入れられた者は、次の書類を就業開始日から1週間以内に提出しなければならない。ただし、会社が提出を要しないと認めたものについては、この限りでない。
　① マイナンバーカードもしくはマイナンバー通知カード、またはマイナンバーが記載された住民票記載事項証書
　② 給与所得の源泉徴収票（年内に給与所得のある者に限る。）
　③ 雇用保険被保険者証（所持している者に限る。）
　④ 住民票記載事項証明書
　⑤ 保険募集人資格に関する書類
　　　　　　　　　：
　○ 前各号に掲げるものの他、会社が提出を命じたもの
3　前項各号の書類のうち期限までに提出できないものがある場合には、あらかじめ会社にその理由と提出予定日を申し出て、会社の承認を得なければならない。
4　第2項の提出書類の記載事項に変更が生じた場合には、速やかに変更事項を会社に書面で届け出なければならない。この場合に、社員は、会社が提出を指示した資料等を添付しなければならない。
5　社員の個人情報は、労働・社会保険関係の事務、給与計算その他の人事労務管理の目的で使用する。

（マイナンバーの取扱い）
第○条　会社は、社員から提供を受けたマイナンバーを次に掲げる事務のために利用する。
　① 雇用保険の届出、請求等の事務
　② 健康保険・厚生年金保険の届出、請求等の事務（被扶養者に関するものを含む。）
　③ 労働者災害補償保険の請求等の事務
　④ 賃金計算、年末調整等の事務
　⑤ 助成金の申請等の事務
　⑥ 前各号に掲げるもののほか、これらに付随して行う事務
2　社員は、マイナンバーを提供するにあたって、当該マイナンバーが本人のものであることを証明するものとして、運転免許証その他の適当な書類を提出しなければならない。

第2節 入社したら職場のルールを教育する

(1) 服務規律とはなにか

　社員が入社したら、雇用契約書を取り交わして、必要な書類を提出させるだけでなく、オリエンテーションで職場のルールや施設設備の使い方、欠勤や遅刻の場合の連絡方法など、これから働くことになる「職場のルール」を教育する必要があります。保険代理店では、会社によって労務管理のレベルに差が大きいので、自社の仕事の分担やルールは最初に理解させないと、他の社員との軋轢（あつれき）が生じるなどのトラブルの元になってしまいます。

　社員が遵守しなければならない職場のルールを服務規律とか服務規定といい、就業規則に定めておく必要があります。保険代理店においては、保険業法の改正により体制整備が義務づけられ、フィデューシャリー・デューティー（顧客本位の業務運営）の徹底が求められるなど社会的に重い責任を負っているため、服務規律の重要性は他の業種よりも高いといえます。

　服務規律の内容は、会社によって多種多様ですが、大まかには「働き方に関すること」（職務専念義務や業務命令の遵守、服装など）、「施設管理に関すること」（会社の設備、備品等の保全や施設内での政治活動等の制限など）、「社員の地位・身分に関すること」（信用の保持、兼業・副業の規制など）に分類することができます。たとえば、次のように列挙する規定が一般的です。

📝 **規定例**

（社員としての心構え）
第○条　会社の中核を担う人材としての自覚と責任をもって、より生産性、成果等が上がるよう創意工夫して職務に精励するとともに、本規則、諸規程、各種マニュアル、上司の命令等を遵守し、他の社員が困っているときは互いに助け合い、協力して、事業の発展、職場秩序の維持、および明るい職場づくりに努めなければならない。

（遵守事項）
第○条　社員は、次の事項を守らなければならない。
① 常に健康（メンタルヘルスを含む。）に留意し、積極的な態度を持って勤務すること
② 顧客対応にあたっては、親切・丁寧をモットーとして、顧客に最善の提案を行うことができるよう努めること
③ コンプライアンスを徹底すること
④ 自己の職務上の権限を超えて専断的な行為をせず、上司の指示命令に従い、協調性をもって勤務すること
⑤ 常に品位を保ち、会社の名誉を害し、信用を傷つけるようなことをしないこと
⑥ 会社の車両、機械、器具その他の備品を大切に扱い、許可なく業務以外の目的で使用しないこと。また、原材料、燃料その他の消耗品の節約に努め、業務で使用する書類、パンフレット等は丁寧に取り扱い、その保管を厳にすること
⑦ 許可なく他の会社等の業務に従事しないこと。また、自ら事業を営み、もしくは役員に就任しないこと
⑧ 許可なく会社と競争関係になる競業行為を行わないこと。
⑨ 就業時間中に自己所有の携帯電話または会社が貸与したパソコン等の情報機器を使用して、職務上の必要が無いにもかかわらず電子メールの送受信やSNS（ソーシャルネットワーキングサービス）にアクセス、投稿、または職務と関係ないWEBサイトの閲覧、ゲーム等をしないこと
　　　　　　　　　　：
○ 顧客から預かった保険契約申込書、保険料等は原則として自宅に持ち帰らず、職場に持ち帰り、所定の場所に保管すること
○ 保険募集の業務にあたっては、顧客の意向把握、情報提供義務その他の保険業法上の義務、保険会社の規則、ガイドライン等で定められた事項を遵守すること
○ 暴力団、暴力団関係企業、総会屋その他の反社会的勢力と関係

> を有さないこと。また、関係を疑われるような言動をしないこと
> ○ 前各号に定めるもののほか、社員としてふさわしくない行為をしないこと

就業規則では、このように具体的な事項も含めて定めます。これは、社員の義務として明確にして本人の自覚を促すことのほか、第8章・第1節(3)で後述するように服務規律違反に対しては「懲戒処分」という会社内の制裁が予定されているためです。したがって、ある意味では当たり前のことも規定しておく必要があります。

しかし、入社時には、すべてを網羅するよりも、重要な事項にしぼって教育を行っていくのが効率的でしょう。そこで、ここからは、保険代理店で特に注意すべき内容を詳しくみていきます。

(2) 保険代理店でも極めて重要な情報管理のルール

① 情報管理の重要性

現代の企業では、営業上の機密情報や個人情報、ノウハウ、取引先の未発表情報などさまざまな「秘密」を取り扱います。

そして、これらの情報はパソコンやサーバー、クラウド上に保存されており、これにより、事務作業などを効率化することができるわけですが、その一方で、デジタル情報は、万一漏洩が発生すると被害が大規模化する傾向にあり、大きな損害が発生するばかりでなく、社会的な信用を失うことになるおそれがあります。

特に保険代理店では、顧客に関する多くの個人情報を取り扱うばかりでなく、顧客の健康情報などのセンシティブ情報やクレジットカードの情報などを収集する場合もありますので、他の業種と比べても、その管理には格別の配慮が必要であり、このことについては保険代理店の経営者の意識も極めて高いと感じます。

もとより顧客に関する情報は、保険契約取引の基礎をなすものです。保険業法でも、保険募集人に対して、「保険募集の業務に関して取得した顧客に関する情報の適正な取扱い」のための措置を講じることを義務づけており（294条の3第1項）、同法施行規則227条の9では、保険募集人は、「その取り扱う個人である顧客に関する情報の安全管理、従業者の監督及び当該情報の取扱いを委託する場合にはその委託先の監督について、当該情報の漏えい、滅失又は毀損の防止を図るために必要かつ適切な措置を講じなければならない」とされています。

そして、具体的には、保険会社向けの総合監督指針（以下「監督指針」といいます）で次のように定められています。すなわち、ⅰ）情報管理の適切性を確保するための組織体制の確立・社内規程の策定等・内部監査態勢の整備、ⅱ）取扱基準の作成・周知、ⅲ）アクセス管理の徹底・顧客情報持出し防止対策・不正アクセス防御等情報管理システムの堅牢化、ⅳ）顧客情報取扱委託先の監督、ⅴ）情報漏洩発生に備えた体制整備、ⅵ）内部監査の実施等です（Ⅱ-4-5-2）。

このように、保険代理店には、顧客の個人情報の管理について、重い責任を課せられているのです。

②　就業規則に遵守義務を明記する

このように保険代理店の情報管理は特に注意したいポイントですが、そのような意識が社員全員に共有されているかというと、そうでもないという声が聞かれます。それは、従来型の営業社員（委託型募集人）は、顧客対応をほとんど一手に引き受けている場合が多く、顧客の情報がきちんと管理されていなかったりすることが少なくなかったためとも考えられます。

しかし、労働契約に切り替わったことにともない、そのような意識は少なくとも今後は改めなければなりません。まして、規模の拡大、社員の組織化を図ることになれば、社員同士で顧客情報を共有する機会も増加する可能性が高く、情報管理はますます重要になるでしょう。

もとより、社員は、労働契約に付随する義務として企業秘密を保持する義務を負います。しかし、その重要性にかんがみると、就業規則などに遵守すべき事項として明記しておくべきです。特に、持出可能なパソコン、タブレット等に関しては、取扱いルールを定めておきましょう。

規定例

（情報管理に関する遵守事項）
第○条　社員は、機密情報（顧客情報、センシティブ情報、会社の社員等の個人情報、会社の経営情報、営業上のノウハウ等）の取扱いについて、次に掲げる事項を遵守しなければならない。なお、退職後においても同様の義務を負う。
　① 保険募集人として、保険業法関係法令、取扱い保険会社が作成した規程、ガイドライン、マニュアル等を遵守すること
　② 知り得た機密情報を会社の許可なく、第三者に漏らさないこと
　③ 会社の許可なく、企業秘密を含む情報を印刷、コピー、複製、撮影、録画をしないこと。また、メール、SNS、FAXによる送信等をしないこと
　④ 会社の許可なく自己の所有する携帯電話、パソコン、タブレットその他の情報端末に、機密情報を保存しないこと
　⑤ 機密情報が記録された書類、パソコン、タブレット、携帯電話、USBメモリ等の機器（以下「パソコン等」という。）を紛失、破損しないよう十分注意すること
　⑥ パソコン等を破損または紛失したときは、速やかに報告すること
２　会社からパソコン等を貸与された社員は、次に掲げる事項を遵守しなければならない。
　① 会社が付与したIDやパスワードの管理を厳重にし、会社の許可なく、他人に漏らさないこと。また、会社の許可なく変更しないこと
　② 会社の許可なく、会社のパソコン等を社外の者に使用させないこと
　③ 会社の許可なく、パソコン等にアプリケーション、ソフト等を追加し、またはインストールされているアプリケーション等を削除または変更しないこと
３　会社は、機密情報の漏洩が疑われる場合、会社のパソコンについ

> て不適正な利用が疑われる場合、その他機密情報の管理上必要がある場合には、社員に貸与したパソコン等のデータ、メール等の内容等を閲覧することができる。
> 4　社員は前項の調査に協力しなければならない。

③　情報漏洩防止のための具体的な取組み

　上記のように就業規則でしっかりと情報管理のルールを定めることは大切ですが、それだけで情報漏洩が起きなくなるわけではないことは当然です。これは、労務管理のすべてに通じることですが、就業規則で規定するだけでなく、遵守させるための具体的なしくみづくりをすることが、本質的な対応として重要です。

　最近では、パソコンやタブレット等の機器も小型化が進み、事務所外にも容易に持ち出せるようになるだけでなく、モバイル端末で保険料試算やパンフレット閲覧など機能も充実するようになりました。保険会社から提供される代理店ウェブシステムも進化しており、中には、タブレット等を使って顧客の契約内容の照会や、保険契約申込書の作成、eラーニング、保全業務がその場でできる場合もあるそうです。

　このように、パソコンやタブレットは保険募集でも欠かせないツールになっていますが、その反面、適正な管理を忘れば情報漏洩のリスクがあります。このような危険性を、経営者はもとより、その社員も十分理解しなければなりません。したがって、社員教育が重要であることはいうまでもありません。研修では、電車の網棚や居酒屋への置き忘れなど、具体的なエピソードを盛り込むと、より現実味を持って理解してくれます。

　また、個人の注意力にだけ期待するのではなく、ハード面での対応も大切です（ＩＤ管理、セキュリティソフトの導入、紛失時に遠隔操作で全データ削除ができるようにすることなど）。

　しかし、実際のところ、さまざまなルールをつくっても、それが継続できていないというケースも少なくないようです。たとえば、顧客の情

報を持ち出す場合には、所定の管理簿に記録し保存することを個人情報管理規程で定めているにもかかわらず、徹底されていないというようなケースです。このような場合には、ルールを繰り返し周知することも大切ですが、手続きや書式に不便な点はないか（社長の許可を要するが、その社長が不在にしていることが多いなど）、忘れないような置き場所はないか（入口付近に目立つようなファイルで保管するなど）、忘れそうになったときの「フラグ」になるものはないかなど、運用のためのしくみづくりをすることも大切であり、この点について代理店ごとに工夫が求められます。

(3) SNSのメリット・デメリット

　近年、TwitterやFacebookなどのSNS（Social Networking Service）等を営業ツールとして活用している代理店や営業社員が少なくありません。このようなSNSを利用したマーケティングは「ソーシャルメディア・マーケティング」ともよばれ、近年注目されています。

　特に保険募集では、商品の値引きすることができないため、「あなたから買いたい」と思われるかどうか、つまり顧客との人間関係、信頼関係が重要であるということがよく説かれます。そのために、顧客関係の維持・強化を図るツールの1つとして、SNSの活用が広がっているわけです。

　しかし、SNSには、しばしば不適切な投稿やそれによる「炎上」のリスクが伴います。順調にフォロワーや「ともだち」が増えれば増えるほど、そのリスクが高まりますので、うまくいっているときほど注意が必要です。また、政治的主張や趣味に関する熱狂的なコメントが、知らない間に顧客を遠ざける結果になる場合もあります。

　このようなリスクに対して、保険代理店としては、ⅰ）SNSで業務に関連する情報の発信を一切禁止する、ⅱ）代理店の公式アカウントを登録して、業務に関する投稿はそのアカウントからに限定する、ⅲ）一

定のルール（ガイドライン）を策定し、その範囲で個人アカウントでの業務に関する情報の発信を認める、などの対応が考えられます。組織的な体制が整っている代理店であれば、このうちⅰ）やⅱ）の方法でもよいのですが、小規模な保険代理店では営業社員に大きな裁量を認めていることが多いため、ⅲ）のようなガイドラインを作成して、遵守を求める方法も考えられます。ガイドラインの例は以下のとおりです。

☞ 規程例

株式会社○○○○○ＳＮＳ利用ガイドライン

（目　的）
第１条　本ガイドラインは、ＳＮＳの利用にあたって、株式会社○○○○（以下「会社」という。）の社員が遵守すべき事項を明らかにしたものである。
（ＳＮＳの定義）
第２条　本ガイドラインにおいて、ＳＮＳとは、ブログ、ツイッター、電子掲示板、ホームページ、メールマガジンその他のインターネットを利用してユーザーが情報を発信し、あるいは相互に情報をやりとりする情報の伝達手段をいう。
（適用範囲）
第３条　本ガイドラインは、全ての社員に対して適用される。
（ＳＮＳ利用の基本原則）
第４条　社員がＳＮＳを利用して業務に関する情報を発信する場合には、次に掲げる事項を遵守しなければならない。
　① 会社の社員であることの自覚と責任を持つこと
　② 法令、会社の規則を遵守すること
　③ 基本的人権、肖像権、プライバシー権、著作権等に関して十分留意すること
　④ 発信する情報は正確に記述するとともに、その内容について誤解を招くような投稿はしないこと
　⑤ 一度ＳＮＳ上に公開された情報は完全には削除できないことをよく理解して利用すること
　⑥ 意図せずして自らが発信した情報により他者を傷つけ、または誤解を生じさせた場合には、誠実に対応するとともに、正しく理解されるよう努めること

⑦　自らが発信した情報に関し攻撃的な反応があった場合には、冷静に対応し無用な議論となることは避けること
　　⑧　業務に関する情報を発信する場合は、就業規則その他機密情報に関する規程で定める守秘義務を遵守し、決して会社の機密情報を投稿しないこと
　　⑨　内容の正確性、影響の有無等に迷う場合には、投稿しないこと

(発信禁止)
第5条　社員は、SNS上に次に掲げる情報は発信してはならない。
　　①　会社の機密情報および個人情報
　　②　不敬な言い方を含む情報
　　③　ヘイトスピーチ、その他の人種、民族、思想、信条等の差別、事実に基づかない情報等を助長させる情報
　　④　違法行為に関する情報、または違法行為を煽る情報
　　⑤　単なる噂や噂を助長させる情報
　　⑥　わいせつな内容を含む情報およびそのようなホームページへのリンクを含む情報
　　⑦　特定の政治思想、政党、宗教等に関する自らの考え
　　⑧　保険会社その他の会社と利害関係にある者、団体等の秘密に関する情報
　　⑨　会社の社員、顧客その他の会社と利害関係にある者、団体等を批判する情報
　　⑩　会社および他人の権利を侵害する情報
　　⑪　会社のセキュリティを脅かすおそれのある情報
　　⑫　会社の意見または見解と誤解を与える情報
　　⑬　前各号のほか、会社の社員として発信することが不適切な情報

附　則
1　本ガイドラインは〇年〇月〇日に制定・施行する。

　一般的に、保険はいったん加入すると関心が低下していくため、SNSを利用して継続的に情報発信をすることや顧客と接点を持つことは、営業上も有効です。さらにSNSごとの特性に生かして活用することで、その効果は一層高めることができます。
　SNSにはこのようなメリットとともにデメリットについても理解したうえで、継続的に運用していくことが大切です。

(4) マイカーの通勤・業務利用

　保険代理店では、営業社員が通勤や顧客への訪問のために日常的に自動車を利用する場合が少なくありません。このような場合には、入社時に、マイカー利用のルールも伝達するとともに、必要な資料の提出を求めます。自動車の運転が業務の前提であれば、面接時にも支障がないことをよく確認するとともに、入社にあたって必要な資料の提出を求めるべきです。たとえば、運転免許証、運転記録証明書、自動車保険証券、自動車検査証（車検証）、誓約書などが考えられます。

　自動車は利用する社員が多いほど、そして運転時間が長いほど、いずれはどこかで事故は発生してしまいます。そして、仮に社員が業務中に事故を起こして他人を負傷させたり、その所有物を破壊したりした場合、社員が利用していたのが社有車であってもマイカーであっても、使用者である保険代理店にも損害賠償責任が生じることがあります。

　なぜ実際に交通事故を起こしたのは社員なのに、保険代理店に責任が生じるのでしょうか。その根拠としては、次の２つが挙げられます。

---

① 使用者責任（民法715条）
② 運行供用者責任（自賠法３条）

　以下では、これらの内容についてみていきます。

① 使用者責任と運行供用者責任
ア）使用者責任とはどのようなものか

　使用者責任とは、ある事業のために他人を使用する者（ここでは保険代理店）は、被用者（ここでは社員）がその事業の執行につき、第三者に加えた損害を賠償する責任を負うことを定めたものです。要するに、社員が仕事中に自動車で他人に損害を与えてしまった場合には、その社員を雇用する保険代理店も責任を負うことが、民法で定められていると

いうわけです。

　ここで代理店に責任が及ぶのかどうかのポイントになるのは、「事業の執行につき」にあたるかどうかです。

　たとえば、社員が営業で使用するなど業務で使用しているような場合には、これに該当することは明らかですが、問題なのは、「業務の執行につき」という概念が、一般的な意味での「仕事中」よりも広く解される傾向にあることです。すなわち、社員の行為の外形（外見）から客観的に観察したとき、使用者の事業の態様、規模等からしてそれが社員の職務行為の範囲内に属するものと認められる場合には、「社員がその事業の執行につき」の要件を満たすものとされているのです。

　たとえば、自動車販売業の会社の社員が、退社後に映画鑑賞をして終電に乗り遅れたため、私用に使うことが禁止されていた内規に違反して社有車を運転し、帰宅する途中追突事故を起こした場合において、「事業の執行につき」生じたものと判示した判例があります（最三小判S39.2.4）。

　このように、使用者責任の範囲は広く認められており、上記判例のように通勤途上の事故についても及ぶことを十分認識しておく必要があります。

　なお、民法715条1項後段では、ⅰ）使用者が被用者の選任およびその事業の監督について相当の注意をしたとき、またはⅱ）相当の注意をしても損害が生ずべきであったときは、使用者責任が免責されることが定められていますが、実際にはこの規定により損害賠償責任を免れることは皆無とされています。

イ）運行供用者責任とはどのようなものか

　自賠法3条は、人身事故に関して定めたもので、「自己のために自動車を運行の用に供する者」（運行供用者）は、その運行によって他人の生命または身体を害したときは、これによって生じた損害を賠償する責任を負うことが定められています。ここでポイントになるのは、保険代

理店が「運行供用者」にあたるかどうかです。

　この点については、自動車の運転に支配を及ぼしているかどうか（運行支配）の基準で判断されると考えられています。たとえば、自社の社員が業務のために自動車で顧客の自宅に訪問するような場合は、一般的に運行供用者に該当するということができます。

　なお、使用者責任のように、自賠責法でも運行供用者責任については、免責事由が定められていますが、その判断は厳格に行われます。

②　マイカーの通勤・業務使用

　これまでみてきたように、マイカー運転中であっても、業務遂行上の交通事故については、前述の使用者責任または運行供用者責任によって会社が損害賠償責任を負う場合が想定されます。

　また、通勤途上の事故については、マイカー通勤を禁止している場合には、会社が責任を負わないのが原則ですが、マイカーを会社の業務に使用している場合には、使用者責任を肯定する方向に働く重要な事情となります（中畑啓輔「マイカー通勤中の交通事故に関する使用者の責任」判例タイムズ No.1436）。保険代理店の場合には、マイカーを通勤だけでなく、顧客への訪問などの業務使用にも容認していることが多いため、通勤途上の事故についても責任を負うことも考えておかなければなりません。

　したがって、マイカーを通勤や業務で使用するにあたっては、社員に十分な補償のある自動車保険に加入することを条件としたうえで、それを徹底する必要があります。そのためには、マイカーの通勤・業務利用を許可制としたうえで、次のようなルールを作成しておきます。

📝 規程例

マイカー通勤規程

（目　的）
第1条　本規程は、マイカー通勤の取扱いについて定めたものである。

（定　義）
第2条　本規程における用語の定義は、次に掲げるとおりとする。
　① 　マイカー　　　　社員またはその家族が所有（リースを含む）する道路交通法で定める普通自動車をいう。
　② 　マイカー通勤　社員がマイカーを使用して、住居から就業場所までを合理的な経路および方法により往復することをいう。

（適用範囲）
第3条　本規程は、会社の社員に適用する。

（許可の申請）
第4条　営業の業務に従事する社員がマイカー通勤を希望するにあたって、所定の様式に次に掲げる書類を添付して会社に申請し、社長の許可を得なければならない。
　①　許可にかかる自動車を運転できる運転免許証の写し
　②　自動車賠償責任保険証書の写し
　③　次条第4号の要件を満たす任意保険証書の写し
　④　自動車検査証の写し
　⑤　誓約書
　⑥　マイカーの写真（前後左右の状況が分かるもの）
　⑦　前各号のほか、会社が必要と認めた書類

（許可基準）
第5条　会社は、次に掲げるもののすべてを満たす社員に対して、前条の許可をする。
　①　使用するマイカーを運転できる有効な運転免許証を所有していること
　②　運転経験が3年以上あること
　③　使用するマイカーについて、法定の車検を受けていること
　④　使用するマイカーについて、自動車損害賠償責任保険に加入し、かつ次のいずれも満たす任意保険に加入していること
　　ア）対人賠償額：無制限
　　イ）対物賠償額：無制限
　⑤　使用するマイカーが新車登録後の年数が10年以内で、かつ通算

　　　　走行距離が10万km以内であること
　　⑥　使用するマイカーが通勤で使用するのに適当な性能、外観等を有していること
　　⑦　自動車の運転に支障を及ぼすおそれがある病気に罹っていないこと（注❶）
　　⑧　前各号のほか、会社が定めた条件を満たすこと

（遵守事項）
第6条　社員は、マイカー通勤をするにあたって、次に掲げる事項を遵守しなければならない。
　　①　道路交通法その他関係法令を遵守し、常に安全運転を心がけること
　　②　酒酔い運転または酒気帯び運転をしないこと
　　③　心身が疲労している場合には運転しないこと
　　④　自己のした交通違反を他人に肩代わりさせないこと
　　⑤　会社が許可した場所に駐車すること
　　⑥　保守点検を運転開始前および定期的に行うこと
　　⑦　前各号のほか、会社がマイカーの通勤利用に関してする指示に従うこと

（事故発生時の措置）
第7条　社員は、マイカー通勤中に事故が発生した場合には、負傷者を救護し、道路における危険を防止する等必要な措置を講じた上で、直ちに最寄りの警察署等の警察官に交通事故が発生した日時、場所、死傷者の数等を報告しなければならない。
　2　社員は、前項の措置を行った後、すみやかに社長に当該事故について報告しなければならない。

（免責事項）
第8条　会社は、次に掲げる事故について、責任を負わない。
　　①　マイカー通勤中に起こした事故
　　②　駐車中の盗難または損傷

（変更の届出）
第9条　第4条の許可を得た者が次に掲げる事項に該当する場合には、速

（注❶）　自動車運転死傷行為処罰法施行規則では、「自動車の運転に支障を及ぼすおそれがある病気として政令で定めるもの」として、一定の症状を有する統合失調症、てんかん、再発性の失神、低血糖症、そう鬱病、睡眠障害が挙げられている。

やかに会社に届け出なければならない。
① 許可にかかる事項に変更があった場合
② 運転免許証の記載内容が変更された場合
③ マイカー通勤をやめる場合

(マイカーの業務使用)
第10条 会社は、マイカーを業務に使用することを禁止する。ただし、マイカー業務使用規程で定めるところにより、業務使用の許可を得た場合には、この限りではない。

(許可の取消し)
第11条 社員が次の各号のいずれかに該当した場合には、第4条の許可を取り消す。
① 社員の責に帰すべき重大な交通事故を発生させた場合
② しばしば本規程に違反した場合
③ 前各号に掲げるもののほか、マイカー通勤をすることが不適当と会社が認めた場合

(附則)
1 本規程は○年○月○日に制定し、施行する。

規程例

マイカー業務使用規程

(目　的)
第1条 本規程は、マイカーの業務使用の取扱いについて定めたものである。

(定　義)
第2条 本規程において、「マイカー」とは、社員またはその家族が所有（リースを含む）する道路交通法で定める普通自動車をいう。

(適用範囲)
第3条 本規程は、会社の社員に適用する。

(安全運転管理者)
第4条 会社は、マイカーの業務上使用の管理のため、取締役から1名を安全運転管理者(注❷)に選任する。
　2　安全運転管理者は、次に掲げる業務を行う。
① マイカーの業務使用の許可またはその取消し
② 安全な運転の確保を図るための措置を講ずること、ならびに必要な指示および指導を行うこと

③　業務日報を作成させること
　　④　運転者台帳を調製すること
　　⑤　前各号のほかマイカーの業務使用について必要な管理に関すること

（許　可）
第5条　社員がマイカーの業務使用を希望するにあたって、所定の様式により安全運転管理者に申請して、その許可を得なければならない。

（許可基準）
第6条　会社は、次に掲げるもののすべてを満たす社員に対して、前条の許可をする。
　　①　使用するマイカーを運転できる有効な運転免許証を所有していること
　　②　運転経験が3年以上あること
　　③　使用するマイカーについて、法定の車検を受けていること
　　④　使用するマイカーについて、自動車損害賠償責任に加入し、かつ次のいずれも満たす任意保険に加入していること
　　　ア）対人賠償額：無制限
　　　イ）対物賠償額：無制限
　　⑤　使用するマイカーが、登録後の年数が10年以内で、かつ通算走行距離が10万km以内であること
　　⑥　使用するマイカーが、業務で使用するのに適当な性能、外観等を有していること
　　⑦　自動車の運転に支障を及ぼすおそれがある病気に罹っていないこと
　　⑧　前各号のほか、会社が定めた条件を満たすこと
　2　マイカーの業務使用の許可を申請するにあたっては、次に掲げる書類を添付して会社に申請し、社長の許可を得なければならない。
　　①　許可にかかる自動車を運転できる運転免許証の写し
　　②　自動車賠償責任保険証書の写し

（注❷）　会社は、5台以上自動車を業務で使用している事業所ごとに1名を安全運転管理者に選任しなければならないとされている（道路交通法施行規則9条の8）。安全運転管理者は、自動車の安全な運転を確保するために必要な会社の業務に従事する運転者に対して行う交通安全教育その他自動車の安全な運転に必要な業務で内閣府令で定めるものを行う（道路交通法74条の3）。

③　前項第4号の要件を満たす任意保険証書の写し
　　　④　自動車検査証の写し
　　　⑤　誓約書
　　　⑥　マイカーの写真（前後左右の状況がわかるもの）
　　　⑦　前各号のほか、会社が必要と認めた書類
　　3　社員は、前項の許可を得た場合には、マイカーの業務上使用に必要な範囲で、マイカーを通勤に使用することができる。
（遵守事項）
第7条　社員は、マイカーを業務で使用するにあたって、次に掲げる事項を遵守しなければならない。
　　　①　道路交通法その他関係法令を遵守し、常に安全運転を心がけること
　　　②　酒酔い運転または酒気帯び運転をしないこと
　　　③　心身が疲労している場合には運転しないこと
　　　④　自己のした交通違反を他人に肩代わりさせないこと
　　　⑤　保守点検を運転開始前および定期的に行うこと
　　　⑥　前各号のほか、会社がマイカーの業務使用に関してする指示に従うこと
（事故発生時の措置）
第8条　社員は、マイカーを業務で使用中に事故が発生した場合には、負傷者を救護し、道路における危険を防止する等必要な措置を講じた上で、直ちに最寄りの警察署等の警察官に交通事故が発生した日時、場所、死傷者の数等を報告しなければならない。
　　2　社員は、前項の措置を行った後、すみやかに安全運転管理者に当該事故について報告しなければならない。
（業務日報）
第9条　社員は、マイカーを業務で使用した場合には、その目的、出発時刻、帰着時刻、走行距離その他会社が定めた事項を業務日報に記載して、安全運転管理者の承認を得なければならない。
（費用負担）
第10条　会社は、マイカーの業務使用に関して、次の費用を負担する。(注❸)
　　　①　ガソリン代　　　　走行距離に応じた額
　　　②　駐車料金　　　　　実費

（注❸）　費用負担については、会社によって負担の仕方が異なる。本規程例の10条では、会社が費用負担をする定めとなっているが、実態に合わせて規定する必要がある。

③　有料道路の通行料　実費（事前に許可を得たものに限る）
④　前各号に定めるもののほか、会社が適当と認めた費用
2　社員が前項の費用を会社に請求するにあたっては、所定の様式を実費の額がわかる領収書等を添付して会社に提出しなければならない。
3　会社は、虚偽の請求を行った社員に対して懲戒処分に処すものとする。この場合、当該社員は、不当に得た金銭の全額を返還しなければならない。

（損害賠償の負担）
第11条　社員がマイカーを業務で使用しているときに生じた事故による対人および対物にかかる損害賠償は、当該社員が加入する任意保険の保険金をもって支払わなければならない。
2　前項の損害賠償額について、社員の任意保険の保険金が不足する場合には、会社がその不足額を負担する。ただし、当該事故が社員の故意または重過失による場合には、社員は、その不足額の全部または一部を自ら負担しなければならない。

（免責事項）
第12条　前条の定めにかかわらず、次の各号のいずれかに該当する場合には、社員に生じた事故にかかる損害賠償について、会社は一切負担しない。
①　マイカーを私用のため運転している間の事故
②　駐車中の盗難または損傷
③　第5条の許可を得ないで業務使用していた間に起こした事故による損害

（反則金の負担）
第13条　会社は、社員の交通違反による反則金を一切負担しない。（注❹）

（変更の届出）
第14条　第5条の許可を得た者が次に掲げる事項に該当する場合には、速やかに安全運転管理者に届け出なければならない。
①　許可にかかる自動車、任意保険を変更した場合
②　運転免許証の記載内容が変更された場合
③　マイカーの業務使用をやめる場合

（注❹）　筆者は「マイカー勤務中の反則金を会社が負担してよいか」と質問されたことがあるが、これは受刑者の代わりに牢屋に入るようなもので、反則金により違反行為を抑制しようとする効果がなくなってしまうため、妥当ではないと考えられる。

（許可の取消し）
第15条　社員が次の各号のいずれかに該当した場合には、安全運転管理者は、第5条の許可を取り消す。
　　①　社員の責に帰すべき重大な交通事故を発生させた場合
　　②　重大な交通違反をした場合
　　③　しばしば本規程に違反した場合
　　④　前各号に掲げるもののほか、マイカーを業務使用することが不適当と会社が認めた場合

（附則）
　　1　本規程は〇年〇月〇日に制定し、施行する。

誓　約　書

株式会社　〇〇〇〇
代表取締役　〇〇　〇〇　殿

　私は、このたびマイカーを（通勤・業務）のために運転するにあたって、次に掲げる事項を遵守することを誓約いたします。
☐　道路交通法その他関係法令、貴社の諸規程等を遵守し、安全運転に努めること
☐　酒酔い運転または酒気帯び運転をしないこと
☐　マイカーの業務使用の許可を申請する際に、統合失調症、てんかん、再発性の失神、低血糖症、そう鬱病、睡眠障害その他の自動車の運転に支障を及ぼすおそれのある病気の病歴を申告していること
☐　交通事故により損害が発生した場合には、自分の責任で賠償すること
☐　交通違反よる反則金は自分が負担すること
☐　通勤または業務のマイカー利用に関して会社がする指示に従うこと

　　　　　　　　　　　　　　　　　　　　　　　　　年　　月　　日
　　　　　　　　　　　　　住　所　千葉市中央区登戸〇－〇－〇
　　　　　　　　　　　　　氏　名　〇〇　〇〇　　　　　㊞

試用期間

(1) 試用期間とはなにか

　新たに社員を雇い入れる場合、採用試験だけではその社員の資質、性格、能力などの適格性の有無を十分に把握することはできないため、多くの会社では、雇入れ当初の一定期間を「試用期間」として、自社の社員としての能力や適性を判断するのが一般的です。このような試用期間は、「試用期間中に……不適格であると認めたときは解約できる旨の特約上の解約権が留保されている」とする「解約権留保付の労働契約」と考えられています（最大判 S48.12.12「三菱樹脂事件」）。試用期間は、少し誇張した表現をすれば「お試しの期間」ということになります。

　試用期間が必要であることは、保険代理店においても同様です。たとえ経験豊富で優れた経歴の持ち主を採用する場合であっても、試用期間は設定するべきです。なぜなら、他社で高い実績を上げることができた人材であっても、自社で同じような活躍ができるかどうかは別問題だからです。むしろ、期待した人材が思ったように働いてくれなかったという経験は、経営者に広く共有されているのではないでしょうか。

　ただし、「試用期間中の労働者は不安定な地位に置かれるものであるから、労働者の労働能力や勤務態度等についての価値判断を行うのに必要な合理的範囲を越えた長期の試用期間の定めは公序良俗に反し、その限りにおいて無効」と考えられています（名古屋地判 S59.3.23「ブラザー工業事件」）。調査によれば、3か月がもっとも多く（中途採用の場合で65.7％）、次いで6か月（同16.5％）となっていますので、この程度の期間で定めるのが無難でしょう（労働政策研究・研修機構「従業員の

採用と退職に関する実態調査(平成26年)」)。

(2) 本採用の拒否は可能か

　では、試用期間中に遅刻や欠勤が多いとか、パフォーマンスが著しく低く、教育・指導を行っても改善がみられないといった場合に、本採用しない、つまり辞めさせることはできるのでしょうか。

　結論をいえば、本採用拒否は、必ずしも有効と認められるわけではありません。なぜなら、本採用拒否は解雇として取り扱われるため、解雇規制を受けるためです(解雇については**第8章・第1節**参照)。したがって、試用期間中であっても、解雇する場合には、入社後14日以内のときを除いて、原則として、少なくとも30日前の解雇予告または平均賃金30日分の解雇予告手当が必要となります(労基法20条、21条4号)。

　また、労基法で定める手続きを行っても解雇が有効となるわけではありません。裁判例では、通常の解雇の場合よりも「広い範囲における解雇の自由が認められてしかるべきもの」としながらも、「客観的に相当であると認められる場合」に限って認められるものとされています(前掲「三菱樹脂事件」)。

　このように、試用期間中および試用期間満了時の解雇は、通常の解雇と比べて、理論的にはハードルが低くなりますが、トラブルになれば厳格に審査されることになりますので、運用には慎重さが求められます。以下の規定例のように、試用期間中の解雇については、通常の解雇とは別に規定を設けることも考えられます。また、解雇の場合と同様、解雇をする前に、指導・教育を行い改善の見込みがないことなどを客観的に説明できるようにしておくことが大切です。

　もし、未経験者で実際の仕事を見てから採用するか判断したいというような場合には、初めは有期労働契約で雇い入れるということも検討してください(有期労働契約については、**第8章・第2節**(1)①参照)。

📄 規定例

(試用期間)
第○条　新たに雇い入れた社員は、雇用契約の初日から3か月間を試用期間として扱う。ただし、会社は、特別の技能または経験を有する者であって社員として十分な適格性を有すると認めた者について、試用期間を短縮し、または設けないことができる。
2　会社は、試用期間中に、社員としての適格性を判断し難い場合には、3か月以下の期間を定めて試用期間を延長することができる。
3　会社は、試用期間中または試用期間満了の際、次の各号のいずれかに該当し、社員として適格性を有しないと認めた場合には、当該社員を解雇することができる。
① しばしば正当な理由のない欠勤、遅刻または早退があり、業務に支障が生じるおそれがある場合
② 業務外の傷病その他の本人の事情による欠勤が多い場合
③ 業務に必要な能力がないと会社が認めた場合
④ しばしば、本規則等に違反した場合
⑤ 会社への提出書類の記載事項または面接時に申し述べた事項が事実と相違する場合
⑥ 就業に関して重要な事項を秘匿したことが判明した場合
⑦ 業務遂行の支障となる既往症その他の事情が判明した場合
⑧ 健康状態（メンタルヘルスを含む。）が悪化し、就業に耐えられないと会社が認めた場合
⑨ 正当な理由なく、雇入れ時の提出書類を提出期限まで提出せず、かつ提出予定日の報告をしない場合、または承認された提出予定日までに提出書類を提出しない場合
⑩ 本規則の解雇事由または懲戒事由に該当する場合
⑪ 前各号に掲げるもののほか、これらに準ずる程度の事由がある場合
4　試用期間は勤続年数に通算する。

第5章 労務の知識

保険代理店の労働時間管理と残業代の問題

第1節　労働時間規制の基本
第2節　三六協定の基礎知識
第3節　割増賃金計算の基本
第4節　保険代理店の労働時間制度

労働時間規制の基本

(1) 労働時間管理の必要性とリスク

　保険代理店の労務管理の中で、最重要課題の1つが労働時間管理ではないでしょうか。特に外回り営業社員は、夜間や休日であっても、顧客から急な連絡が入ったり、面談する機会があったりするなど、業務に関連する行為をしている時間が長い傾向にあります。そして、会社としてもこれを把握・管理していないといった場合も少なくありません。

　このような状況で経営上の大きなリスクとして懸念されるのが未払い残業代問題と社員の健康問題です。本章では前者の問題について考えます。

　第1章でみたように、もともと業務委託契約で保険募集人を使用していた保険代理店では、今でも賃金は本人の手数料次第という考えが根強く、労働時間に対して賃金を払うという労働契約の原則的な考え方への理解はまだまだ希薄なようです。まして、成果も上げていないのに働いているからという理由だけで賃金を支払わなければならないのは理解できないという気持ちもあるのでしょう。実際、保険代理店の経営者の中には、「保険代理店はどこも残業代を払っていない」と考えている人もいます。

　また、社員のほうもそれが当然と考えていることが多く、労働契約になった後も、自身を委託型募集人、つまり個人事業主であるかのように考えている人が少なくないと感じます。

　しかし、保険代理店にも当然に労基法は適用され、残業代の支払いも義務づけられています。保険代理店といえども、当然残業代は労基法の

定める基準で支払わなければならないなど、労基法をはじめとする労働関係法令を遵守しなければなりません。もしこれまで「労務コンプライアンス」に目を向けてこなかったのであれば、今後はこれを理解し、実践していく必要があります。

筆者は、未払い残業代の問題を放置して、残業代が実際どれくらいなのかまったくわからないことも問題だと考えています。「うちには残業代を請求してくる社員なんていないよ」というのであれば、むしろ請求してきそうな人が出現する前に、実態把握と残業代の試算や、対応の検討をするべきではないでしょうか（「若いときに保険に入っておいたほうが良い」と社長も日頃から口にしていませんか？　残業代もトラブルになってからでは対応方法は限られたものとなります）。

「そうはいっても、社員も外出が多く残業代の払いようがない」とか、「残業代を支払う原資のために手数料を減らせば社員のモチベーションの低下や離職に繋がりかねない」といった声も聞かれます。そこで、本章では、労基法による原則的な労働時間規制の例外として認められている労働時間制度を解説します。そのための前提として、労働時間管理の原則の話が続きますが、これが不要という方は第4節より読み進めてください。これらをうまく利用することで効率的に労働時間を配分することができ、残業代も削減することができるかもしれません。

(2) そもそも労働時間とはなにか

「労働時間」とは何か。これは一見自明のようにも思われますが、実は微妙なケースもあります。たとえば、始業時刻前の朝礼はどうでしょうか。あるいは、顧客とのアポイントとアポイントの間の待ち時間や、外部研修、交流会に参加している時間は労働時間といえるのでしょうか。営業社員には、このような微妙な時間が少なからず存在しています。

以下では、厚生労働省が平成29年に策定した「労働時間の適正な把握のために使用者が講ずべき措置に関するガイドライン」（H29.1.20基発0120第3、以下「労働時間ＧＬ」といいます）を参考に、どのような時間が労働時間となるのかを、具体例も交えながらみていきます。

①　労働時間＝指揮命令下にある時間

　はじめに労働時間の定義を確認しましょう。労働時間ＧＬによれば、労働時間とは、「使用者の指揮命令下に置かれている時間のことをいい、使用者の明示又は黙示の指示により労働者が業務に従事する時間」であり、たとえば次のような時間が労働時間にあたるとされています。

> ⅰ）使用者の指示により、就業を命じられた業務に必要な準備行為（着用を義務づけられた所定の服装への着替え等）や業務終了後の業務に関連した後始末（清掃等）を事業場内において行った時間
> ⅱ）使用者の指示があった場合には即時に業務に従事することを求められており、労働から離れることが保障されていない状態で待機等している時間（いわゆる「手待時間」）
> ⅲ）参加することが業務上義務づけられている研修・教育訓練の受講や、使用者の指示により業務に必要な学習等を行っていた時間

　これらの例のように、「使用者の指示」による場合や「業務上義務づけられている」場合には、その時間は会社の「指揮命令下」にあるといえます。

②　休憩時間と比べる

　労働時間とは何かを理解するために、「休憩時間」と比べることで、その輪郭がより明らかになります。

　休憩時間とは、一般的に用いられている意味とほぼ同じと理解してもよいのですが、厳密には「労働者が権利として労働から離れることを保障されている時間」（S22.9.13基発17）をいいます。これは、一見すると当たり前のことのようですが、実際には休憩時間といえるのかどうか

あいまいになる場合もあります。

　典型的な例として、お昼の休憩時間に電話当番をしているというケースが挙げられます。これは保険代理店でもしばしばみられますが、当番の社員は、電話があれば対応しなければならないため、労働から完全に解放されているとはいえません。したがって、この時間は休憩をとらせたことにはならないことになります（S23.4.7基収1196、S63.3.14基発150、H11.3.31基発168）。このように、休憩時間か労働時間かの判断は、実際に働いていたかどうかだけではなく、潜在的に労働する可能性があったのかまで含めて、判断されるのです。

　なお、会社は、実際の労働時間に応じて、次の長さの休憩を、ａ）労働時間の途中で、ｂ）一斉に、ｃ）自由に利用させることができる時間として与えなければなりません（労基法34条）。

> ⅰ）6時間を超える場合は少なくとも45分
> ⅱ）8時間を超える場合は少なくとも1時間

　ただし、保険代理店は、ｂ）一斉休憩の原則については適用が除外されていますので、休憩時間は一斉に付与しなくても差し支えありません（労基法40条、労基則31条）。

③　労働時間かどうかの具体例

　では、保険代理店で問題になりやすい次の事例では、どう考えればよいのかみていきましょう。

ア）朝の清掃、朝礼時間等

　開店時間前に、社員が事務所内の清掃、パンフレットの補充、定例のミーティングなどを行っている場合、その時間をどのように考えればよいでしょうか。

　このようなケースは、清掃や朝礼が会社から指示されているとか、参加せざるをえないような場合には、その時間は労働時間となります。そ

うすると、冒頭の時間は一般的には労働時間と解されます。

　代理店の方からは、「朝礼はともかく、清掃やパンフレットの補充は社員が営業のために自主的にやっていることで、やらなくてもペナルティはない」といわれることもありますが、店舗の清潔感は営業に直結する点であって、事実上義務づけられていると感じるケースも少なくありません。筆者としては、むしろ作業に責任を持ってあたってもらうために、社員とも相談して、実態に則したものとするようにするべきだと考えます。

　なお、保険ショップなどでは、始業・終業時刻がショップの営業時間の開店・閉店時刻と同じになっているケースもありますが、現実にその前後に労働時間となる時間と考えられないか、専門家にも相談してみるなど一度確認してみてください。

イ）時間外に行った提案書の作成やインターネット等での下調べなどの顧客訪問の準備のための時間

　提案書の作成などの時間は営業に直結する業務そのものですので、労働時間に該当します。顧客とのアポイントをとるための電話をかけている時間やインターネットで下調べをする時間も同様です。

　一方、インターネットで業務に関連のないページを閲覧している時間は当然労基法上の労働時間ではありません。したがって、終業時刻後に、帰りに寄る飲食店や居酒屋を検索しているような社員がいる場合には、打刻後にするよう指示しましょう。ただし、パソコンのログなどにより確認された在社時間が労働時間かどうかが問題になることがあるため、終業後は早めに退社するよう指導するべきです。

ウ）アポイントとアポイントの間の時間

　通常、顧客訪問では、ある顧客の訪問先から次の訪問先への移動時間が生じます。この移動時間については、自由利用が保障されていないと認められる時間は、通常の移動に要する時間程度であれば、労働時間に

該当すると解されます（訪問介護における利用者宅の相互間を移動する時間等について H16.8.27基発0827001）。

　ところで、顧客の訪問をする場合には、顧客の都合や早く打合せが終わったりしたために、次のアポイントまで空き時間が生じる場合があります。外回りの営業社員の場合、このような空き時間を利用して休憩を取得するようにしている場合もありますが、始業時刻と終業時刻の間の時間であることには変わりはなく、労働時間に該当しないかどうかが問題となります。

　この時間についても、労働者が自由に利用することができる時間（労働から離れることが保障されている時間）であるかどうかがポイントとなります。たとえば、顧客から「待ち合わせ場所に着いたら連絡する」といわれたため車内で待機しているような場合、連絡があり次第業務を再開しなければならないため、自由利用が保障されているとはいえません。したがって、このような時間は労働時間に該当すると解されます。

　これに対して、待ち合わせの時間より相当早く着いてしまい、時間をつぶしている間の時間は、自由利用が可能である限り、労働時間とはなりません。

エ）時間外の問合せ対応、事故対応のための時間

　勤務時間外に、顧客からの問合せや事故などの対応にあたった時間は業務そのものですので、一般的には労働時間となります。

　しかし、この時間を会社が把握するのは現実にはきわめて困難ですので、自己申告制などで把握するしかないでしょう。このような時間が生じないよう、保険会社のコールセンターに誘導している代理店もありますが、面倒見のよさをアピールする代理店などでは、むしろ積極的に引き受けているケースもあり、対応が分かれるようです。

　なお、自動車保険の事故処理における対応方針に関する調査によれば、営業時間内の事故については94.4％の代理店が事故受付を行う一方で、営業時間外では「基本的に実施する」が7割程度に減少します（日

本損害保険代理業協会・野村総合研究所「代協正会員実態調査（2016年6月）」）。

オ）研修の受講時間

業務に関連する知識や技能を習得するための研修を受講した時間については、「就業規則上の制裁等の不利益取扱による出席の強制がなく自由参加のものであれば」労働時間にはならないとされています（S26.1.20基収2875、S63.3.14基発150婦発47）。

逆に、社長の指示や業務上受講が不可欠とされる場合、欠席することによって賃金が減額されるなどの不利益がある場合には、その研修の受講時間は労働時間にあたります。

(3) 労働時間は把握しなければならない

① 原則的な労働時間の把握方法

会社は、法令の制限に抵触していないか、あるいは適正に割増賃金が支払われているかどうか、事後的にチェックすることができるように、実際の始業・終業時刻を確認し、記録しなければなりません(注)。

労働時間GLでは、その把握方法について、次の3つを掲げています。

ⅰ）使用者が自ら現認する方法
ⅱ）タイムカード、ICカード、パソコンの使用時間の記録等客観的な記録を基礎として確認・記録する方法
ⅲ）自己申告制

（注）平成31年4月1日に施行される改正安衛法でも、長時間労働者等を対象とする面接指導を実施するため、労働時間の状況を把握することが法令上の義務とされた（安衛法66条の8の3）。

このうち、労働時間ＧＬで原則的な方法とされているのが、ⅰ）とⅱ）の方法です。これに対して、ⅲ）の自己申告制は例外的な方法と位置づけられており、次にみるように、適正な労働時間を把握するためのさまざまな措置を講じることを求められます。
　しかし、実際には外回り営業社員の労働時間を把握する方法としては、ⅲ）を採用せざるをえない場合が少なくありません。特に委託型募集人が多かった代理店の場合には、労働時間を管理するという意識が経営者も社員も薄い傾向があるため、タイムカードになじみがないばかりか、嫌がられる場合もあります。また、代理店によっては、そもそも事務所に出勤する日が限られているため、タイムカードを使用することができない場合もあります。このような場合には、営業日報などで労働時間を「自己申告」させるほうが受け入れられやすいでしょう。

②　自己申告制による場合の留意点

　自己申告制により始業・終業時刻の確認・記録を行う場合には、労働者に対しては「労働時間の実態を正しく記録し、適正に自己申告を行うことなどについて十分な説明を行うこと」、労働時間を管理する者に対しては「自己申告制の適正な運用を含め、本ガイドラインに従い講ずべき措置について十分な説明を行うこと」が求められています。さらに、自己申告制を採用する場合には、次のような留意点が定められています。

ⅰ）自己申告により把握した労働時間が実際の労働時間と合致しているか否かについて、必要に応じて実態調査を実施し、所要の労働時間の補正をすること
ⅱ）自己申告した労働時間を超えて事業場内にいる時間について、その理由等を労働者に報告させる場合には、当該報告が適正に行われているかについて確認すること
ⅲ）労働者が自己申告できる時間外労働の時間数に上限を設け、上限を超える申告を認めない等、労働者による労働時間の適正な申告を阻害する措置を講じてはならないこと

自己申告制にする場合には、これらを遵守して客観的な記録や営業日報などとあわせて適正な労働時間の把握に努めることが大切です。

　最後に、労働時間の記録を、営業日報を使用して記録を義務づける場合の規定例を示します。なお、外回り営業社員については、直行・直帰の日が多い場合もあります。この場合、事前許可制として、その日の労働時間を正確に申告するよう義務づけます。

規定例

(出退勤)
第○条　社員は、業務を開始し、または終了するにあたって、次の各号に掲げる事項を遵守しなければならない。
　① 始業および終業の都度、本人自ら所定の営業日報に実際の始業時刻および終業時刻を記録すること
　② 始業にあたっては、始業時刻より直ちに就業できるようにすること
　③ 事務所から退出する場合には、機器、書類等を所定の箇所に整理格納、および施錠し、すみやかに職場から退出すること
　2　前項第1号の記録について、会社は、実際の労働時間と合致しているかどうか実態を調査することができる。社員は、これに協力しなければならない。

(直行直帰)
第○条　社員が、始業にあたって、自宅から直接訪問先に直行しようとする場合には、前日の終業時刻までに所属長にその旨、訪問先、訪問時刻等を申し出て、その許可を得なければならない。ただし、やむを得ない事情がある場合には、始業時刻の60分前までに電話で所属長にその旨、訪問先、訪問時刻等を申し出て許可を得ることにより、直行することができる。
　2　社員が、終業にあたって、訪問先から自宅に直帰しようとする場合には、事前に電話で所属長にその旨、終業時刻等を報告して、その許可を得なければならない。
　3　直行または直帰をした社員は、次の出勤後すみやかに所定の営業日報に前2項の始業および終業時刻を正確に記録しなければならない。

(4) 労働時間規制の原則

　ここまで「労働時間」とはどのような時間のことをいうのか、そしてどのように把握するのかを解説しました。これらを前提に、労基法による原則的な労働時間規制についてみていきます。

① 法定労働時間とは1日8時間・1週40時間

　前述の雇用契約書や就業規則には、「始業・終業時刻」や「休憩時間」といった記載事項が必要とされていました。これらは、要するに働かなければならない時間と長さを定めた規定ということができます。そして、労働契約上働かなければならない時間の長さを「所定労働時間」といいます（時間帯の意味で使う場合もあります）。たとえば、始業時刻が午前9時、終業時刻が午後5時30分で、休憩時間が1時間の会社の場合には、所定労働時間は7時間30分となります。

　一方、労基法は、会社に対して、休憩時間を除いて1日に8時間、1週間に40時間を超えて労働者を労働させてはならないと定めています（労基法32条）。この1週8時間および1週40時間を「法定労働時間」といいます。法定労働時間は、労働時間の原則的な上限時間です。したがって、所定労働時間は、この法定労働時間の枠内で定めなければなりません。そのため、多くの企業の正社員は、週休2日（週5日労働）で1日8時間労働（＝週40時間労働）程度の所定労働時間になっています。

　もちろん現実には残業などがあるため、保険代理店に限らず、実際の労働時間が法定労働時間に収まる企業は極めてわずかです。そこで、労基法では労働時間の上限規制の例外として、あらかじめ「三六協定」と呼ばれる書面を労働者の過半数代表者と締結し、それを管轄労働基準監督署長に届け出れば、その三六協定で定めた延長時間の範囲で、法定労働時間を超える残業をさせることができるようになっています（労基法36条）。

ただし、法定労働時間を超える労働に対しては、一定の割増賃金（25％以上割増）を支払わなければなりません（労基法37条）。三六協定や割増賃金の計算方法などについては、次節以降を参照してください。
　なお、以下では、所定労働時間を超える労働を「残業」、法定労働時間を超える労働を「時間外労働」といって区別する場合があります。

☞図表5－1　1日の労働時間規制

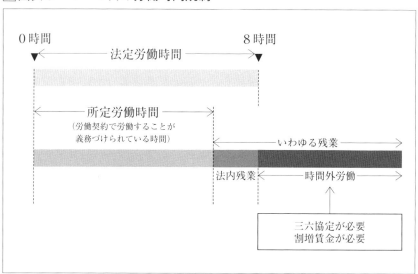

②　休日は1週1日または4週4日必要

　「休日」とは、働く必要のない日をいいます（厳密にいえば、労働契約上、労働義務のない日をいいます）。

　労基法では、この休日を週1日以上、または4週間を通じて4日以上与えなければならないと定めており（労基法35条）、この労基法上最低限付与しなければならない休日を「法定休日」といいます(注)。

　法定休日は、原則週1日与えればよいので、週に2日休日がある場合は、就業規則で法定休日を特定した場合（例えば日曜日）には、その特定した日（日曜日）が法定休日となり、特定していない場合は、どちら

か1日が休日であれば法定休日は確保されたことになります（両方の休日に労働させた場合には、週の後順の労働が法定休日労働になります（H21.10.5「改正労働基準法に係る質疑応答」））。

法定休日に就業させるためには、三六協定の締結・届出が必要とされており、法定休日に就業させた場合には、一定の割増賃金（35％以上割増）の支払いが必要となります。

なお、国民の祝日（祝日法による休日）を休日としなければならないのかという質問を受けることがありますが、そのような労基法上の義務はありません。したがって、法定休日を付与している限り、その日を休ませなくても労基法違反とはなりません（S41.7.14基発739）。

以上をふまえて、休日に関する規定例を示します。

☞規定例

> （休　日）
> 第○条　社員の休日は、原則として次に掲げる日とする。
> 　　①　土曜日および日曜日
> 　　②　年末年始休日
> 　　③　前各号のほか、その他会社が指定した日
> 　2　法定休日は、4週間を通じて4日与えるものとする。この場合の4週の起算日は、毎年1月1日、およびそれに続く4週間ごとの日とする。
>
> （休日の振替）
> 第○条　会社は、業務上必要がある場合には、社員の全部または一部について、前条第1項に規定する休日を他の労働日と振り替えることができる。この場合には、当該社員に対して、事前に振り替える日を通知する。
> 　2　前項により労働日となった日に就業しない場合には、当該労働日を欠勤したものとして扱う。

（注）休日の4週4日制は例外とされており、「4週間」の起算日を就業規則等により明らかにする必要があります（労基則12条の2第1項）。

> （代　休）
> 第○条　社員が休日に就業し、その時間が8時間以上となった場合には、当該社員の請求により、同一賃金計算期間の労働日に代休を取得することができる。
> 2　前項の代休は、無給とする。

　上記の規定例では、「休日の振替」と「代休」を定めています。この2つは、似た概念のため、混同している場合も多いので、ここで整理しましょう。

　「休日の振替」とは、事前に休日と他の労働日を交換する（振り替える）ことをいいます。これを行う場合には、就業規則に根拠となる規定があることを前提に、「休日を振り替える前にあらかじめ振り替えるべき日を特定して振り替え」ることが必要とされています（S23.4.19基収1397、S63.3.14基発150）。ここで、ポイントになるのは「あらかじめ」という点で、要するに、事前に労働日と休日を交換しておかなければならないということです。

　なお、振り替えたことにより1週間の労働時間が「法定労働時間を超えるときは、その超えた時間については時間外労働となり、割増賃金の支払いが必要となります（S22.11.27基発401、S63.3.14基発150）。したがって、休日の振替を行う場合には、なるべく同一週内(注)で振り替えることが望ましいです。

　一方、「代休」とは、「休日労働を行った後にその代償としてその後の特定の労働日の労働義務を免除する」ことをいいます（前掲通達）。つまり、実際に休日労働をした後で、「休日労働してもらったから明日休んでいいよ」というのが「代休」です。これは、すでに休日労働をした事実が確定しているので、いまさら休日と労働日を交換するということはできません。

（注）　労基法では、就業規則等に別段の定めがない限り、日曜日から土曜日までの1週間とされる（S24.2.5基収4160、S33.2.13基発739）。

第2節 三六協定の基礎知識

(1) 三六協定

　一般にいわれる「残業」とは所定労働時間を超えて就労することをいいます。もともと、労働契約上は、所定労働日に所定労働時間就業することを約束しているだけですので、それ以外の日（休日）や時間に就業させるためには、就業規則等に残業を命じる根拠を定める必要があります。

　そして、その残業や休日労働が原則的な労働時間の上限時間である法定労働時間を超える場合や法定休日に及ぶような場合には、あらかじめ、労働者の過半数代表者との間で三六協定を締結し、所轄の労働基準監督署長に届け出なければなりません（労基法36条）。休日労働についても、それが前述の法定休日に就労させる場合には、三六協定の締結・届出が必要です。

　なお、労基則の改正により、平成31年4月1日から労基法36条が大きく改正されるのに加えて、三六協定の様式が変更されました（新協定については**本節**(3)参照）。ただし、中小事業主(注)については、平成32年3月31日以前の期間が含まれている場合には、改正前の36条が適用されるとともに、旧様式を使用することになります（働き方改革推進法附則3条、H30.9.7基発0907第1）。

（注）　保険代理店の場合、資本金の額もしくは出資の総額が3億円以下、または常時使用する労働者数が300人未満であれば、中小事業主に該当。これは、企業単位で判断する。

したがって、改正労基法施行前後に使用する三六協定は**図表５－２**のように整理されます。平成31年から平成32年にかけては新旧三六協定の切替えのタイミングとなるため、どちらの様式を使うのかを確認してください（旧様式で届け出るべき場合でも、新様式で届け出ることは可能です（H30.12.28基発1228第15））。

図表５－２　法改正前後の三六協定の整理（保険代理店の場合）

　三六協定は、就業規則と同様に、事務所や店舗の見やすい場所への掲示、備え付け、書面の交付等によって、労働者に周知させなければならないとされています（労基法106条）。たとえば、就業規則と同じファイルに綴じ込んだり、パソコン上で確認できるようにしたりします。

　三六協定が不要な保険代理店というのは、まずないといっていいでしょう。三六協定未届出のまま時間外労働を行った場合には、明白な労基法違反（6か月以下の懲役または30万円以下の罰金。労基法119条）となりますので、現時点で届け出ていない場合には、速やかに届け出てください。三六協定は労務管理の第一歩です。

　なお、三六協定を締結する当事者となる「過半数代表者」の選出方法は、第3章・第2節(2)②を参照してください。

(2) 三六協定で定める延長時間

① 限度基準による制限

　三六協定では、法定労働時間を超えて、または法定休日に労働させることができる時間、日数等の上限を定めます。ここでは、法令による規制の多い時間外労働についてみていきます。

　まず、三六協定届（旧様式）の記載例（**図表５－３**）の❶をみてください。左から、「時間外労働をさせる必要のある具体的事由」、「業務の種類」、「労働者数」、「所定労働時間」の記入欄が続いています。ここには、記載例のように、代理店ごとに記入します。

　次に❷をみてください。三六協定では、次の３つの期間について、延長時間（時間外労働時間の上限）を定めなければなりません（H10.12.28労告154。以下「限度基準」といいます）。

```
ⅰ）１日
ⅱ）１日を超え、３か月以内の期間（多くの場合は１か月）
ⅲ）１年間
```

　ⅱ）とⅲ）の延長時間については、限度基準で定められた**図表５－４**の限度時間以内としなければなりません。

　三六協定で定めた延長時間は、これを超えて時間外労働をさせた場合は法違反となるものです。したがって、実際の時間外労働がこれを超えないように定める必要があります。そのため、多くの企業では、限度時間いっぱい、つまりⅱ）については１か月45時間、ⅲ）については１年360時間としています。

図表5-3 三六協定届の記載例（旧様式）

様式第9号（第17条関係）

時間外労働　　に関する協定届
休　日　労　働

事業の種類	事業の名称	事業の所在地（電話番号）
保険代理業	株式会社 ○○サービス	千葉市中央区中央○-○-○（043-999-9999）

	業務の種類	労働者数（満18歳以上の者）	所定労働時間	延長することができる時間		期間
				1日	1日を超える一定の期間（起算日） 1か月（毎月1日）／1年（9月1日）	
① 下記②に該当しない労働者	新規顧客・計上・保全業務の急増、集中、又は予算、業務	事務	2人	1日8時間	10時間	45時間　360時間	××××年9月1日から1年間
	臨時の顧客対応、受注、又は打合せ時間の変更もしくは延長	営業	10人	1日8時間	10時間	45時間　360時間	××××年9月1日から1年間
② 1年単位の変形労働時間制により労働する労働者							

❶ ❷

	業務の種類	労働者数（満18歳以上の者）	所定休日	労働させることができる法定休日の日数及び始業及び終業の時刻	期間
休日労働をさせる必要のある具体的事由	新規顧客・計上・保全業務の急増、集中、又は予算、決算業務	事務	2人	土・日	法定休日のうち、1か月に2回まで 1日8時間まで	××××年9月1日から1年間
	臨時の顧客対応、受注、または打合せ時間の変更もしくは延長	営業	10人	土・日	法定休日のうち、1か月に2回まで 1日9時間まで	××××年9月1日から1年間

協定の成立年月日　○○年　○○月　○○日

協定の当事者である労働組合の名称又は労働者の過半数を代表する者の
職名　営業主任
氏名　○○　○○
選出による
協定の当事者（労働者の過半数を代表する者の場合）の選出方法
職名　株式会社 ○○サービス　代表取締役
氏名　○○　○○　㊞

千葉　労働基準監督署長　殿

【特別条項】
一定期間における延長時間は、1か月45時間、1年360時間とする。ただし、通常の月を大幅に超え顧客対応の増加、大規模なクレームの発生、もしくはスケジュールの大幅な変更、しくは大規模な営業・特別な業務が重なるなど、または大きな業務、手続きが多い等の場合、または契約数の大幅な増加等、特別な事由が発生した場合により、1日についての延長時間は10時間を限度として、1月に6回を限度として、1か月70時間、1年間のうち6か月以内に限り、1か月45時間を超えて労働時間を延長することができる。この場合の延長時間は、1年360時間を超えないものとし、その手続きは、当該期間における労使協定の締結による。当該期間の始業及び終業の時刻を代表者に通知し、この限度時間を超えて労働させる場合における割増賃金率は、同協定の第○条の定めにより、当該期間における月60時間超の労働時間の割増賃金率を1か月60時間を超えた場合の割増賃金率は、125％とする。1年360時間を超えた場合の割増賃金率は、125％とする。

❸

記載心得
1　「業務の種類」の欄には、時間外労働又は休日労働をさせる必要のある業務を具体的に記し、労働基準法第36条第1項ただし書の健康上特に有害な業務について協定をした場合には、当該業務を他の業務と区別して記入すること。
2　「延長することができる時間」の欄の記入に当たっては、次の点に留意すること。
　(1)「1日」の欄には、労働基準法第32条から第32条の5まで又は第40条の規定により労働させることができる最長の労働時間を超えて延長することができる時間を記入すること。
　(2)「1日を超える一定の期間」の欄には、労働基準法第32条の2から第32条の4までの規定により労働させることができる最長の労働時間（以下「法定労働時間」という。）を超えて延長することができる時間を記入すること。なお、期間は「1日を超え3箇月以内の期間」及び「1年間」についてそれぞれ協定すること。その際、「1日を超え3箇月以内の期間」については、当該事業場の労使の実情に応じて、1箇月単位、2箇月単位、3箇月単位等の具体的な期間を記入すること。
3　②の欄は、労働基準法第32条の4の規定による労働時間により労働する労働者（対象期間が3箇月を超える1年単位の変形労働時間制により労働する労働者に限る。）に係る事項について記入すること。
4　「労働させることができる法定休日の日数及び始業及び終業の時刻」の欄には、労働基準法第35条の規定による休日であって労働させることができる日数並びに当該日の始業及び終業の時刻を記入すること。
5　「期間」の欄には、時間外労働又は休日労働をさせることができる期間を記入すること。

◉図表５－４　限度基準で定める限度時間

期　間	限度時間
１週間	15 時間
２週間	27 時間
４週間	43 時間
１か月	45 時間
２か月	81 時間
３か月	120 時間
１年間	360 時間

（対象期間が３か月を超える１年単位の変形労働時間制の適用労働者は除く）

　しかし、現実には限度時間を超えるような時間外労働が必要な場合もあります。そのような場合には、次にみる「特別条項」を定めることにより、限度基準の限度時間を超えて労働させることができます。

②　限度基準を超える時間外労働が必要な場合は特別条項を定める

　限度時間を超えて労働させる必要がある特別の事情が生じることが予想される場合には、三六協定に「特別条項」を設けます。図表５－３の記載例❸のように、限度時間を超える時間外労働の上限を定めることにより、限度時間を超える時間を延長時間とすることができます（限度基準３条）。

　特別条項は、次の要件を満たすものでなければなりません。

ⅰ）原則としての延長時間は限度時間以内の時間とすること
ⅱ）限度時間を超えて時間外労働を行わせなければならない特別な事情をできるだけ具体的に定めること
ⅲ）「特別な事情」は、ａ）一時的または突発的で、ｂ）全体として１年の半分を超えないことが見込まれること
ⅳ）一定期間（一般的には１か月と１年）の途中で特別な事情が生じ、原則としての延長時間を延長する場合に労使がとる手続きを協議、通告、

その他具体的に定めること
ⅴ）限度時間を超える一定の時間を定めること
ⅵ）限度時間を超えることができる回数を定めること（ⅲ）との関係で、年間6か月が上限）
ⅶ）限度時間を超える時間外労働に係る割増賃金率を定めること
ⅷ）ⅶ）の率を、法定割増賃金率（2割5分以上）を超える率とするよう努めること（努力義務）
ⅸ）限度時間を超える時間外労働をできる限り短くするよう努めること

　ⅴ）の限度時間を超える時間外労働の上限については、改正前労基法では、明確な法令上の規制はありませんでした。ただしいわゆる過労死ラインを定めた脳・心臓疾患の認定基準（H13.12.12基発1063）では、「発症前1か月間におおむね100時間」、または「発症前2か月間ないし6か月間にわたって、1か月当たりおおむね80時間を超える時間外労働が認められる場合は、業務と発症との関連性が強いと評価できることを踏まえて判断すること」とされていますので、これらをふまえると、特

図表5-5　労働時間の上限規制の全体像

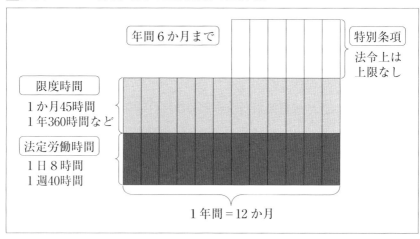

（厚労省「働き方改革を推進するための関係法律の整備に関する法律案の概要」より）

別条項を定めたとしても、時間外労働は80時間未満の時間を定めるのが妥当だと考えます（過労死認定基準については**第9章・第2節参照**）。

　以上のように、改正前の労働時間規制は、法定労働時間、限度時基準、特別条項の３段階で定められています。その内容をまとめると、**図表５－５**のようになります。

規定例

> **（時間外、休日および深夜業）**
> 　第○条　会社は、業務上必要がある場合には、社員を、所定労働時間を超えて、または休日に就業させることができる。
> 　２　会社は、災害その他避けることのできない事由によって臨時の必要がある場合には、社員を所定労働時間を超えてまたは休日に就業させることができる。(注❶)
> 　３　社員は、前２項の命令を拒むことはできない。
> 　４　社員が、自己の判断により所定時間外または休日に就業しようとする場合には、事前に所属長に申請して、許可を得なければならない。
> 　５　第１項、第２項および第４項の規定にかかわらず、会社は、妊産婦である社員が請求した場合には、法定労働時間を超える就業、法定休日の就業、または深夜業（午後10時から翌日５時までの就業をいう。）を命じない。ただし、管理監督者等については、深夜業に関するものを除き、請求することはできない。(注❷)
> 　６　第１項の所定時間外の就業が法定労働時間を超える場合、または法定休日に就業させる場合には、会社は、労使協定の範囲内で、時間外および休日労働を命じる。

（注❶）　労基法33条の規定によるもの。
（注❷）　労基法66条２項の規定によるもの。なお、保険代理店では一般的に18歳未満の社員はみられないため、年少者に関する労基法の規制は定めていない。

(3) 労基法改正後の三六協定

　前述のように、平成31年4月1日（中小事業主にあっては平成32年4月1日）以降、改正後の労基法36条が適用され、新しい三六協定届を使用します。新協定届では、通常の三六協定（様式9号。**図表5－7**）とは別に、特別条項付き協定のための様式（**図表5－8**）が新たに作成されました。そのため、特別条項付きの場合には、2枚セットで届け出ることになります(注)。

　改正後の労基法では、時間外労働時間は、「事業場の業務量、時間外労働の動向その他の事情を考慮して通常予見される時間外労働の範囲内において、限度時間を超えない時間に限る」ものとされ、ⅰ）1か月について45時間、ⅱ）1年について360時間の限度時間の範囲で三六協定に定めるものとされました（改正後の労基法36条3項、4項）。このように、改正前は「1日を超え、3か月以内の期間」の延長時間を定めていましたが、改正労基法と新様式では、「1か月」の延長時間を定めることになります（改正後の労基法36条2項）。

　ここまでは、改正前労基法・限度基準の規制と大きく異なるところはありません。ただし、法改正後は限度基準が法律に格上げされたため、限度時間を超える三六協定は、特別条項を使わない限り、法律上無効となるものと解されます（労基法13条）。

　特別条項については、限度時間を超えて労働させることができる場合を、「事業場における通常予見することのできない業務量の大幅な増加等に伴い臨時的に……限度時間を超えて労働させる必要がある場合」と定めたうえで、ⅰ）1か月について100時間未満（法定休日労働を含みます）、ⅱ）1年について720時間以下（時間外労働のみ）の時間を定め

（注）　この場合は、様式9号の2を使用する。様式9号の2では、1枚目は通常の三六協定で、2枚目が特別条項協定となっている。1枚目には過半数代表者および事業主の記名・押印をする箇所がなく、2枚目の特別条項にそれぞれ記名・押印をする。

るものとされました（改正後の労基法36条5項）。これにより、改正前はなかった労働時間の絶対的な上限時間が定められたことになります。また、限度時間を超えて時間外労働をさせることができる月数については、改正前と同じように、1年について6回（6か月）までです。

さらに、改正後の労基則17条1項5号により、「限度時間を超えて労働させる労働者に対する健康及び福祉を確保するための措置」を定めるものとされており、今回新たに制定された指針（H30厚労告323号。以下「三六協定指針」といいます）では、次に掲げるもののうちから協定することが望ましいとされています（三六協定指針8条）。

> ⅰ）労働時間が一定時間を超えた労働者に医師による面接指導を実施すること
> ⅱ）午後10時から翌午前5時までの間において労働させる回数を1か月について一定回数以内とすること
> ⅲ）終業から始業までに一定時間以上の継続した休息時間を確保すること（勤務間インターバル制度）
> ⅳ）労働者の勤務状況およびその健康状態に応じて、代償休日または特別な休暇を付与すること
> ⅴ）労働者の勤務状況及びその健康状態に応じて、健康診断を実施すること
> ⅵ）年次有給休暇についてまとまった日数連続して取得することを含めてその取得を促進すること
> ⅶ）心とからだの健康問題についての相談窓口を設置すること
> ⅷ）労働者の勤務状況およびその健康状態に配慮し、必要な場合には適切な部署に配置転換をすること
> ⅸ）必要に応じて、産業医等による助言・指導を受け、または労働者に産業医等による保健指導を受けさせること

どの措置を講じるのかは、自社の実態に則した措置を労使の協議を通じて選ぶことが大切です。なお、新様式（**図表5－8**）にも選択した措置を記載する欄が設けられています。

このほかにも、特別条項には、従前と同じように「限度時間を超えた労働に係る割増賃金の率」および「限度時間を超えて労働させる場合に

おける手続」を定めなければなりません（改正後の労基法17条1項6号、7号）。

ここまでが三六協定に関する新しい規制ですが、改正労基法では、さらに実際の労働時間についても規制が加えられることになりました。すなわち、時間外労働時間および法定休日労働時間がⅰ）1か月について100時間未満であること、ⅱ）三六協定の有効期間（条文では「対象期間」）の初日から1か月ごとに区分し、連続する2か月、3か月、4か月、5か月、および6か月のそれぞれの期間について、1か月あたりの平均が80時間を超えないこととされました（改正後の労基法36条6項）。

このうちⅱ）の上限規制は煩雑なため注意が必要です。たとえば、1か月目に90時間労働した場合には、2か月目は70時間以内にしなければなりません（(90時間＋70時間)÷2か月＝80時間)。同様に直前3か月、直前4か月と、各期間について労働時間の平均を算定して、80時間以内となるようにしなければならないことになります。

以上をまとめた図を示します（図表5－6）。

図表5－6　改正労基法による労働時間の上限規制の全体像

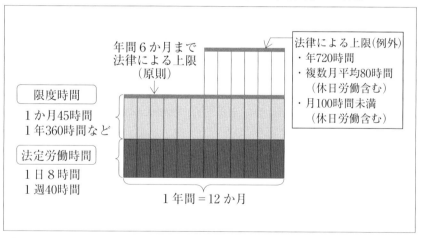

（厚労省「働き方改革を推進するための関係法律の整備に関する法律案の概要」より）

図表5-7 三六協定届の記載例（新様式）

様式第9号（第16条第1項関係）

時間外労働　休日労働　に関する協定届

労働保険番号：1 2 0 0 0 0 0 0 0 0 0 0 0 0 0 0 0 0 0 1 2 3 4 5 6 7 8 9 0 0 1 2
法人番号：0 0 1 2 3 4 5 6 7 8 9 0 1 2

事業の名称	事業の所在地（電話番号）	協定の有効期間
株式会社　○○サービス	（〒260-0032）千葉市中央区登戸○-○-○（電話番号：043-999-9999）	××××年4月1日から1年間

時間外労働

	時間外労働をさせる必要のある具体的事由	業務の種類	労働者数（満18歳以上の者）	所定労働時間（1日）（任意）	延長することができる時間数		
					1日	1箇月（①については45時間まで、②については42時間まで）法定労働時間を超える時間数／所定労働時間を超える時間数（任意）	1年（①については360時間まで、②については320時間まで）起算日（年月日）××××年9月1日　法定労働時間を超える時間数／所定労働時間を超える時間数（任意）
①下記②に該当しない労働者	受注増・集計・決算業務	事務	2人	8時間	6時間	45時間	360時間
	新規顧客・計上・保全業務等の増・集中、又は予算・決算業務、給与の顧客対応、受注、又は打合せ時間の変更もしくは延長	営業	10人	8時間	6時間	45時間	360時間
②1年単位の変形労働時間制により労働する労働者							

休日労働

休日労働をさせる必要のある具体的事由	業務の種類	労働者数（満18歳以上の者）	所定休日（任意）	労働させることができる法定休日の日数	労働させることができる法定休日における始業及び終業の時刻
新規顧客・計上・保全業務等の急増・集中、又は予算・決算業務、臨時の顧客対応、受注、又は打合せ時間の変更もしくは延長	事務	2人		1か月2回まで	原則として午前9時から午後6時まで
	営業	10人		1か月2回まで	原則として午前9時から午後6時まで

上記で定める時間数にかかわらず、時間外労働及び休日労働を合算した時間数は、1箇月について100時間未満でなければならず、かつ2箇月から6箇月までを平均して80時間を超過しないこと。 ☑（チェックボックスに要チェック）

協定の成立年月日　　○○年　○○月　○○日

協定の当事者である労働組合の名称（事業場の労働者の過半数で組織する労働組合）又は労働者の過半数を代表する者の　職名　営業主任　氏名　○○　○○　㊞

協定の当事者（労働者の過半数を代表する場合）の選出方法（　投票による　）

○○年　○○月　○○日

使用者　職名　株式会社　○○サービス　代表取締役
　　　　氏名　○○　○○　㊞

千葉　労働基準監督署長

図表 5-8　特別条項の記載例（新様式）

様式第9号の2（第16条第1項関係）

時間外労働　　（に関する協定届（特別条項）
休日労働

臨時的に限度時間を超えて労働させることができる場合	業務の種類	労働者数（満18歳以上の者）	1日（任意）		1箇月（時間外労働及び休日労働を合算した時間数。100時間未満に限る。）			1年（時間外労働のみの時間数。720時間以内に限る。）		
			延長することができる時間数		延長することができる時間数及び休日労働の時間数			起算日（年月日）	平成○○年4月1日	
			法定労働時間を超える時間数	所定労働時間を超える時間数（任意）	限度時間を超えて労働させることができる回数（6回以内に限る。）	法定労働時間を超える時間数と休日労働の時間数を合算した時間数	所定労働時間を超える時間数と休日労働の時間数を合算した時間数（任意）	延長することができる時間数	法定労働時間を超える時間数	所定労働時間を超える時間数（任意）
突発的に限度時間を超えて労働させる場合	営業	10人	10時間		6回	70時間		60時間	25%	25%
通常の月を大幅に超える顧客の対応や、大型契約クレームの発生、スケジュールの大幅な変更もしくは対応業務に特別な力が必要となった場合	事務	2人	10時間		6回	70時間		60時間	25%	25%
限度時間を超えて労働させる場合における手続	労働者の過半数を代表する者に対する事前申し入れ
限度時間を超えて労働させる労働者に対する健康及び福祉を確保するための措置	（具体的内容） 2　医師の面接を1箇月に2回、かつ4日以内とする

上記で定める時間数にかかわらず、時間外労働及び休日労働を合算した時間数は、1箇月について100時間未満でなければならず、かつ2箇月から6箇月までを平均して80時間を超過しないこと。☑
（チェックボックスに要チェック）

協定の成立年月日　○○年　○○月　○○日

協定の当事者である労働組合の名称（事業場の労働者の過半数で組織する労働組合）又は労働者の過半数を代表する者の
　職名　　営業主任
　氏名　　○○　○○

協定の当事者（労働者の過半数を代表する者の場合）の選出方法（　投票による　）

○○年　○○月　○○日

使用者
　職名　　株式会社○○サービス　代表取締役
　氏名　　○○　○○　印

千葉　労働基準監督署長

割増賃金計算の基本

時間外労働をさせた場合には、割増賃金(いわゆる残業代)の支払いが必要となります。ここでは割増賃金の正しい計算方法をみていきます。

(1) 基本的な計算式

割増賃金の計算は、1時間あたりの賃金に、時間外労働時間、法定休日労働時間、深夜労働時間数を乗じたものに、割増率を乗じて計算します(労基法37条)。

図表5-9　割増賃金の基本計算式

割増賃金額 ＝ 1時間あたりの賃金額 × 時間外労働・休日労働・深夜労働時間 × 割増率

以下では「1時間あたりの賃金額」と「割増率」についてそれぞれ解説します。

(2) 割増賃金の計算方法

① 1時間あたりの賃金額の求め方

1時間あたりの賃金額は、賃金形態ごとに図表5-10のように求めます(労基則19条)。

☞図表５−10　１時間あたりの賃金額の計算

賃金形態	計算方法
時間給	時間給額
日　給	日給額÷１日の所定労働時間 ^(注❶)
月　給	月給額÷１か月の**所定**労働時間 ^(注❷)
歩合給	１賃金計算期間に支払われた歩合給の総額　÷　当該賃金計算期間における**総**労働時間数

(注❶)　日によって所定労働時間が異なる場合は、１週間における１日の平均所定労働時間数

(注❷)　月によって所定労働時間が異なる場合は、１か月平均所定労働時間数。実際にはこれによる場合が多い。

　保険代理店では、月給と歩合給が併給される場合が少なくありません。その場合には、それぞれの賃金形態ごとに計算して合計する必要があります。このとき、月給制の場合は「所定」労働時間で除すのに対して、歩合給制の場合は「総」労働時間数で除して１時間あたりの賃金額を計算することに注意してください。

②　割増賃金の計算から除外できる手当

　「１時間あたりの賃金額」からは、次のⅰ）からⅶ）までに掲げるものは、割増賃金の基礎となる賃金から除外することができます（労基法37条５項、労基則21条）。

```
ⅰ）家族手当
ⅱ）通勤手当
ⅲ）別居手当
ⅳ）子女教育手当
ⅴ）住宅手当
ⅵ）臨時に支払われた賃金
ⅶ）１か月を超える期間ごとに支払われる賃金
```

これらは、例示ではなく、限定的に列挙されているものです。つまり、これらに該当しない賃金はすべて算入しなければなりません。割増賃金計算において、手当を時間外手当等の単価に算入していない計算漏れはとても多く見受けられますので、よく確認してください。

　また、割増賃金の単価に算入するかどうかは、手当の名称ではなく、実質によって取り扱います（S22.9.13発基17）。たとえば、家族手当の場合、扶養家族の有無、家族の人数に関係なく一律に支給するものは、割増賃金の計算から除外することはできません（S22.11.5発基231）。逆に、名称は物価手当、生活手当であっても、扶養家族数またはこれを基礎とする家族手当額を基礎として算出する手当は、除外することができます（前同）。

③　割増率

　時間外、法定休日、深夜（原則として午後10時～午前5時）の労働（以下「深夜業」といいます）をさせた場合の割増率は、**図表5－11**のとおりです（労基法37条1項）。このような割増賃金の支払いが義務づけられているのは、通常の勤務時間とは違うこれら特別の労働に対する労働者への補償を行うとともに、会社に対し、経済的負担を課すことによってこれらの労働を抑制するためとされています（H6.1.4基発1）。

図表5－11　割増賃金の種類

支払う場合	割増率
法定労働時間（1日8時間または週40時間）を超えて就業させたとき	25％以上 (注)
法定休日（週1日、または4週4日）に就業させたとき	35％以上
22時から翌朝5時までの間に就業させたとき	25％以上

④　割増賃金の支払いの対象となる時間

　割増賃金の支払いが労基法上義務づけられているのは、法定労働時間を超える労働（時間外労働）および法定休日、ならびに深夜業です（図表5－11）。したがって、「残業」であっても、「時間外労働」にあたらない場合には、割増賃金を支払う必要はありません。たとえば、1日の所定労働時間が7時間の会社において、ある1日に10時間労働した場合、7時間から8時間までは割増賃金を支払う必要はありません（ただし、特約がない限りは1時間分の賃金の支払いは必要です（S23.11.4基発1592））。一方、8時間を超えた2時間については、25％以上割増で支払わなければなりません。

　なお、就業規則等で所定労働時間を超えた場合には割増賃金を支払うと定めている場合には、そのとおり支払わなければならないため、就業規則の規定のしかたに注意してください。

　同様に、35％以上割増の賃金を支払う必要がある休日労働は、法定休日の労働です。法定休日は、前述のとおり週1回以上または4週4日以上与えなければならないとされていますので、週休2日のうち1日の休日が確保されていれば、もう1日の休日に就業させたとしても、35％以上割増で賃金を支払う必要はありません（法定休日が就業規則等で特定されていない場合。図表5－12）。ただし、その休日労働によって、週40時間を超える労働については、法定労働時間を超える労働にあたるため、25％以上割増賃金を支払わなければなりません。

（注）　平成22年4月1日施行の改正労基法により、中小企業以外の企業（大企業）については、月60時間を超える時間外労働については50％以上の率で計算した割増賃金を支払うこととされているが、中小企業（本章第2節(1)参照）については、この規定の適用を猶予されている（労基法138条）。ただし、この適用猶予は、働き方改革推進法により平成35年4月1日に廃止される。

図表5－12　休日労働の割増賃金

【法定休日は1週1日制で、特定されていない場合】

曜　日	日	月	火	水	木	金	土
所　定	休日	8H	8H	8H	8H	8H	休日
実労働	休み	8H	8H	8H	8H	8H	4H

日曜日に休日が取得できているため、この休日労働については35％以上割増は不要。しかし、週40時間を超えているため、25％以上割増は必要となる。

なお、時間外労働が深夜に及んだ場合には、次の図のように、50％以上の率で計算した割増賃金を支払わなければなりません（図表5－13）。休日労働が深夜に及んだ場合も同様で、60％以上の率で計算した割増賃金を支払うものとされています。

図表5－13　時間外労働が深夜に及んだ場合の割増率

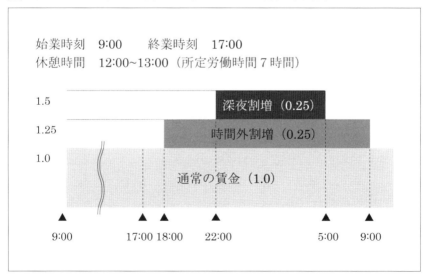

第3節　割増賃金計算の基本

(3) 具体的な計算例

では、実際の計算例に移ります。以下では、保険代理店の実務で重要な**月給**の場合と**歩合給**の場合についてみていきます[注❶]。

なお、月給部分と歩合給部分では計算方法が異なりますので、賃金の中に月給部分と歩合給部分の両方がある場合には、それぞれ別に計算しなければなりません。

【賃金関係】
基 本 給　月額126,000円　　資格手当　　月額 10,000円
通勤手当　月額　6,000円　　歩 合 給　　　　130,000円

【労働時間関係】
1か月平均所定労働時間　170時間　　実労働時間　200時間
時間外労働　30時間（すべて25％割増とします）

【計算：月給部分】
月給部分の1時間あたりの賃金＝（126,000円＋10,000円）÷170時間
　　　　　　　　　　　　　＝800円
月給部分の時間外手当＝800円×30時間×1.25
　　　　　　　　　　＝30,000円

【計算：歩合給部分】
歩合給部分の1時間あたりの賃金＝130,000÷200時間
　　　　　　　　　　　　　　＝650円
歩合給部分の時間外手当＝650円×30時間×0.25
　　　　　　　　　　　＝4,875円
時間外手当合計＝30,000円＋4,875円
　　　　　　　＝34,875円

(注❶)　時給の場合は単に時給額に割増率を乗じた単価に時間外労働時間等を乗じればよく、日給も1日の所定労働時間（日によって所定労働時間数が異なる場合には、1週間における1日平均所定労働時間数）で除した額を1時間あたりの金額とすればよい。

この計算例で改めて確認しておきたいことは、時間外労働手当の単価の計算のしかたが、月給制と歩合給制では異なる点です。すなわち、1時間あたりの賃金を出す際に除す時間数が、月給制の場合は1か月平均所定労働時間の170時間、歩合給制の場合はその月の総労働時間の200時間となっています。

　また、割増率も月給制では1.25、歩合給制では0.25となっています（S23.11.25基収3052、S63.3.14基発150、H6.3.31基発181、H11.3.31基発168）。これは、月給制の場合は、時間外労働に対して「通常の賃金」（1.0部分）を支払う必要があるのに対して、歩合給制の場合には、「通常の賃金」は歩合給の中に含まれているためです。そのことは、1時間あたりの賃金を算出するにあたって、歩合給を総労働時間で除すという計算のしかたにも表れているといえます。

　そして、結果として、歩合給にかかる時間外手当がとても少なくなっています。その理由は、ここまでの説明で明らかでしょう。このように、歩合給の場合には時間外手当などの割増賃金が安くなるという点(注❷)は、会社が歩合給制の魅力に感じる大きなポイントです。

　法定休日、深夜業の割増賃金の計算についても、割増率を変更するほかは、同様の計算となります。

（注❷）　この説明は、実は表面的な理解といえなくもない。なぜなら、上記の例の歩合給は労働時間が200時間なのに対して、基本給は170時間分の金額であり、この2つをそのまま比較してよいのかという問題があるからである。
　　そこで、歩合給の130,000円を170時間で稼いだものとして考えてみる。すると、時間あたりの成果が同一と仮定すれば、30時間の時間外労働をした場合、その分歩合給が増加するはずである。そして、結果的には時間外手当も含めた賃金額は、月給制でも歩合給制でも同額になる（西川幸孝「マネジメントに活かす歩合給制の実務」日本法令）。

(4) 固定（定額）残業制

　固定（定額）残業制とは、時間外手当等の「一定時間分」または「一定額」を、実際の時間外労働時間等にかかわらず、定額で毎月支給する制度をいいます。たとえば、「20時間分の時間外手当として固定残業手当4万円を支払う」というような労働条件とした場合、毎月その額の手当を支給する代わりに、残業が20時間以内である限り、残業代は支払わないというわけです。

　ここで強調しておきたいのは、固定残業制は、決して労基法で定められる割増賃金の支払いが免除される制度ではないということです。名称が「固定残業制」とか「定額残業制」というと、時間外手当を一定額だけ払えばそれ以上の支払いは不要、というようなニュアンスが感じられますが、これは誤解です。

　正しくは、固定残業制によって支払われたとされる残業時間（たとえば20時間）に相当する時間外手当を、実際の残業時間に基づいて計算した時間外手当が超えれば、会社は超えた分の時間外手当を支払わなければなりません（たとえば30時間残業した場合には10時間分の時間外手当を支払います）。このように、固定残業制を採用するにあたっては、そのルールを正確に理解しておくことがとても大切です。

① 固定残業制には判別要件と清算要件が必要

　固定残業制は、上記のように一定の範囲で割増賃金の計算を省略できること、時間外手当等の抑制ができること等のメリットがあるため、保険代理店を含めて、採用している企業は少なくありません。

　しかし、前述のような誤解があったり、固定残業制を含む賃金体系であることが明示されずに時間外手当の支払いをめぐってトラブルになったりするケースもあります[注]。そのため、固定残業制を導入する場合には、裁判例で示されている有効と認められる要件を守る必要があります。

固定残業制が有効とされるための要件は、次のとおりです（東京地判S62.1.30「小里機材事件」。本判決は、高裁（東京高判S62.11.30）、最高裁（最一小判S63.7.14）でも維持されました）。

> ⅰ）割増賃金相当部分とそれ以外の部分が明確に区分されること（**判別要件**）
> ⅱ）労基法に基づいて計算された割増賃金が固定残業制による割増賃金相当部分を超えた場合には、その差額を支払うことが合意されていること（**清算要件**）

　これらに照らせば、単に「基本給には残業代を含むものとする」という規定があるだけの場合、基本給のどの部分が残業代なのか区分されていないため、**判別要件**を満たしているとはいえません。また、何時間分の残業代なのかも不明ですので、**清算要件**を満たしているかどうかも検証することができません。したがって、このような固定残業制は無効と判断される可能性が高いです。

　近年は、さらに固定残業制の要件が厳格される傾向があります。特に耳目を集めた「テックジャパン事件」（最一小判H24.3.8）では、次のような「補足意見」が判決に付け加えられました。すなわち、10時間分の固定残業制としている場合において、「その旨が雇用契約上も明確にされていなければならないと同時に支給時に支給対象の時間外労働の時間数と残業手当の額が労働者に明示されていなければならないであろう。さらには10時間を超えて残業が行われた場合には当然その所定の支

（注）　平成30年4月1日に施行された改正職業安定法では、求人申込みをするにあたって、固定残業制の計算方法、固定残業制を除外した基本給の額、固定残業時間を超える時間外労働、休日労働および深夜労働分についての割増賃金を追加で支払うこと等を明示しなければならないものとされた（H11厚労告141第3の1(3)ハ）。このような規制が導入されたのは、固定残業制によって、固定支給額を大きくみせることができるため、求職者が誤解しやすいことも理由の1つである。

給日に別途上乗せして残業手当を支給する旨もあらかじめ明らかにされていなければならないと解すべき〔下線は筆者〕」というものです。

このように、固定残業制を導入する場合には、判別要件と清算要件を遵守し、それを社員にもわかるようにすることが大切です。

② 固定残業制に上限はあるか

固定残業制は何時間分の時間外手当まで認められるのか、と質問されることがあります。この点について、わかりやすい基準は今のところありません。裁判例をみても、たとえば、83時間分の時間外手当を管理職手当の名称で支給していたケースを無効としたもの（岐阜地判H27.10.22「穂波事件」）もあれば、時間外労働70時間、深夜労働100時間の対価として業務手当を支給していた事案で、これを違法ではないとしたもの（東京高判H28.1.27「X社事件」）もあり、個々の事案ごとに判断が分かれることもあるのです。

筆者は、限度時間（改正前労基法では「限度基準」）で定められている月45時間以内で固定残業代を定めるのが妥当かつ無難だと考えています。また、清算要件を満たしているという実績として、年に数回は、差額の残業代が発生するようにするべきだと考えます。このような点もふまえて、自社の時間外労働の状況を勘案して必要な範囲で定める必要があります。

規定例

> （定額残業手当）
> 第○条　定額残業手当は、会社が必要と認めた社員に対して支払う。
> 　2　定額残業手当により支払う一月当たりの時間外手当は30時間分とし、金額は個別に決定して書面で明示する。
> 　3　定額時間外手当が支払われる社員が前項の時間を超える時間外労働を行った場合には、その超えた分の時間外手当を支払う。

③ 歩合給で固定残業制は可能か

　ここまでの例は、固定給であることを前提にしていましたが、保険代理店では、歩合給制のもとで固定残業制が導入できるかどうかが問題となることがあります。この問題は固定残業制のいわば応用問題ですが、ここまでの内容をふまえると、歩合給制で固定残業制を導入することは、不確定要素が多いといえます。

　まず、歩合給の時間外手当の計算のしかたを振り返ってみましょう。

☞ 歩合給の時間外手当の計算方法

$$\frac{歩合給}{総労働時間} \times 0.25 \times 時間外労働時間$$

　ここで注意したいのは、この中で出てくる「歩合給」および「総労働時間」は、ともに毎月変動するものであるということです。つまり、歩合給制の場合、残業代の単価が毎月変わることになりますので、「○時間分の時間外手当として、固定残業手当を○円支払う」というような規定のしかたができないのです。

　そこで、実務では、「歩合給の○％は、時間外手当として支払われたものとする」などのような規定がみられます。このような定めは、○％という定率ですので一応判別可能で、かつ、残業時間に基づき計算した時間外手当と○％部分の清算を行っていれば、前述の要件を満たしているといえそうです。

　裁判例においても、大型貨物自動車の運転手の歩合給の25％を時間外手当相当額として支給していた「運行時間外手当」が労基法37条の割増賃金の支払いといえるかどうかが争われた事案において、運行時間外手当が算出された割増賃金に不足する場合には、その差額を支給することとされていること、判別要件についても給与明細書等によりその内訳を確認することができたことなどを挙げて、有効と認めたものがあります（東京高判 H30.5.9「シンワ運輸事件」）。

このように歩合給の定率を固定残業手当として支払う制度を有効と認める裁判例もありますが、確立しているとはいいきれない状況ですので、今後も裁判例の動向をにらみつつ運用するしかないのが現実です。

　少なくとも、歩合給の定率を固定残業代とする場合には、判別要件と清算要件を満たすことを徹底してください。そして、社員に対して制度を説明して、歩合給のうち残業代の分がいくらなのかを区分して、計算過程を給与明細書でわかるようにし、社員が時間外手当の支払いが確実に行われていることを確認できるようにするなど、トラブル防止のための工夫が求められます。

保険代理店の労働時間制度

　ここまで、労基法による労働時間規制、そして割増賃金の支払いについてみてきました。ここまでが基本の話です。ここからは、実態にふさわしい残業代の支払いのために検討したい労働時間制度、特に外回りの営業社員のそれについて考えていきます。

　まず、外回りが中心で直行・直帰が多く、働き方について本人の裁量が大きい場合には、労働時間の算定が困難な日の労働時間のカウントのしかたとして「事業場外みなし労働時間制（以下「事業場外みなし制」といいます）」を適用することが考えられます。これは、労働の実態から労働時間の把握が困難であることを前提とするものです。

　次に始業・終業時刻を本人に任せる「フレックスタイム制」について検討します。フレックスタイム制は、いつ働くのかを一定の範囲で本人に委ねるものです。営業社員にフレックスタイム制を適用するのは意外と思われるかもしれませんが、これがうまく機能すれば、社員は、働く時間を自ら管理して、業務を効率的に配分することができるようになります。

　以上のように、外回り営業社員については、事業場外みなし制やフレックスタイム制の制度や適用する場合の留意点を解説します。その後に、事務スタッフや保険ショップの窓口担当者の労働時間制度などについてもみていきます。

(1) 事業場外みなし制

① 事業場外みなし制とはどのような制度か

　事業場外みなし制（労基法38条の２）とは、社員が ⅰ）労働時間の全部または一部を事業場外（事務所や店舗の外）で業務に従事した場合において、ⅱ）労働時間を算定し難いときに、原則として、その日の労働時間を所定労働時間労働したものと「みなす」制度です。

　ここで「みなす」という言葉の意味を説明しておきましょう。法令の中で使われる「みなす」とは、「本来異なるものを法令上一定の法律関係につき同一のものとして認定してしまうこと」をいいます（高橋・伊藤・小早川・能見・山口編「法律学小辞典」有斐閣）。たとえば、「アナゴをウナギとみなす」というのは、ウナギではないアナゴをウナギということにして、反論を許さないということです。

　したがって、所定労働時間が８時間の日に事業場外みなし制が適用された場合には、労働時間が実際には６時間でも10時間でも、その日は８時間労働したものとして取り扱う（「みなす」）というわけです。この場合、所定労働時間働いたことになるので、残業代が発生することもありません^(注❶)。外回りの営業社員には残業代を払っていないという実態は保険代理店に限らずみられますが、その多くは、この事業場外みなし制が適用されているためです。

　ただし、事業場外の業務を遂行するために、通常所定労働時間を超えて労働することが必要である場合には、その業務の遂行に通常必要とされる時間労働したものと「みなさ」れます。つまり、実際に必要な労働時間との乖離が大きい場合には、その実態に合った労働時間とみなされることになります。

（注❶）　深夜業の適用は排除されていないため（S63.1.1基発１）、深夜に労働した時間については、深夜割増賃金を支払わなければならない。

なお、過半数代表者と労使協定を締結することにより、労使協定で定めた時間をみなし時間とすることもできます（労基法38条の２第２項、３項）^(注❷)。

②　労働時間の算定が困難かどうかの判断は問題となりやすい

　事業場外みなし制は、外回り勤務であれば適用できるわけではなく、「労働時間の算定が困難である」ことが求められている点に注意が必要です。

　この点については、厚労省も、厳格な解釈を示しており、たとえば、次のような場合においては、労働時間の算定が可能であるので、みなし労働時間制の適用はできません（S63.1.1基発１）。

> ⅰ）何人かのグループで事業場外労働に従事する場合で、そのメンバーの中に労働時間の管理をする者がいる場合
> ⅱ）無線やポケットベル等^(注❸)によって随時使用者の指示を受けながら事業場外で労働している場合
> ⅲ）訪問先、帰社時刻等当日の業務の具体的指示を受けた後、事業場外で指示どおりに業務に従事し、その後、事業場に戻る場合

　このように、事業場外みなし制は、具体的な指示を受けないで働くというような、働き方に裁量がある労働者に対して適用することができる制度です。したがって、上司に業務を管理されており裁量があるとはいえない働き方については、上司が労働時間を把握できるため事業場外みなし制を適用することはできません。たとえば、新入社員に対して、入

(注❷)　この労使協定で定めるみなし時間が法定労働時間を超える場合には、労基署への届出が必要（労基則24条の２第３項）。
(注❸)　「無線やポケットベル」は行政通達が発出された当時の表現である。現代においては、携帯電話などの通信機器も当然含まれると解される。

第４節　保険代理店の労働時間制度

社後6か月は教育のために社長に同行させるような場合には、上記 i ）に該当しますので、労働時間の算定が困難とはいえないわけです。

　裁判例では、直行直帰が許されておらず、出勤時に営業日報に訪問予定先や訪問時刻などを記載した営業予定表を所属長に提出し、帰社後に訪問先や商談内容を営業日報で報告させていた外回り営業担当者について、出退勤時刻の把握は可能であること、外回り営業中に従事する業務を把握することも可能であること、具体的な指揮命令を及ぼすことも可能であることなどから、事業場外みなし制の適用を否定したものがあります（東京地判 H27.9.18「落合事件」）。この裁判例に照らすと、訪問先や時間を指示して営業にあたらせている場合には、事業場外みなし制の適用はできないと解されます。

　一方、保険会社の契約調査業務の代行会社に勤務する労働者について「業務執行の態様は、その労働のほとんど全部が使用者の管理下になく、労働者の裁量の下にその自宅等で行われている」場合に、事業場外みなし制の適用を認めたものがあります（東京地判 H21.2.16「日本インシュアランスサービス事件」）。

　近年は通信技術が発達しており、その気になれば、1日の行動もかなり細かく把握できるようになってきています。このため、中長期的には事業場外みなし制が適用できる範囲は狭まっていくと、筆者は考えています。したがって、事業場外みなし制の適用にあたっては、どのような働かせ方をするのかもふまえて、社員ごとに個別に判断して適用するか決定するべきです。

規定例

> **（外回り営業等）**
> 第○条　社員が、就業時間の全部または一部を会社の事業場外で就業する場合において、労働時間を算定し難いときは、所定労働時間を就業したものとみなす。

なお、事業場外みなし制は、あくまで1日単位で適用されるかどうか判断されます。したがって内勤の日があれば、その日は事業場外みなし制は適用することができませんので、前述の労働時間の把握が必要になります（**本章・第1節**(3)参照）。

また、事業場外みなし制を適用される社員であっても、面接指導（**第9章・第2節**(1)②参照）を実施するため、労働時間の状況を客観的な方法その他適切な方法で把握することが義務づけられました（改正後の安衛法66条の8の3、安衛則52条の7の3）。

(2) フレックスタイム制

事業場外みなし制が適用できない場合、原則の法定労働時間による労働時間制度を適用している保険代理店が多いようです。しかし、働く時間を本人の裁量に任せられる社員については、「フレックスタイム制」（労基法32条の3）の適用を検討することをお勧めします。

そこで、フレックスタイム制とはどのような制度なのか、以下で詳しく解説します。

① フレックスタイム制とはどのような制度か

フレックスタイム制とは、1日の労働時間を固定的に定めず、労使協定に一定の期間（通常は1か月）に働く総枠の労働時間などを定めたうえで、日々の始業・終業時刻の決定を社員に委ねる制度です。これにより、アポの時間に合わせて就業を開始したり、他に予定がなければ早めに仕事を切り上げたりすることができますので、総労働時間の範囲で柔軟かつ効率的に労働時間を配分することができるというわけです。

もし、朝礼などに全員が揃わないと困るのであれば、必ず出勤させたい時間帯を「コアタイム」と定めることにより、その時間帯の就労を義務づけることもできます。また、働くかどうかを社員が選択できる時間帯を「フレキシブルタイム」として定めることもできます。

このように、フレックスタイム制は、働く時間を社員に委ねるというのが最大の特徴ですが、働かなければならない時間（コアタイム）、働くことが可能な時間（フレキシブルタイム）を設けることで、一定の枠をつくることができます。
　以上をまとめると、次表のようになります（図表５－14）。

図表５－14　フレキシブルタイムとコアタイム

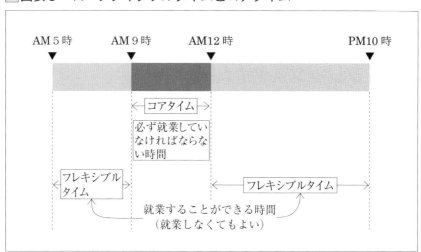

　ところで、近年トヨタ自動車がフレックスタイム制を「トヨタ流ホワイトカラーエグゼンプション」として、主任級全般で導入したことが話題になりました。報道（H29.9.12付日本経済新聞）によれば、この制度は、フレックスタイム制を適用する社員に前述の固定残業制を併せて適用することによって、清算期間における総労働時間に固定残業制で支払ったことになる残業時間を合算した時間まで、追加の時間外手当を支払うことなく就業させることができるものです。そのため、会社としても本人に働く時間を任せることができるというわけです。
　筆者は、このしくみを保険代理店の営業社員についても十分適用できると考えています。これにより、事業場外みなし制の適用が難しい場合

でも、本人の裁量度の高い柔軟な営業活動を行うことができると見込まれます。

② フレックスタイム制の労使協定と就業規則例

フレックスタイム制を導入する場合には、過半数代表者と労使協定を締結する必要があります。以下に、労使協定に規定すべき事由とそのポイント、および協定例を示します。

ⅰ）対象となる社員の範囲

対象となる社員の範囲は、たとえば「全従業員」でもよいです。保険代理店の場合には、外回り営業社員に限定するために「営業社員」とすることもできます。

ⅱ）清算期間

清算期間とは、フレックスタイム制を適用する場合の単位となる期間で、3か月以内の一定の期間を定めます（改正後の労基法32条の3）。従前は、清算期間が1か月以内とされていたので賃金の計算期間に合わせて1か月とする場合がほとんどでしたが、法改正により、平成31年4月1日から清算期間が3か月まで認められることになりました。これにより、月によって繁閑の差が大きい場合には、1か月を超える清算期間を設けることによって、2か月とか3か月の範囲で労働時間を調整しながら就業することができるようになります。もっとも、後述するように、残業代の計算が煩雑になるため、当面、保険代理店では1か月を超える清算期間を利用するケースは少ないと考えます。

なお、清算期間が1か月を超える場合には、所定の様式（様式3号の3）により労基署に届け出なければなりません（改正後の労基法32条の3第4項）。

ⅲ）清算期間における起算日

　起算日とは、要するに清算期間の初日（＝一般的には賃金計算期間の初日）のことです。

ⅳ）清算期間における総労働時間

　フレックスタイム制は、働く時間を労働者が決定できるしくみですので、1日の所定労働時間がありません。そこで、労働者が清算期間中に労働しなければならない時間を総労働時間として定めます。
　清算期間における総労働時間については、清算期間の暦日数に応じて上限が定められています。清算期間が1か月の場合は、次のとおりです（図表5－15）。

図表5－15　1か月の総労働時間の上限

1か月の暦日数	総労働時間の上限
31日の月	177.1時間
30日の月	171.4時間
29日の月	165.7時間
28日の月	160時間

　なお、1か月以外の清算期間の場合、総労働時間の上限は、次の計算式で算出します。

$$\frac{40時間}{7時間} \times 清算期間の暦日数$$

　ところで、以前から完全週休2日制であっても、曜日のめぐりによっては、所定労働日に8時間ずつ勤務しても上記の総労働時間の上限を超えてしまう場合があることが問題とされていました。たとえば30日の月に休日が8日しかない場合、所定労働日数は22日となり、毎日8時間ず

つ働いたとしても、1か月の労働時間は176時間となって、**図表5－15**の上限時間を超えてしまうのです。この点については、これまで行政通達により特別な取扱いが定められていました（H9.3.31基発228）が、一定の要件が設けられており、必ずしも使いやすいものではありませんでした。

　そこで、労基法改正により、平成31年4月1日から、（完全週休2日制の場合に限られますが）労使協定で労働時間の限度を、清算期間における所定労働日数に8時間乗じて得た時間とする旨を定めた場合には、その時間を総労働時間の上限とすることができるようになりました（労基法32条の3第3項）。

ⅴ）標準となる1日の労働時間

　標準となる1日の労働時間は、年次有給休暇を取得した際にその日を何時間労働したものとして賃金を計算するのか定めるものです。

ⅵ）コアタイム

　コアタイムを設ける場合には、その開始・終了時刻を労使協定に定めなければなりません。たとえば、毎日午前9時から朝礼を行うという代理店では、午前9時から11時までをコアタイムと定めることなどが考えられます。日によってコアタイムの設定を変えることも可能ですので、参加が必須の朝礼や定例会議のスケジュールを勘案して定めます。

ⅶ）フレキシブルタイム

　フレキシブルタイムを設ける場合には、その開始・終了時刻を定めなければなりません。たとえば、フレキシブルタイムを午前5時から午後10時までの範囲で定めることで、深夜労働（午後10時から翌午前5時まで）を禁止することができます。

　フレキシブルタイムが極端に短く、たとえば30分しかないような制度は、始業および終業時刻を労働者が自主的に決定しているとはいえませ

労使協定例

フレックスタイム制に関する労使協定

　株式会社○○サービスと労働者の過半数を代表する○○○○は、フレックスタイム制に関し、次のとおり協定する。

（対象労働者）
第1条　本協定は、営業の業務に従事する社員であって、会社が適用を決定した者に適用する。

（清算期間）
第2条　清算期間は毎月1日から当月末日までの1か月間とする。

（清算期間における総労働時間）
第3条　総労働時間は、8時間に清算期間の所定労働日数を乗じた時間とする。

（標準となる1日の労働時間の長さ）
第4条　標準労働時間は、1日8時間とする。

（コアタイム）
第5条　社員は、午前9時から午前11時まで、休憩時間を除き就業しなければならない。

（フレキシブルタイム）
第6条　社員が選択できる始業および終業時刻は、次の各号に定める範囲とする。
　① 始業時刻　午前5時から午前9時まで
　② 終業時刻　午前11時から午後10時まで

（休　憩）
第7条　休憩時間は連続する1時間とし、取得する時間は社員に委ねるものとする。

（労働時間の清算）
第8条　各清算期間終了時における労働時間の清算は、次の各号で定めるとおりとする。
　① 実労働時間が第3条の総労働時間を超えて労働した場合には、賃金規程の定めるところにより時間外手当を支払う。
　② 所属長の承認を得て第6条に定める時間帯外に勤務した場合においても、本協定に定める労働時間として総労働時間に含めて取り扱う。
　③ 法定休日に労働した場合には、賃金規程に定める休日手当を支払い、本協定上の取り扱いはしない。

（労働時間の管理）
第9条　フレックスタイム制の労働時間の管理は次のとおりとする。
　① 社員は毎日自己の労働時間を個人別業務日報に記録して、所属長に提出しなければならない。
　② 社員は、月間総労働時間に著しい過不足が生じないようにしなければならない。
　③ 各人の月間総労働時間を45時間を超えて労働する必要がある場合、所定休日に労働する必要がある場合、または午後10時から翌午前5時までの間に労働する必要がある場合には、事前に所属長の承認を得なければならない。

（業務の報告）
第10条　社員は、所属長の求めに応じて、営業活動の状況、成果等について正確に報告しなければならない。

（適用の解除）
第11条　会社は、フレックスタイム制の適用を受ける社員が本協定で定める事項に違反する等フレックスタイム制の適用が不適当と認める場合には、その適用を取り消すことができる。

（有効期間）
第12条　本協定の有効期間は　　○年○月○日から　　○年○月○日までの1年とする。
　　　　　　　　　　　　　　　　○年○月○日
　　　　　　　　　　　　　使　用　者　株式会社○○サービス
　　　　　　　　　　　　　代表取締役　　○○　○○　　印
　　　　　　　　　　　　　従業員代表者　○○　○○　　印

んので、フレックスタイム制の趣旨に沿うように、ある程度の幅を設定しなければなりません（前掲通達）。営業社員については、深夜に業務として営業をすることはまずないと思われますので、その時間を外して設定するとよいでしょう。

ⅷ）有効期間の定め

清算期間が1年を超えるフレックス制を適用する場合には、労使協定に有効期間の定めが必要です（労基則12条の3第1項）。

労使協定だけでは労働者に民事上の義務を課すことはできないため、就業規則等にも根拠が必要となります。就業規則には、始業・終業時刻を労働者の決定にゆだねる旨等を定めることとされています（S63.1.1基発1、H11.3.31基発168）。

☞規定例

> （フレックスタイム制）
> 第○条　会社は、営業の業務に従事する社員について、労使協定で定めるところによりフレックスタイム制を適用することができる。
> 　2　フレックスタイム制が適用された社員は、始業および終業時刻を自主的に決定することができる。ただし、その決定できる時刻は、次の各号で定める時間帯でなければならない。
> 　　①　始業時刻　　午前5時から午前9時まで
> 　　②　終業時刻　　午前11時から午後10時まで
> 　3　前項の社員は、午前9時から午前11時までの間、就業しなければならない。
> 　4　前2項の規定のほか、フレックスタイム制に関する事項は、労使協定で定めるところによる。

③　フレックスタイム制の時間外手当

フレックスタイム制を採用した場合における時間外労働となる時間は、清算期間が1か月以内であるかどうかで分けられます。

まず、1か月以内の場合、清算期間における総労働時間の上限（前掲図表5－15）を超えた時間が時間外労働時間とされています（S63.1.1基発1、H11.3.31基発168、H30.9.7基発0907第1）。したがって、1日単位で計算する必要はなく、日々の労働時間を清算期間で集計して、清算期間の総労働時間の上限を超えた部分について時間外労働手当を支払います。

　次に、清算期間が1か月を超える場合、次の2つを合計した時間が時間外労働時間となります（H30.9.7基発0907第1）。

> ⅰ）清算期間をその開始の日以後1か月ごとに区分した各期間（最後に1か月未満の期間を生じたときには、その期間）ごとに、1週間あたり50時間を超えた労働時間（50時間÷7日×その月の暦日数。労基法32条の3第2項）。
> ⅱ）清算期間における総労働時間のうち、清算期間の法定労働時間の総枠を超えて労働させた時間（上記ⅰ）で算定された時間を除きます）

　また、中途入社または中途退職などにより、労働させた期間が清算期間より短い場合には、その期間を平均して1週間平均40時間（40時間÷7日×その月の暦日数）を超えた時間の労働について、割増賃金を支払わなければなりません（労基法32条の3の2）。

④　フレックスタイム制の留意点

　フレックスタイム制を適用するにあたっては、次の2点について留意してください。

　第1に、この制度は、もともとは労働時間の配分を効率化して労働時間を短縮することを目的とした制度ですが、現実には、労働時間管理がルーズになり、むしろ長時間労働の原因となってしてしまう傾向があります。これを防止するためには、本人がその月の総労働時間を把握、管理できるように日々労働時間の記録を義務づけるとともに、必要に応じて適用する社員に対して教育・指導することが必要です（なお、前述の

労使協定例では、9条にこのしくみを規定しています)。

　第2に、フレックスタイム制においては、清算期間における実労働時間が総労働時間として定められた時間に比べて過不足が生じる場合が当然あります。

　この場合には、その過不足時間に応じて、超えた時間に対する残業代の支払い、または不足時間に対する賃金の控除をするのが原則です。ただし、不足の場合に、総労働時間として定められた時間分の賃金はその期間の賃金支払日に支払うが、それに達しない時間分を、次の清算期間中の総労働時間に上積みして労働させることは、法定労働時間の総枠の範囲内である限り、可能です（S63.1.1基発1。なお、清算期間が1か月を超える場合については、執筆時点で明らかになっていません）。

(3) 小　括

　ここまで、原則的な労働時間のほかに外回り営業社員に適用しやすい制度として、事業場外みなし制とフレックスタイム制を解説しました。どの制度が自社の営業社員にふさわしいかは、保険代理店ごとに検討する必要がありますが、ポイントとして、社員の業務の遂行における裁量の程度は重要です。たとえば、見込客を自力で探し出し、人間関係を構築したうえで商品提案を行い、契約締結からその後の保全まで担当するというように業務の大部分を本人に任せている場合には、事業場外みなし制や固定残業制＋フレックスタイム制のように本人の裁量度が高い制度がふさわしいでしょう。一方、見込み客は保険代理店がテレアポ、ウェブや広告、提携業者で用意して、それを個々の営業社員に振り分けて担当させている場合や、ルート営業が中心の場合には、代理店の指揮命令下にある要素が強いため、労働時間を把握することを前提に、通常の法定労働時間制度やフレックスタイム制を検討するのがよいでしょう。労働時間を把握する方法としては、前述のように営業日報などによる方法が受け入れられやすいようです。

なお、これらの制度は全社で統一するというよりも、社員のレベルに応じて、個別に柔軟な対応が必要となることも考えられます。たとえば、入社当初は原則的な法定労働時間（1日8時間、1週40時間制）を適用し、本人に任せられるようなレベルになってから事業場外みなし制を適用するなどのように、業務上の裁量の程度に合わせて、労働時間制度を適用することが考えられます。

(4) 事務担当者等の労働時間制度

　保険代理店に勤務する社員は、外回り営業社員だけとは限りません。ここでは、来店型保険ショップの店舗常駐者や保険代理店の事務担当者の労働時間制度について考えます。

　事務所や店舗に常駐する社員に適用される労働時間制度は、原則的な法定労働時間制度（1日8時間、1週40時間制）による場合が多いですが、もし業務に繁閑があり、それがある程度計画できるような場合には、次にみる1か月単位の変形労働時間制（労基法32条の2）の適用を検討することが考えられます。

① 変形労働時間制の種類は3つある

　「変形労働時間制」と名の付くものは、労基法にいくつか定められていますが、共通するのは一定の期間の「平均した」労働時間が週40時間以内であれば、1日8時間または1週40時間を超えて労働させることができるという点です。「平均して」というと少しわかりづらいですが、2週間なら80時間を、10週間なら400時間を総枠として、対象となる期間中で所定労働時間を割り振ると考えてもよいです。そして、その割り振りどおり就業させた場合には、1日8時間、1週40時間を超えても、割増賃金の支払いが発生しません。

　労基法では、変形労働時間制として、1週間単位、1か月単位、そして1年単位の3つを規定しています。このうち、1年単位の変形労働時

間制は、あらかじめ毎月の労働日数や労働時間などを定めた労使協定を締結しなければならないため、保険代理店でも適用できる場合は少ないでしょう。また、1週間単位の非定型的変形労働時間制は適用可能業種が限られており、保険代理店では適用できません。

そこで、以下では、適用する可能性のある1か月単位の変形労働時間制（以下「1か月変形制」といいます）にしぼって説明します。

② 1か月変形制とは

1か月変形制とは、1か月以内の一定の期間で、1週間の労働時間が「平均して」40時間以下となる範囲で、特定の日や週について1日8時間、1週40時間の法定労働時間を超えて働かせることができる制度をいいます。

「一定の期間」は、ほとんどの場合、賃金計算期間と揃えて1か月とします。この場合、月の暦日数により、総枠の労働時間は**図表5－16**のようになります（この範囲であれば1週間平均40時間以下となります）。

図表5－16　1か月変形の総枠時間

1か月の暦日数	総枠時間
31日の月	177.1時間
30日の月	171.4時間
29日の月	165.7時間
28日の月	160時間

1か月変形制は、この総枠時間を振り分けて勤務表を作成することになります。たとえば、**図表5－17**のようなものが考えられます。

図表5－17の例では、1日の通常所定労働時間を7時間45分とする一方、第2、第4土曜日を9時間、土曜勤務日の次の月曜日を休日としています。この月の総所定労働時間は173時間となっており、上記の総枠時間の範囲で収まっていますので、このとおり就業させれば、法定労働

時間を超えた時間（土曜日の1時間）についても割増賃金を支払う必要はありません。

図表5-17　1か月変形制の勤務表例

日	月	火	水	木	金	土
1	2	3	4	5	6	7
休	7：45	7：45	7：45	7：45	7：45	休
8	9	10	11	12	13	14
休	7：45	7：45	7：45	7：45	7：45	9：00
15	16	17	18	19	20	21
休	休	7：45	7：45	7：45	7：45	休
22	23	24	25	26	27	28
休	7：45	7：45	7：45	7：45	7：45	9：00
29	30	31				
休	休	7：45				

　1か月変形制を採用する場合には、勤務表は、「変形期間の開始前までに具体的に特定すること」（S63.3.14基発150）とされており、さらに「使用者が業務の都合によって任意に労働時間を変更するような制度はこれに該当しないものであること」（S63.1.1基発1、H9.3.25基発195、H11.3.31基発168）とされています。つまり、勤務表は変形期間の開始日の前日までに作成し、一度作成されたものは簡単に変更してはならないというわけです。この点が、外回り営業社員には適用しづらい理由です。

　1か月変形制を導入する場合には、就業規則の規定、または過半数代表者と締結した労使協定が必要となります。通常は、就業規則に根拠規定を規定します。規定例は次のとおりです。

◎規定例

（1か月単位の変形労働時間制）
第○条　事務社員の所定労働時間は、毎月1日を起算日^(注❶)とする1か月単位の変形労働時間制を適用し、1か月を平均して週40時間以内とする。
　2　各月の労働日は、前月末日までに勤務カレンダーを作成して、社員に通知する。
　3　各日の始業および終業時刻^(注❷)ならびに休憩時間は、次に掲げるものとする。

	始業時刻	終業時刻	休憩時間
①　第2、第4土曜日	午前9時	午後7時	午前12時から1時間
②　①以外の日	午前9時	午後5時45分	

③　1か月変形制の時間外手当

　1か月変形制で、割増賃金の支払いが必要な時間外労働となる時間は、次のとおりです（S63.1.1基発1、H6.3.31基発181。図表5-18）。

i ）1日については、8時間を超える時間を定めた日はその時間、それ以外の日は8時間を超えて労働した時間
ii ）1週間については、40時間を超える時間を定めた週はその時間、それ以外の週は40時間を超えて労働した時間（ i ）で時間外労働となる時間を除きます）
iii）対象期間における法定労働時間の総枠を超えて労働した時間（ i ）またはii）で時間外労働となる時間を除きます）

（注❶）　1か月変形では、対象となる期間の起算日を規定する必要がある。
（注❷）　シフト表や会社カレンダーなどで、対象期間すべての労働日ごとの始業・終業時刻をあらかじめ具体的に定める必要がある。

図表5-18 1か月変形の割増賃金

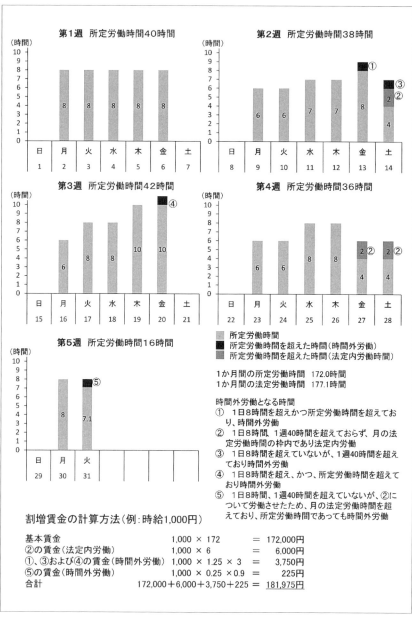

(厚労省リーフレットより)

このように、1か月単位の変形労働時間制では、1日、1週そして変形期間（通常は1か月）で時間外手当の計算を行わなければなりません。たまに、フレックスタイム制のように、1か月の総枠時間を超えた分についてだけ割増賃金を支払っている例もみられますが、この方法では1日または1週間で支払わなければならない割増賃金の支払い漏れがある可能性があります。

④ 小　括

　事務担当者などの事務所や店舗に常駐する社員については、労働時間の把握が可能です。また、フレックスタイム制を適用し、始業・終業時刻を社員の決定に委ねるのも難しいため、原則的な法定労働時間制を適用していることが多いです。

　しかし、たとえば本来休日である日にイベントやセミナーを開催する場合や、特定の日や週に法定労働時間を超えて労働させる必要がある場合などに、1か月変形制を活用することで、労働時間を効率的に配分することができます。

(5) 「管理監督者」を活用できる範囲は狭い

　本章の最後として、「管理監督者」について解説します。

　労基法では、「監督若しくは管理の地位にある者又は機密の事務を取り扱う者」（以下「管理監督者」といいます）については、労基法で定める労働時間、休憩および休日に関する規定を適用しないことを定めています。（労基法41条2号）。そのため、時間外労働や法定休日に対する割増賃金の支払いが不要となります（深夜の割増賃金は必要です）。

　この管理監督者について、厚生労働省は、従来から、「労働条件の決定その他労務管理について経営者と一体的な立場にある者」であって、会社内の役職ではなく実態に則して判断すべきものとしていました（S22.9.13発基17、S63.3.14基発150）。つまり、その対象者をどちらか

といえば狭く解釈していたのですが、かつては大企業でも「課長以上の役職に就いたら残業代は出ない」というような実態がみられるなど、その範囲を法令の趣旨よりも拡大して適用するようなルーズな運用もなされました。

しかし、ファーストフード店の店長が「管理監督者」であることを否定した日本マクドナルド事件（東京地判 H20.1.28）が大きく報道されたことによって、状況は一変しました。その後、監督官による指導も厳しく行われるようになったため、管理監督者のリスクが広く認識されることになり、その範囲を見直した企業も少なくありませんでした。

では、保険代理店ではどう考えればよいのでしょうか。マクドナルド事件では、店長の管理監督者性が否定されたわけですが、他の裁判例と同様、これは1つの下級審における個別の判断にすぎません。複数店舗を展開しているような場合には、上記の通達にかんがみて、「経営者と一体的な立場にある者」と認められれば、店長を管理監督者として取り扱うことも可能です。

しかし、1つの店舗または事業所しかないような小規模な保険代理店においては、労務管理の権限はほとんど社長に集中しており、管理監督者といえるような社員はほとんどいないのが現実だと思われます。また、営業社員に部下やしかるべき権限が与えられていないのに役職（営業部長など）を与えている例も見受けられますが、このような社員が管理監督者には該当しないことは、上記の厚労省の考えに照らせば明らかです。労基法に限りませんが、実態をふまえて判断されることに留意してください。

第6章 労務の知識

働きやすい職場のために
～休暇制度等～

第1節　年次有給休暇

第2節　その他の法定休暇と女性が働きやすい職場づくり

保険代理店でも人材不足、人手不足は喫緊の課題です。そのため、代理店に利益を残せるような賃金制度などの労働条件をシビアに検討しなければならない一方で、社員の定着のための施策も行っていく必要があります。

　そこで、本章では、働きやすい職場づくりを進めるための休暇制度や家庭との両立支援制度、さらにはセクシュアルハラスメントの防止措置についてみていきます。

第1節 年次有給休暇

　フルコミッションによる委託型募集人の場合には、多くの契約または大きい契約をとれれば、働いている日数は少なくても、多額の報酬を得ることができました。

　しかし、労働契約に切り替わったことにより、働いていない（もちろん契約もとれていない）日についても、賃金を支払わなければならない「年次有給休暇」（以下「年休」といいます）の権利が、正社員はもちろん、パート・アルバイトなどの非正規雇用についても生じることになりました。

　実際のところ、年休は保険代理店の経営者から人気がある制度ではないようです。年休の話になると否定的な反応をされるのは、決して珍しいことではありません。特に委託型募集人の切替えの時期は、ただでさえ固定給を導入することによる経営への危機感があったので、なおさらだったのでしょう。

　しかし、人材確保の面からいえば、年休がしっかり取得できることは、求人でアピールできる材料となります。特に、保険代理店で求められる優秀な事務社員を確保するうえで、年休が取得しやすい職場かどうかは重要です。地域にもよりますが、失業率が2％台のいま、地元で高い能力があるのに就労できていない人が多い層は、育児中の女性です。大企業で良質な研修を受け高いスキルを身につけているにもかかわらず、時間をかけて通勤することはむずかしいとか、子どもの病気による急な欠勤が生じてしまう可能性があるため、なかなか就職できずにいるのです。

　このような層に対して、年休の取得率が高いことや、半日単位や時間

単位などの柔軟な年休取得が可能であることは非常に魅力的に映るに違いありません。まして中小企業ではパートタイマーの年休の取得が進んでいない実態がみられますので、他社との差別化が図れるなど十分アピールポイントになります。

今はインターネットで調べれば、年休は誰でもとれるということ自体すぐにわかる時代です。見て見ぬふりをするのではなく、むしろ積極的に活用するようにしたいものです。

(1) 年休の付与日数

フルタイムで働く社員の場合、会社はⅰ）雇入れの日から6か月間継続して勤務し、ⅱ）その全労働日の8割以上出勤した労働者に対して、10日の年休を付与し、その後1年ごとに、勤続年数に応じて決められた日数（少しずつ増加し、最大20日）を付与なければならないとされています（労基法39条1項、2項）。そのポイントは以下のとおりです。

① 出勤率の算定方法

前述のように、年休は、出勤率が8割以上の社員に付与する義務があります。この出勤率とは、所定労働日の日数に対する実際の出勤日数の割合です。したがって、長期間欠勤した場合でもない限り、この要件にひっかかるということはあまりありません。

また、出勤率の算定にあたっては、実際に出勤した日に加えて次の日を「出勤したものとみなす」ものとされています（改正後の労基法39条10項、S22.9.13基発17、H6.3.31基発181）。

年休の出勤率の算定上出勤したものとみなされる期間

　ⅰ）業務上の傷病により休業した期間
　ⅱ）産前産後休業の期間
　ⅲ）育児・介護休業期間
　ⅳ）年休を取得した期間

　逆にいえば、これら以外の休暇は「出勤したものとみなす」必要はありません（生理日の休暇について、S23.7.31基収2675、H22.5.18基発0518第1）。どちらの場合でも誤解のないように就業規則に定めておくとよいでしょう。

② 年休の付与日数

　付与日数は勤続年数ならびに所定労働日数および所定労働時間によって変わります。フルタイム勤務の社員の付与日数は**図表6-1**のとおりです（労基法39条2項）。

図表6-1　年休の付与日数

勤務年数	6か月 (0.5年)	1.5年	2.5年	3.5年	4.5年	5.5年	6.5年以上
付与日数	10日	11日	12日	14日	16日	18日	20日

　また、週の所定労働日数が4日以下で、かつ週所定労働時間が30時間未満のパートタイマーやアルバイトについても、出勤率の要件を満たした場合には、所定労働日数に応じた日数の年休を付与しなければなりません（労基法39条3項）。これを、年休の比例付与といいます（**図表6-2**）。
　なお、所定労働日数が週により決まっている場合は「週所定労働日数」、それ以外の場合には「1年間の所定労働日数」で判断します（労基法39条3項、労基則24条の3）。

図表6-2　比例付与による年休の日数

週所定労働日数	1年間の所定労働日数	勤務年数						
		0.5年	1.5年	2.5年	3.5年	4.5年	5.5年	6.5年以上
4日	169日～216日	7日	8日	9日	10日	12日	13日	15日
3日	121日～168日	5日	6日	6日	8日	9日	10日	11日
2日	73日～120日	3日	4日	4日	5日	6日	6日	7日
1日	48日～ 72日	1日	2日	2日	2日	3日	3日	3日

　ところで、改正労基法により、平成31年4月1日から、会社は、10日以上の年休が付与される労働者について、付与日数のうち5日は、付与日から原則1年以内に時季を指定して与えなければならないとされました（改正後の労基法39条7項）。この取得時期の指定をするにあたっては、あらかじめそのことを労働者に明らかにしたうえで、取得時季について社員の意見を聴かなければならないとされています（労基則24条の6第1項）。そして、聴取した意見を、会社は尊重するよう努めなければなりません（努力義務。同条2項）。

　また、次の事項を社員ごとに明らかにした「年休管理簿」を作成し、年休の取得期間中、および取得期間満了後3年間保存することが義務づけられました（労基則24条の7）。

ⅰ）年休の取得時季
ⅱ）年休の取得日数
ⅲ）年休の付与日

(2) 年休取得日の賃金

　年休取得日には、1日につき、次のいずれかを支払わなければなりま

せん（労基法39条 7 項）。

> ⅰ）平均賃金
> ⅱ）所定労働時間労働した場合に支払われる通常の賃金（以下「通常の賃金」といいます）
> ⅲ）健康保険法に定める標準報酬日額に相当する金額（過半数代表者等と労使協定を締結した場合）

　これらのうち、どの方法で賃金を支払うかは、その都度、会社に恣意的選択を認めるものではなく、就業規則によってあらかじめ定めるところによって支払わなければなりません（S27.9.20基発675、H11.3.31基発168）。
　では、実際に保険代理店ではどの方法が適当かを、以下で検討します（なお、ⅲ）については、実務ではほとんど利用例がみられませんので省略します）。

① 平均賃金による場合

　ここでいう「平均賃金」は、賃金の世間相場という意味ではなく、労基法12条で定められた計算方法によらなければなりません。
　平均賃金は、原則として直前の賃金締切日から起算した 3 か月間に、その社員に支払われた賃金の総額を、その期間の総日数（暦日数）で除した金額となります（労基法12条 1 項）。「賃金の総額」ですので、残業代や通勤手当も含めて算定することになります。
　また、賃金の中に、歩合給や時給制などがある場合には、平均賃金が低額になるのを防ぐため、別の計算による最低保障額が定められています。その場合には次表のア）とイ）の金額とを比較して、高いほうを平均賃金とします（図表 6 － 3 ）。

図表6-3　平均賃金の原則的な計算方法

ア）原則の額	直前の賃金締切日から起算して、3か月間の賃金総額（賞与は含まない）をその期間の総日数で除した金額
イ）日給・時給・歩合給の場合の最低保障額	直前の賃金締切日から起算して、3か月間の賃金総額をその期間の労働日数で除した金額の60％

　保険代理店では、固定給部分と歩合給部分が併給される場合があります。この場合の最低保障額は、月給制の部分はア）の方法で計算し、歩合給部分はイ）の方法で計算したものを合算した額が「最低保障額」となります。

② 通常の賃金による場合

　次に、ⅱ）の「通常の賃金」による場合には、図表6-4の方法で計算した額を支払います。ただし、月給制の場合は、通常の出勤をしたものとして取り扱えばよく、その都度この計算をする必要はありません（労基則25条。S27.9.20基発675、H22.5.18基発0518第1）。要するに、図表6-4の計算をいちいちしなくても、月給額をそのまま支払えば「通常の賃金」を支払ったことになるわけです。一方、歩合給がある場合には、取得の都度、歩合給部分について図表6-4の計算をして支払う必要があります。

　なお、賃金が図表6-4中の2以上の賃金形態で構成されているのであれば、それぞれの賃金で算定した金額の合計額が「通常の賃金」となります。たとえば、月給制部分と歩合給制部分の両方がある場合には、月給部分はそのままの額を支払えばよいのですが、歩合給部分については都度「通常の賃金」を計算して支払う必要があります。これは、実際には面倒な作業で、支給していないケースも散見されますので注意してください。

図表6-4　通常の賃金の計算方法

時給制	時給額にその日の所定労働時間数を乗じた金額
日給制	その日給額
週給制	週休額をその週の所定労働日数で除した金額
月給制	月給額を所定労働日数で除した金額
歩合給制	$\dfrac{賃金算定期間の歩合給の総額}{総労働時間数} \times 当該賃金算定期間の1日平均所定労働時間数$ （注）当該期間に歩合給制によって計算された賃金がない場合には、当該期間前に歩合給制によって計算された賃金が支払われた最後の賃金算定期間とされる。

③　まとめ

　以上をふまえて考えると、平均賃金による場合には、時間外手当も含めて計算されること、有給休暇取得の都度最低保障額の計算もしなければならない分事務が煩雑となることなどがデメリットとなりますので、「通常の賃金」とするほうが処理は簡単になります。

(3)　年休を与えるのが難しい場合～現実的な対応はあるか～

①　法令上、年休の取得拒否は難しい

　年休は、労働者が取得したい日を指定すれば、原則として、理由を問わず与えなければなりません。しかし、現実には、その日に休まれると困るということもあるでしょう。

　労基法では、年休を与えることが「事業の正常な運営を妨げることになる場合」には、別の日に取得させることができると定められています（これを「時季変更権」といいます。労基法39条5項）。しかし、時季変更権を行使することができるのは限られた場合であり、単に「多忙だから」という理由だけでは認められません。この点については、事務所の

運営にとって不可欠であり、かつ、代替要員を確保するのが困難であることが必要であると考えられています（菅野和夫「労働法〔第11版補正版〕」弘文堂）。

このように、時季変更権は限られた場面でしか行使できないため、実務的には、時季変更権の行使を主張する前に、会社から年休の取得日を他の日にしてもらえないかと会社の要望として打診して、当初社員が申し出ていた年休の取得日を合意によって変更することが現実的な対応といえます。このようなアプローチは、社員がどう応じるかが本人の意志に委ねられているため、時季変更権の行使という強制力のあるものとは区別されます。代理店のイベントや相談会など休まれると困る日に年休の申出があった場合には、まずはこのような取得日変更の「申込み」をして対応するようにしてください。

また、年休の取得と業務を調整するために、次にみる計画年休を活用することも、もう1つの現実的な対応となります。

② 計画年休の活用を

計画年休とは、一定の要件を満たせば、年休の取得日を会社が指定することができる制度です。すなわち、年休のうち、5日を超える日数（15日持っている場合は、最大10日まで）について、過半数代表者と締結した労使協定で年休の取得時季に関する定めをした場合には、その協定で定めた日を年休の取得日とすることができます（労基法39条6項）。労使協定で定められた日は、後日使用者からも労働者からも撤回することができません。したがって、繁忙期を避けて取得させたり、社員同士で取得日が重複しないよう調整したりしながら、確実に年休の取得を促進することができます。また退職する際に問題となる年休消化も短期化し、十分な引継ぎがしやすくなります。計画年休は、たとえば、夏季・冬季休暇や誕生日、記念日などに取得してもらうアニバーサリー休暇として計画的に取得させることが考えられます。ただし、計画年休で定めた取得日数に対して年休が不足する場合には、不足する分の特別の有給

休暇を付与する等の対応が必要です（S63.1.1基発1）。

　なお、前述のように平成31年4月1日から年休を10日以上付与される者については、年間5日の取得することが会社に義務づけられました。そして、計画的付与により年休を取得させた場合には、その日数分を5日から減じることができるとされているため、計画年休は法改正対応の有力な方法の1つとなります。

(4) 半日や時間単位の付与は必要なのか

　年休の取得単位は1労働日を単位として取得することが原則ですが、厚労省は、「労働者がその取得を希望して時季を指定し、これに使用者が同意した場合」に、半日単位での取得を容認しています（いわゆる「半休」。H21.5.29基発0529001）。つまり、年休の半日単位の取得は、会社の任意で設けることも、設けないこともできます。

　一方で、1時間とか2時間というように年休を時間単位で取得することについては、一定の要件の下で、年に5日を限度に認められています。

　時間単位年休を導入する場合には、就業規則の定めはもちろんですが、次の事項を定めた労使協定を締結する必要があります。

> ⅰ）時間単位年休の対象労働者の範囲
> ⅱ）時間単位年休の日数（5日以内）
> ⅲ）時間単位年休1日の時間数(注❶)
> ⅳ）1時間以外の時間を単位とする場合はその時間数(注❷)

(注❶)　1日の所定労働時間数を下回らないものとされているため、たとえば、1日の所定時間が7.1時間の場合は、8時間というように1時間単位に切り上げる（改正労基法質疑応答A28）。
(注❷)　時間単位年休の取得は、整数の時間数に限られるため、1時間に満たない単位での取得はできない（前同A32）。

第1節　年次有給休暇

なお、時間単位の年休制度の導入率は16.8％（H28就労条件総合調査）と低調ですが、最近の働き方改革の影響で、導入する企業が増加する傾向にはあります。
　このように、現在は、年休の取得単位も多様化していますが、どちらも会社として用意することが義務づけられているわけではありません。特に事業場外みなし労働時間制の適用を受けている訪問型の営業社員については、このような取得方法にほとんどメリットはないでしょう。一方、事務職員や来店型の保険ショップの社員については、検討の余地がありますが、管理が煩雑になること等の問題があるため、導入を検討する場合には、その点を考慮する必要があります。

(5) 年休の時効（取得可能期間）

　年休は付与した日から２年で時効により消滅します（労基法115条）。つまり、与えた日から次の付与日まで（１年間）で使い切れなかった年休は、その時点で失効するわけではなく、さらに１年間使わなかった場合に時効消滅します。
　なお、失効した年休は買い上げなければならないのかという質問を受けることがありますが、会社にそのような義務はありません（労基局「平成22年版労働基準法」労務行政）。

☞規定例

> （年次有給休暇）
> 第○条　会社は、社員が雇い入れられた日から継続する勤続期間が６か月に達し、その間の出勤率が８割以上である社員に、10日の年次有給休暇を付与する。
> 　２　会社は、前項の６か月に達した日以後１年を経過した日ごとに、その直前１年間の出勤率が８割以上である社員に対して、次表の勤続年数に応じた年次有給休暇を付与する。

勤続年数	1年6月	2年6月	3年6月	4年6月	5年6月	6年6月以降
年次有給休暇日数	11日	12日	14日	16日	18日	20日

3　前2項の出勤率の算定にあたっては、年次有給休暇の取得日、ならびに産前産後休業、育児休業、介護休業、および業務上の傷病による休業の期間は出勤したものとして取り扱う。

4　社員は、年次有給休暇を取得しようとする場合には、原則として取得予定日の3日前までに、所定の様式により上長に届けなければならない。

5　会社は、社員が申し出た取得予定日に年次有給休暇を取得することが事業の正常な運営を妨げる場合には、当該取得予定日を変更することができる。

6　社員が急病等やむを得ない理由により当日に年次有給休暇を取得する場合には、始業時刻までに電話、メール等により連絡し、上長の許可を得なければならない(注)。ただし、度重なる場合その他会社が適当でないと認めた場合には、当日の年次有給休暇の取得を認めない。

7　会社は、過半数代表者等と労使協定を締結した場合には、各社員の有する年次有給休暇のうち5日を超える日数について、あらかじめ時季を指定して与えることができる。この場合には、社員は指定された時季に年次有給休暇を取得しなければならない。

8　社員は、年次有給休暇を付与日より2年間取得することができる。

(注)　当日に年休申請を認める必要はないが、もし制度として確立している場合には、就業規則に規定することが必要である（S23.12.25基発4281、S63.3.14基発150）。

第2節 その他の法定休暇と女性が働きやすい職場づくり

　法令では、年休のほかにもさまざまな休暇が定められていますが（図表6-5）、これらは有給とする必要はありません。なお、休暇は就業規則の絶対的必要記載事項ですので、規定はしておく必要があります。

図表6-5　法定休暇の一覧

名　称	概　要	備　考
生理日の休暇 （労基法68条）	生理日の就業が著しく困難な女性が請求できる休暇。	
妊産婦の通院休暇 （均等法12条）	妊娠中および出産後の保健指導または健康診査を受診するために必要な時間を確保するための休暇。	
産前産後休業 （同65条）	産前休業は出産予定日から6週間（多胎妊娠の場合は14週間）以内の女性が請求した場合、産後休業は出産日の翌日から原則として8週間取得する休業。	健康保険の被保険者については、出産手当が支給される。また、申請により、健康保険料・厚生年金保険料が免除される。
育児休業 （育介法2条1号）	子が1歳または1歳2か月に達するまでの間（保育所に入れない等特別の事情がある場合には、子が1歳6か月、または2歳に達するまで）、申出により取得できる休業。	雇用保険の被保険者については、育児休業給付金が支給される。また、申請により、健康保険料・厚生年金保険料が免除される。
育児時間 （同67条）	生後満1年に達しない生児を育てる女性が1日2回それぞれ少なくとも30分請求できる	

	就業免除の時間。	
子の看護休暇 (育介法16条の２)	小学校入学前の子を養育する労働者が、負傷しもしくは疾病にかかった子の世話をするため、またはその子に予防接種・健康診断を受けさせるために、申出により、１年に５日（子が２名以上の場合は10日）取得できる休暇。	
介護休業 (育介法２条２号)	要介護状態の対象家族を介護する者が、申出により、93日間までの範囲内で取得できる休業。３回まで分割して取得できる。	雇用保険の被保険者については、介護休業給付金が支給される。
介護休暇 (育介法16条の５)	要介護状態の対象家族の介護その他の世話をする労働者が、申出により、１年に５日（対象家族が２名以上の場合は10日）取得できる休暇。	
公民権行使の時間 (労基法７条)	選挙その他公民としての権利を行使し、または裁判員等の公の職務を執行するために必要な時間を、請求により取得できる就学免除の時間。	

　近年、政府は、女性の活躍の推進を政策目標として掲げており、それを制度面から後押しするために、仕事と子育ての両立支援制度に関する法令の整備が行われています。

　保険代理店においても、今後さらに人手不足が進んでいくことをふまえると、優秀な女性社員の確保は重要な課題の１つです。社会に出て働く女性が増加し、男性に引けをとらない経済力を持つことも珍しくなくなった昨今では、女性の顧客も増加しており、女性の営業社員の活躍の場も広がっています。また、女性が就くことが多い事務職が、代理店の縁の下の力持ちであることもあります。

そのため、女性が妊娠から出産、育児を理由に退職となってしまうことのないよう、法令で定められた休業・休暇などを活用するべきでしょう。

(1) 母性保護に関する制度

妊娠中は、普段より一層健康に気をつけなければなりませんので、均等法12条では、健康診査等を受けるために必要な時間を確保することを会社に義務づけています。これが、「妊産婦の通院休暇」です。健康診査の回数は次のように定められています（図表6－6）。医師または助産師がこれと異なる指示をした場合には、その指示に従って健康診査等を受けられるようにしなければなりません。

図表6－6　健康診査の回数

妊娠23週まで	4週間に1回
妊娠24週から35週まで	2週間に1回
妊娠36週から出産まで	1週間に1回

また、会社は、雇用する女性社員が保健指導または健康診査に基づく医師等の指導事項を守ることができるようにするため、通勤の緩和、休憩時間の延長、つわり（悪阻）やむくみなどの症状に対応した就業時間の短縮や作業の制限、休業などの措置を講じなければならないとされています（均等法13条）。なお、妊娠中の症状は、個人差が大きい（つわりもまったくない人もいれば、入院する人もいます）ため画一的に対応するのではなく、女性社員ごとに症状に応じた対応が求められます。

さらに、労基法でも、妊婦が次のような請求をした場合には、これに応じなければならないとされています。

> ⅰ）時間外労働、休日労働、深夜業の免除、変形労働時間制の適用制限の請求（労基法66条）
> ⅱ）他の軽易な業務への転換請求（労基法65条3項）
> ⅲ）重量物を取り扱う業務などの危険有害業務の就業制限の請求（労基法64条の3）

　ⅰ）およびⅲ）については、産後1年を経過しない女性も請求することができます。

(2) 産前産後休業

　一般的には「産休」とよばれますが、労基法では、産前休業と産後休業に分けて規定されています。
　まず、妊娠中の女性社員は、出産予定日の6週間前（双子以上の場合は14週間前）から、請求により、産前休業を取得することができます（労基法65条1項）。出産当日は産前休業に含まれます。
　そして、出産日の翌日から8週間は、産後休業として、請求の有無にかかわらず就業させることができない期間になります。ただし、産後6週間を経過後に、本人が請求し、医師が支障がないと認めた業務には就業できます（労基法65条2項）。
　なお、産前産後の休業を請求し、または取得したことを理由として解雇その他不利益な取扱いをすることは禁止されています（均等法9条3項）。

(3) 育児期の両立支援策

① 育児休業制度とは
　1歳に満たない子を養育する社員は、男女を問わず、希望する期間、

子どもを養育するために育児休業を取得することができます（育介法5条）。育児休業は、原則子が1歳到達日（1歳の誕生日の前日）までの範囲で取得するものですが、2つの特例が定められています。

第1に、父母ともに育児休業を取得する場合の特例です。子の1歳の誕生日までに、父母がともに育児休業を取得する場合には、後にとるほうの育児休業は、子が1歳2か月に達する日までの間取得することが可能となります。これを厚労省は「パパ・ママ育休プラス」と呼んでいます（育介法9条の2）。ただし、この場合、父母1人ずつが取得できる期間の上限は、1年2か月ではなく、父親は1年間、母親は出産日・産後休業期間を含めて1年間です。

第2に、保育所等に入れないなど1歳到達日後も引き続き休業が必要と認められる場合は、子が1歳6か月に達するまで育児休業を延長することができます（育介法5条3項）。さらに、平成29年10月1日から、子が保育所等に入れないなど1歳6か月到達日後も引き続き休業が必要と認められる場合には、最長で子が2歳到達日まで、育児休業を延長することができるようになりました（育介法5条4項）。

なお、育児休業は、正社員だけではなく、有期契約社員であっても、休業取得を申し出た時点において、次のⅰ）、ⅱ）のいずれにも該当する場合には、取得することができます。

ⅰ）申出時点で過去1年以上継続して雇用されていること
ⅱ）子が1歳6か月になるまでの間に雇用契約が更新されないことが明らかでないこと（2歳まで取得する場合は2歳まで）
---

② 育児期間中の両立支援制度

育児休業のほかにも、現在は、法令により、さまざまな両立支援制度を整備することが、会社に義務づけられています。

まず、3歳未満の子を養育する社員については、その請求により、ⅰ）短時間勤務制度（1日の所定労働時間を原則として6時間とする制

度など)、ⅱ）所定労働時間を超える労働をさせない制度（所定外労働の制限）を整備しなければなりません（育介法23条、16条の８）。

　次に、小学校入学前の子を養育する社員は、ⅲ）子の看護休暇を取得することができます。また、会社は、請求によりⅳ）時間外労働を１か月24時間、年間150時間以内とする制度（時間外労働の制限）や、ⅴ）深夜業をさせない制度（深夜業の制限）を整備しなければなりません（同法16条の２、16条の３、17条、19条）。

　このうち、ⅲ）の「子の看護休暇」とは、子が１人なら５日まで（子

図表６－７　仕事と育児の両立支援制度の全体像

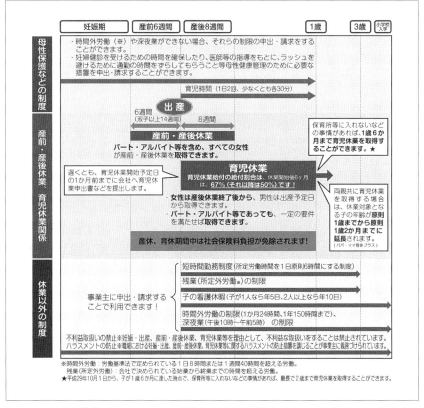

（厚労省パンフレット「働きながらお母さんになるあなたへ」より）

が2人以上なら10日まで）、1日単位または半日単位（半日は、原則として所定労働時間の2分の1。労使協定によりこれと異なる時間数を半日と定めた場合には、その半日）で、病気やけがをした子の看護、予防接種および健康診断のために休暇を取得することができます（育介法16条の2、同16条の3）。

　ⅳ）の時間外労働の制限とは、請求により1か月24時間、1年150時間を超える時間外労働を禁止するものです。同様に、ⅴ）の深夜業とは、請求があれば、深夜（午後10時から午前5時まで）において就業することを禁止する制度です（育介法17条、19条）。

　以上の内容がまとめられた、厚生労働省の資料を示します（**図表6－7**）。

③　妊娠・出産・育児期の経済的支援

　産前産後休業から育児休業までは、取得した社員は就業することができませんので、ノーワーク・ノーペイの原則により、会社は、その社員に対して賃金を支払う必要はありません。

　そこで、休業中の生活の安定のために、雇用保険や健康保険には、**図表6－8**のとおり、一定の給付が用意されています。

　さらに、それぞれの休業期間中の健康保険・厚生年金保険の保険料も、会社から年金事務所に申出をすることによって、本人負担分、会社負担分ともに免除されます（雇用保険料は、それぞれの休業が無給であれば発生しません）。しかも、保険料の免除を受けた期間も、健康保険の給付は通常どおり受けられますし、年金についても、将来被保険者の年金額を計算する際は、保険料を納めた期間として扱われます。

　以上のように、会社の負担の軽減も図られており、利用しやすい制度になっていますので、積極的な活用が求められます。

図表6-8　産前産後休業・育児休業期間中の経済支援制度

名　称	内　容	請求先
出産育児一時金	健康保険の被保険者（本人）または被扶養者が、出産したとき、1児につき原則42万円が支給されます。現在は健康保険から医療機関等に直接支払われることが多いです。	協会けんぽ
出産手当金	産前・産後休業の期間中、健康保険から1日につき、おおよそ賃金の3分の2相当額が支給されます。	協会けんぽ
育児休業給付金	雇用保険の加入が休業開始前2年間に12か月あるなど一定の要件を満たす被保険者が育児休業を取得した期間中、原則として休業開始時の賃金月額の67%（育児休業の開始から6か月経過後は50%）が支給されます。	管轄ハローワーク

(4) 女性が活躍できる職場づくり～セクハラ防止措置～

　職場でのハラスメント（harassment：「いやがらせ」の意）は、社員同士の協力が求められる職場においては、良好な人間関係を阻害し、働く人が能力を十分発揮することの妨げにもなるものです。また、会社にとっても、職場秩序の乱れや生産性の低下、業務への支障につながるおそれがあります。そして、これを放置すると、民事上の責任を問われるだけでなく、会社のイメージダウンにもつながりかねない大問題に発展することもあります。

　特に保険代理店は、男性社員が多数である場合が多いなどセクシュアルハラスメント（セクハラ）が発生しやすい前提のいくつかが揃っています。少人数の職場が多いため、セクハラが発生した場合には、配置転換をすることもできず、被害者が退職せざるをえない場合も少なくありません。したがって、円滑な業務運営のためにも、以下のようなセクハラのない職場づくりを推進することが大切です。

① セクハラ防止措置

日本で最初のセクハラ訴訟として報道された裁判（福岡地判 H4.4.16「株式会社丙企画事件」）が起こってから、すでに四半世紀が経過しましたが、依然としてセクハラは、職場の大きな問題として存在し続けています。独立行政法人労働政策研究・研修機構（JILPT）の調査によれば、セクハラを経験した労働者の割合は約3割（28.7%）に上るなど、その被害者数は少なくありません（JILPT「妊娠等を理由とする不利益取扱い及びセクシュアルハラスメントに関す実態調査（平成28年）」）。

職場におけるセクハラは、**図表6-9**の左側の列にあるように、対価型セクシュアルハラスメントと環境型セクシュアルハラスメントの2つに分類することができます。

図表6-9　職場のセクハラの類型と具体例

類　型	具体例
対価型セクシュアルハラスメント 職場において行われる性的な言動に対する労働者の対応により当該労働者がその労働条件につき不利益を受けるもの	・事務所内において事業主が労働者に対して性的な関係を要求したが、拒否されたため、その労働者を解雇した ・事務所内において事業主が日頃から労働者に係る性的な事柄について公然と発言していたが、抗議されたため、その労働者を降格した
環境型セクシュアルハラスメント 性的な言動により労働者の就業環境が害されるもの	・事務所内において上司が労働者の腰、胸などに度々触ったため、その労働者が苦痛に感じてその就業意欲が低下した ・労働者が抗議をしているにもかかわらず、同僚が業務に使用するパソコンでアダルトサイトを閲覧しているため、それを見た労働者が苦痛に感じて業務に専念できなかった

（具体例は厚労省パンフレット「職場におけるセクシュアルハラスメント対策や妊娠・出産・育児休業・介護休業等に関するハラスメント対策は事業主の義務です！！」より）

このうち、**対価型セクシュアルハラスメント**は侵害される被害者の利益が深刻であることが多いため、万一このような事案が発生した場合には、厳しい姿勢で臨む必要があります。

　一方、**環境型セクシュアルハラスメント**の場合は、ケースによって判断が難しかったりする場合もあります。たとえば、女性に対して「いつまで独り身でいるんだ」といった発言は、人によっては抵抗がない場合もありますが、「女性は結婚するもの」という性別に関する特定の価値観に基づくもので、不快に感じる女性も少なくありません。

　このように、行為者が気づきにくいセクハラもあるため、会社としては、教育研修などのセクハラを防止するための措置を講じることが大切です。この点について、厚労省の指針（H18厚労告615「事業主が職場における性的な言動に起因する問題に関して雇用管理上講ずべき措置についての指針」。以下「セクハラ指針」といいます）では、次の10の措置（a～j）が定められています。

---

(1) 事業主の方針の明確化およびその周知・啓発
　a）職場におけるセクハラの内容・セクハラがあってはならない旨の方針を明確化し、管理・監督者を含む労働者に周知・啓発すること
　b）セクハラの行為者については、厳正に対処する旨の方針・対処の内容を就業規則等の文書に規定し、管理・監督者を含む労働者に周知・啓発すること
(2) 相談（苦情を含む）に応じ、適切に対応するために必要な体制の整備
　c）相談窓口をあらかじめ定めること
　d）相談窓口担当者が、内容や状況に応じ適切に対応できるようにすること。また、広く相談に対応すること
(3) 職場におけるセクハラに係る事後の迅速かつ適切な対応
　e）事実関係を迅速かつ正確に確認すること
　f）事実確認ができた場合には、速やかに被害者に対する配慮の措置を適正に行うこと
　g）事実確認ができた場合には、行為者に対する措置を適正に行うこと
　h）再発防止に向けた措置を講ずること（事実が確認できなかった場合も同様）

> (4) (1)から(3)までの措置と併せて講ずべき措置
>   ｉ）相談者・行為者等のプライバシーを保護するために必要な措置を講じ、周知すること
>   ｊ）相談したこと、事実関係の確認に協力したこと等を理由として不利益な取扱いを行ってはならない旨を定め、労働者に周知・啓発すること

なお、加害者とされる側からは、しばしば相手も拒否していなかったと弁明されることがありますが、最高裁判決で、「職場におけるセクハラ行為については、被害者が内心でこれに著しい不快感や嫌悪感等を抱きながらも、職場の人間関係の悪化等を懸念して、加害者に対する抗議や抵抗ないし会社に対する被害の申告を差し控えたり躊躇したりすることが少なくないと考えられる」といった事情をふまえて判断されたもの（最一小判 H27.2.26「海遊館事件」）があるように、そのような弁明が認められるとは限りません。

近年、社会的にもセクハラに対して厳しい目が向けられています。保険代理店としても、優秀な人材がセクハラで離職することのないよう、日ごろから適切な教育を実施すること、セクハラ被害者から相談があった場合に速やかに対応することが大切です。

② 妊娠・出産・育児休業等に関するハラスメントの防止

平成29年1月1日に施行された改正育介法、および改正均等法により、妊娠・出産・育児休業等に関するハラスメント（たとえば、妊婦に対するいやがらせ（マタハラ）や育児参加を希望する男性へのいやがらせ（パタハラ）。以下「マタハラ等」といいます）について、防止措置を講じることが義務づけられました（育介法25条、均等法11条の2）。

マタハラ等は、図表6－10の2つのタイプに分類されます（H21厚労告509、以下「マタハラ指針」といいます）。なお、業務分担や安全配慮等の観点から、客観的にみて、業務上の必要性に基づく言動によるもの

はマタハラ等には該当しません。

図表6−10　マタハラ等の類型と具体例

類　型	具体例
制度等への利用いやがらせ型：産前産後休業、育児休業、介護休業等の制度等の利用に関する言動により就業環境が害されるもの	・産前休業の取得を上司に相談したところ、「休みをとるなら辞めてもらう」と言われた。
状態への嫌がらせ型：女性社員が妊娠・出産したこと等に関する言動により就業環境が害されるもの	・上司に妊娠を報告したところ「他の人を雇うので早めに辞めてもらうしかない」と言われた。

（具体例は、前掲厚労省パンフレットによる）

　マタハラ等についても、セクハラと同様の措置（マタハラ等については、上記のセクハラ防止と同様の措置に加えて「ハラスメントの原因や背景となる要因を解消するための措置」を講じるものとされています）を講じることがマタハラ指針で義務づけられています。

　ところで、セクハラの場合には、現実にはその行為者は男性であることがほとんどですが、マタハラの場合は女性が行為者となることも少なくありません（JILPT「妊娠等を理由とする不利益取扱い及びセクシュアルハラスメントに関する実態調査結果」）。したがって、周知・啓発（研修等）を行うにあたっては、この点をふまえて、女性に対しても、その意義について理解を深められるようにすることが必要です。

　休業者の業務を担当することになった同僚が「とばっちりを受けた」と思うようでは、マタハラ等の防止はうまくいきません。普段から「お互いさま」という意識の醸成、定期的な業務負担感のサーベイ（調査）、妊娠や育児期の社員の周囲への業務の偏りの軽減などの対応が求められます。

規定例

> （セクシュアルハラスメントの禁止）
> 第○条　社員は、次に掲げるセクシュアルハラスメントに該当する行為をしてはならない。
> 　①　職場において行われる性的な言動に対する他の従業員の対応により、当該従業員に不利益を与えること
> 　②　職場において行われる性的な言動により他の従業員の就業環境を害すること
> 　2　社員は、前項各号に類似し、または疑われるような言動を慎むよう努めなければならない。
> 　3　社員は、第1項各号に規定する行為により被害を受けた場合には、社長に相談し、または苦情を申し出ることができる。
>
> （妊娠・出産・育児休業等に関するハラスメントの禁止）
> 第○条　社員は、次に掲げる妊娠・出産・育児休業等に関するハラスメントに該当する行為をしてはならない。ただし、業務分担、安全管理等業務上の必要性に基づく言動によるものは、妊娠・出産・育児休業等に関するハラスメントには該当しないものとする。
> 　①　他の従業員の妊娠、出産、育児、介護等に関する制度または措置の利用に関する言動により、当該従業員の就業環境を害すること
> 　②　他の従業員の妊娠、出産、育児、介護等に関する言動により、当該従業員の就業環境を害すること
> 　2　社員は、前項各号に掲げる行為により被害を受けた場合には、社長に相談し、または苦情を申し出ることができる。

第7章 労務の知識

保険代理店の賃金管理

第1節　保険代理店の賃金体系
第2節　賃金に対する法規制
第3節　社会保険と賃金

労基法をはじめとする労働法では、会社が社員に対して支払ういわゆる給与、基本給、歩合給、インセンティブなどをまとめて、「賃金」と呼びます。「賃金」は、労基法では、名称を問わず労働の対価として会社が支払う全てのものと定義されており（労基法11条）、これに該当するものは労基法等による規制を受けることになります。

　しかし、一部の保険代理店ではこれらの法令への理解が十分でないことがあるようです。最近でも、賃金から多額の経費が天引きされたとして、未払い賃金等の支払いを求める裁判が全国6か所で提訴されたことが大きく報道されました（H30.12.31毎日新聞）。同報道によれば、手数料の本人の取り分から、見込み客の情報料として月数十万円、さらに事務所維持管理費やパソコンのリース代などが差し引かれ、月給がほとんどない月だけでなく、赤字の補てんを求められる月すらあったといいます。このようなしくみは、委託型募集人の頃のものを引き継いでいると思われますが、最低賃金などの労働関係法令に違反している可能性があります（社員に経費負担をさせることについても、裁判所がどのように判断するのか注目されます）。

　本章では、保険代理店でみられる賃金体系や法令の規制の内容、賃金と社会保険の関係について解説します。

第1節 保険代理店の賃金体系

(1) 賃金の分類

① 支払い形態による分類

　はじめに、賃金にはどのような種類があるか整理しておきましょう。賃金をその支払い形態で分類すると、図表7－1のようになります。

　保険代理店では、図表7－1の支払い形態のうち歩合給制が広く採用されていることはよく知られていますが、その歩合給が、「給与所得」としてではなく「事業所得」として支払われている場合があります。これは、経費を社員本人が自由に使うことができるようにするためで、その分保険会社から支払われる手数料を営業社員に多く回すことができます。

　しかし、前述の賃金の定義をふまえれば、事業所得であろうと給与所得であろうと、労基法上の賃金に該当するものと解されます。そのため、事業所得として支払われる歩合給も、労基法で定める賃金に関する規制に服することになることに留意しなければなりません。たとえば、社員が残業した場合には残業代の支払いが必要となりますが、歩合給が高ければ高いほど残業代も高くなってしまいます。また、支給額が多いほうが社会保険料も高くなることになります（**本章第3節(2)②を参照**）。

　そのため、労働契約に切り替わってからは、それまで本人が負担していた経費の一部を会社が負担するなど経費の負担方法を見直すケースが増加しているようです。

◆図表7-1　賃金形態の種類

形　態	概　要
月給制	月単位で賃金を決定する方法。正社員の賃金では最も一般的といえる。
日給制	1日単位で賃金を決定する方法。賃金は1日単位でも、支払いは1か月分まとめて行う場合もある。建設業や運輸業で多い。
時間給制	1時間単位で賃金を決定する方法。所定労働時間が人によって異なるパート社員の賃金でよく採用されている。
年俸制	1年単位で賃金を決定する方法だが、賃金の支払いは、「毎月1回以上払いの原則」（後述）により、毎月支払う必要があるので、実質的に月給制と同じ取り扱いとなる。また、年俸制であっても割増賃金等の支払い義務はあることに注意。
歩合給制	営業成績や成果に応じて賃金を決定する方法（たとえば、「売上の○％を支給する」など）。保険代理店では広く採用されている。労基法では「出来高払制その他の請負制」と呼ばれるが、本書では「歩合給制」という。
賞　与	いわゆるボーナス。一般的には夏と冬に支払われることが多い。額は「月給の○か月分」というのが典型的だが、業績・成果に応じて決定することももちろん可能。
退職金	退職にあたって支払われる賃金。その法的性格は、賃金後払い的性格、功労報償的性格、生活保障的性格などがあり、規定や実態に即して判断される。保険代理店では、まだ導入は少ない。

このように、労働契約特有の残業代や社会保険料の問題は、従来型の手数料の配分方法に見直しを迫るものといえます。

② 諸手当の種類

賃金には基本給のほか、資格手当や家族手当のような諸手当が支給される場合があります。代表的な手当として次のものがあります（図表7-2）。なお、名称は一般的なものを掲げていますが、会社が自由に決めることができます。

図表7−2 代表的な賃金・手当の種類

類　　種		内　　容
職務関連手当	役付手当、役職手当	課長、部長などの管理職者などに支給される手当。
	資格手当	FPや住宅ローンアドバイザーなど資格や検定、一定の等級などを有する者に支給される手当。FPの級に応じて金額を変える場合もある。
生活関連手当	家族手当、子ども手当	配偶者、子ども等の人数・年齢に応じて支給する手当。
	住宅手当	住宅家賃を補助するための手当。
その他	通勤手当	通勤に要する費用に対して支払われる手当。自動車通勤の場合には、通勤距離に応じたガソリン代の補助として支払われることがある。
	皆勤手当	出勤奨励のための手当。無遅刻・無欠勤の場合に満額を支払うような場合が多い。

　保険代理店では生活関連の手当はあまり多くみられませんが、通勤手当や役付手当は支払っているケースは少なくありません。また、FPなどの資格取得を奨励するために資格手当を支払っている場合も多いです。

　なお、保険代理店の従業員の年収については、損害保険代理店を対象に調査したものがあります。それによれば、代理店の代表者では（個人差が大きいものの）平均は650万円、営業社員で400万円、事務従事者で217万円とされています（日本損害保険代理業協会・野村総合研究所「代協正会員実態調査報告書」）。

(2) 保険代理店における賃金体系

① 保険代理店（営業社員）の賃金体系とは
ア）保険代理店の賃金体系の３タイプ

第１章で解説した委託型募集人の時代は、業務委託契約でしたので、いわゆるフルコミッション（完全歩合制）であることがほとんどでした。保険代理店の営業社員の一般的なイメージに近いものです。

しかし、労働契約への切替え後は、最低賃金や保障給の規制（後述）のために、固定給を部分的に導入しているケースがみられるようになっています。そのため、保険代理店の賃金形態はおおむね次の３つタイプに整理できます。

> ⅰ）固定給型（月給制または年俸制）
> ⅱ）固定給（月給）＋歩合給型
> ⅲ）（実質的）完全歩合給型

このうち、ⅰ）の場合は、一般企業とあまり変わらない賃金体系になっていますが、事務社員を除けば、保険代理店ではまだ少数派です。調査によれば、損害保険代理店で営業社員の給与に占める成果給の割合について尋ねた設問では「成果給なし」が25.9％となっています（日本損害保険代理業協会・野村総合研究所・前掲）。ただし、固定給の体系であっても、賞与で営業成績を反映させることもできます。

モデル賃金例①～固定給型の代理店～

> 基　本　給　　月180,000円
> 定額残業手当　月 70,000円（45時間分）
> 住　宅　手　当　月 10,000円
> 資　格　手　当　月 20,000円（FP２級）
> 通　勤　手　当　実費
> インセンティブ賞与　年２回…営業成績による

イ）典型的なのは固定給＋歩合給型

　上記３タイプのうち、現在保険代理店では、ⅱ）のタイプ、すなわち、固定給と歩合給制を併用するハイブリッド型が典型的な賃金体系です。

　もっとも、細かくみると、会社によってバリエーションはさまざまです。たとえば、フルコミッションに近い形となるように固定給部分をかなり圧縮している代理店がある一方で、ある程度安定的に手数料が見込める更改業務のウェイトの高い損保系の代理店では、固定給部分が比較的厚いケースもあります。このように、保険代理店の賃金体系は、その店の収益構造に強い影響を受けていることが多いようです。

　事例として、実際の営業社員に対する支給事例を基にしたモデルを示します。**モデル賃金例②**は、業務に関する裁量が高いケースで、成果主義の要素が強いモデルです。一方、**モデル賃金例③**は、自動車保険の更改業務が中心という社員です。既存顧客の対応が中心なため本人の営業力によって大きな差は出ないことから、歩合給はあまり支給していないようです。

モデル賃金例②～歩合給の割合が高めの代理店～

基 本 給	（給与・所得扱い）	月180,000円（固定給）
歩 合 給	（事業所得扱い）	月平均140,000円程度（営業成績による）
通勤手当	な　し	
賞　　与	な　し	

モデル賃金例③～歩合給の割合が少なめの代理店～

基 本 給	月200,000円
歩 合 給	月平均30,000円程度
通勤手当	（自動車通勤）　通勤距離に応じた課税限度額
資格手当	月10,000円（ＣＦＰ）
通信手当	月5,000円
賞　　与	年２回（会社および本人業績による）
退職金	な　し

賃金の一部を固定給とする場合、どのように固定給部分を決定するかというと、たとえば、前年度の実績を基に算出する方法が考えられます。すなわち、前年の手数料の合計額から代理店の取り分と事務所の必要経費を控除した残りのうち、一定割合（たとえば60％など）を固定給とする方法などです。そして、歩合給（賞与の場合もあります）は当年の成果に応じて配分するわけです。これを図で示すと、**図表７－３**のようになります。

**図表７－３　固定給決定のモデル**

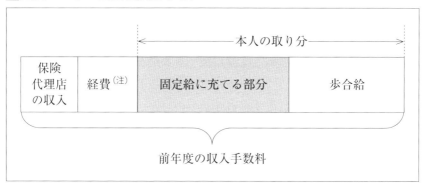

ウ）実質的完全歩合給

　ⅲ）の実質的完全歩合給というのは、ⅱ）と重なるケースもありますが、事実上フルコミッションといえるようなしくみのケースです。たとえば、原則は歩合給として、手数料が不足したため歩合給だけでは最低賃金や保障給に満たない場合にその分を補充するような手当が支払われるようなしくみや、その逆に、最低保障給を月額で設定したうえで、歩合給から最低保障給を減額するような制度としている場合もあります（つまり歩合給が最低保障給の額に達するまでは、総支給額は変わりま

（注）　経費には、消耗品やシステム利用料などのほか、社会保険料も含めて算定する必要がある。

せん）。たとえば、次のようなケースです。

モデル賃金例④～実質フルコミッション型～

基 本 給	（給与所得扱い）　月160,000円
	⇒東京都の最低賃金985円に月平均所定労働時間160時間を乗じて切りのいい数字に丸めた金額
歩 合 給	（事業所得扱い）　保険会社から支払われた手数料の80％－160,000円（0円以下の場合は0円）
	⇒歩合給が基本給を超えればフルコミッションとなる。
通勤手当	なし
賞　　与	なし

　このような賃金体系は、委託型募集人時代の報酬形態をなるべく残そうとしているものといえます。そのため、働き方の裁量が広く営業方針も本人に任されていることが多いです。

　中には、手数料収入からさまざまな経費（見込み客の情報、システム使用料など）が差し引かれることになっており、収支が赤字となった場合はそのマイナス分を貸付金として将来の賃金から清算している代理店があります。そして、貸付金の累積額の支払いを労働者が拒否してトラブルとなっている事例がすでに報道されています。

　これに類似するトラック運転手の裁判例では、運賃収入から経費を差し引いた残額が最低保障額（40万円）を下回る場合には、その差額を貸付金として累積処理していた方式について、このような仕組みの下では給与の額は極めて不安定になり、稼動するほど清算金債務が累積するような事態となる危険を内在することなどから労基法の趣旨に反するとして、公序良俗違反により無効としたものがあります（名古屋地判H14.5.29「山昌（トラック運転手）事件」）。保険代理店の場合は、給与の一部が事業所得として支給されているため単純に同一視できませんが、実質的にみて最低賃金違反や保障給違反とならないような賃金体系にする必要があります。

② 固定給と歩合給のメリット・デメリット

　固定給制と歩合給制のどちらが良いのか、またどのようにブレンドするのが良いのかを一概にいうことはできません。もっとも、主力商品の手数料体系に影響を受けるのはやむをえないとしても、代理店の経営方針、経営理念、目指すべき社員像、引き出したい行動などによってふさわしい支払い形態があるはずです。

　理解しておきたいのは、賃金体系は、会社が社員に対して何を求めているのかということを表現するものにほかならないということです。

　たとえば、大部分を歩合給制にしているのであれば、その代理店は社員の成果（手数料）を最も重視している（極端にいえば、成果のみを評価する）というメッセージを発しているといってよいわけです。これによって、社員も成果を上げることを第一に業務に従事してくれるとすれば、それは良いことです。

　しかし、その反面で成果さえ上げれば文句はいわれないと勘違いするおそれがあります。他の社員と協力することにメリットもないので、新人の教育などをさせようとしても反発されるかもしれません。営業成績の優秀さに鼻をかけて他の社員や事務員を見下すような風潮ができてしまうと、パワハラやセクハラの土壌にもなることも考えられます。

　一方、固定給では、社員の定着や組織的な事業運営のための協力をとりつけやすくなる一方で、成果に対する意識が低下するなどの問題が生じやすいです。

　このように歩合給と固定給のメリットとデメリットは、コインの裏表の関係といえます（図表7－4）。

■図表7－4　歩合給と固定給のメリット・デメリット

歩合給（業績連動給）	メリット	①"やりがい"や"動機付け"に繋がり業績向上が期待できる。
		②少数の管理者で多数の社員を管理できる。
		③業績のみで給与が決められるので人事考課など管理者の負担が少ない。
	デメリット	①個人主義に走りがちになり組織運営が難しくなる。
		②直接報酬につながらない業務を避ける傾向が生まれる。
		③人事考課をしないと社員の育成がおろそかになる。
固定給	メリット	①安定雇用を望む社員についてはES（従業員満足）が高まり離職率が減る。
		②チーム運営や新規開拓など組織的な経営が容易になる。
		③異動や職務変更などの人事運営の柔軟性が高まる。
	デメリット	①社員の危機意識が薄れるので成果向上のための管理が必要となる。
		②適切な昇給・昇格と人事評価の制度が必要となる。
		③成果を出せない社員の処遇が難しく規模の小さい企業には影響が大きい。

（八木田鶴子監修・代理店ビジネス研究会著「損保代理店成功の秘訣」164頁、同友館）

　経営の面からみれば、歩合給は人件費を変動費化するということになります。つまり、社員が稼いだ手数料が少なければその分歩合給も少なくなり、手数料が多ければ歩合給も多くなるわけです。したがって、歩合給制には、事業が黒字化しやすくなる（赤字になりにくくなる）という性質があります。

　しかし、その裏返しですが、手数料が増えれば人件費としての経費も多くなることから、売上げが増えた割に利益が残らないということも生じることになります。

　一方、固定給制の場合には、これと逆のことが起きます。つまり、売上げが経費を超えれば、売上げの伸びにしたがって利益も増えていくというわけです（図表7－5）。

☞ 図表 7 − 5　利益に関する歩合給と固定給の違いのイメージ

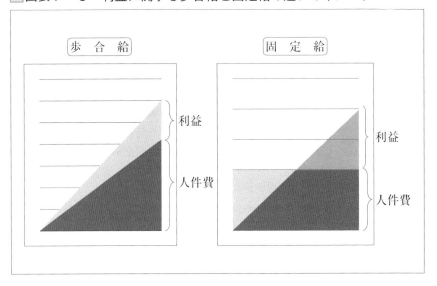

　このように、歩合給制と固定給制は、それぞれ一長一短があります。重要なのは、どのような社員になってもらいたいのか、どのような行動を引き出したいのかを明確にすることです。個人の成果をダイレクトに反映させるのか、社員同士が協力して代理店として利益を上げていくのか、それによってふさわしい賃金体系も定まってきます。

　当然、他の制度との整合性も注意を払わなければなりません。歩合給が中心であるのに業務上の裁量の余地が少ないというような、ちぐはぐな制度にはならないよう注意しなければなりません。

　前述の**モデル賃金例④（実質フルコミッション型）**のように歩合給制の割合が高いのであれば、会社の介入は極力減らすほうが妥当です。労働時間も事業場外みなし制などの裁量度の高いものを適用し、営業先や営業方法に関する指示も最小限に留め、会社としては成果の管理が中心となります。

　一方、**モデル賃金例③**のように、ルート営業で訪問先などを指定されていたり、営業ノウハウを社内で共有したり、後進の育成を担当したり

するのでは、固定給の割合が高いほうが適当です。この場合には、成果とともに行動プロセスの評価も重要になります。

　筆者は、保険業法の改正を経て、さらに保険会社から代理店の規模の拡大と質の向上が求められるようになっていることをふまえると、今後は組織として売上げを伸ばしていく必要があると考えており、固定給の割合を増加させる方向にシフトしていくと考えています。

③　規定上の留意点

　これまでみてきたように、保険代理店の賃金は、歩合給の占める割合が大きいケースもあり、一般的な企業のものと違う特色があります。したがって、実態に合わせた規定にする必要があります。たとえば、基本給の決定については、一般的には「社員の基本給は、職務内容、経験、技能、勤務成績等を勘案して各人別に決定する」のように、さまざまな考慮要素を書き出して規定しますが、基本給は最低賃金をクリアするために最低限しか支給しないのであれば、以下の規定例のような規定とすることが適切です。

　また、歩合給は、本人の成果や会社の業績だけでなく、保険会社の手数料率の改定にも大きな影響を受けますので、これを歩合給の支給基準を改定する原因として明記しておく必要があります。もっとも、実際に賃金の切り下げを行う場合には、原則として本人の同意が必要ですので（労契法8条）、慎重な対応が求められます。

📝規定例

> （基本給）
> 第○条　社員の基本給は、会社の業績、最低賃金の水準その他の事情を勘案して各人別に決定する。
> 　2　会社は、原則として毎年4月に、個別の前年度の挙績、会社の業績、最低賃金の水準、保険会社の手数料率その他の事情を勘案して基本給を昇給または降給することができる。
> 　3　会社は、特別の事情がある場合には、前項の改定を随時行うことができる。
>
> （歩合給）
> 第○条　歩合給は、給与計算期間ごとに、社員の手数料等の実績に応じて、会社が定める基準により算出して支給する。
> 　2　会社は、前項の基準を、社員の職務、会社の業績、保険会社の手数料率の改定等により、随時見直すことができる。

(3) 賞与を支払う場合のポイント

① 賞与の活用の提案

　社員の営業成績を賃金に反映する場合、歩合給による場合が多いですが、それを賞与（ボーナス、インセンティブ（「インセン」ということも）など呼び名はさまざまです）で行うこともできます。賞与というと「夏冬の2回で月給の○か月分」という形で支払うものだと思い込んでいる人もいますが、それは誤解です。賞与は基本的に会社が自由に制度設計をすることができますので、たとえば年3回、4か月ごとに手数料○％を支払うというような制度も可能です。

　そして、労働契約では、法令により「賃金」に関するさまざまな保護規定があるため、歩合給制よりも賞与のほうが対応しやすいです。たとえば、保険代理店では、保険契約の早期解約に伴い戻入金（手数料の返金）が発生する場合があります。代理店の中には社員の給与から返金分を賃金から控除している事例もみられますが、一度支払った賃金を後に

返還させるというしくみは、トラブルの元になりやすいです。

　そこで、手数料の一部をプールしておいて、一定期間（たとえば半年）ごとに戻入金等が発生した場合には、その分と清算した額を賞与として支払っていくことが考えられます。賞与は、前述のように支給のしかたは会社の任意のため、このほうがトラブルになりにくいと考えます。あるいは、営業経費の多寡を賞与で調整することも可能です。たとえば、自動車のガソリン代などの営業経費を会社が負担する場合、成果が同じでもかかった経費に差があれば、当然経費が少ないほうが評価されるべきでしょう。そこで、その多少を賞与で調整するというわけです。

②　賞与の支払い方法の工夫

　賞与の支払う回数やタイミングも会社が任意に決めることができます。そして、挙績（営業成績）に応じた支払いをするのであれば、回数は２回よりも多くすることを提案する場合もあります。なぜなら、実際に挙績を上げたときから支払いまでの間隔が開けば開くほど、社員に対するインセンティブの効果は弱くなってしまうからです。このように、社員の「ガンバリ」に対する対価であることを実感できるような工夫をすることは大切です。

　なお、就業規則等により支払回数が年４回以上支払われる賞与については、社会保険料の計算に必要な標準報酬月額の基礎となる「報酬」として扱われることに留意してください。

　以上のように、賞与はその目的に応じて、さまざまな工夫をすることが可能です。

☞規定例

（賞与の支給）
第○条　会社は、7月、12月、および3月に、次の各号に掲げる対象期間中に保険会社から支払われた手数料を基礎として、会社の業績、使用した経費、発生した戻入金その他の事情を勘案した業績賞与を支払う。ただし、これらの事情を勘案して、賞与を支払わないことがある。
　①　7月　　当年2月から同年5月まで
　②　12月　　当年6月から同年9月まで
　③　3月　　当年10月から翌年1月まで
2　賞与の支払い日は、原則として、前項の月の20日（金融機関の休業日の場合は、直前の営業日）とする。
3　賞与の支払い対象者は、当該賞与の支払日に在籍する社員とする。

賃金に対する法規制

　賃金は、社員にとって、生活を支える糧となるものですので、労働条件の中でも最も重要なものの１つです。そのため、労基法等では、賃金が確実に、かつ、労働者の生活を保障するに足りる程度に、労働者に対して支払われることを確保するための規制が設けられています（労基局「平成22年版労働基準法・上」労務行政）。

　特に保険代理店の場合には、賃金の中に歩合給を含んでいる場合が多いため、最低賃金や保障給など歩合給で注意が必要なポイントをよく理解しておく必要があります。

(1) 賃金支払5原則

　労基法では、「賃金支払5原則」とよばれる賃金に関する基本的な遵守事項が定められています。すなわち、会社は、賃金を、ⅰ）通貨で、ⅱ）直接社員に、ⅲ）その全額を、ⅳ）毎月1回以上、ⅴ）一定の期日に支払わなければなりません（同法24条）。

　これらは、一見当然のことを定めているようにもみえますが、そうともいえません。たとえば、今では普通になっていますが、賃金を銀行口座へ振り込む方法は、昭和63年4月1日（実務上は、昭和50年の行政解釈で法違反とならないものとされていました）から認められたもので、現在でも法令上労働者の同意を得たうえでなければならないとされています（労基則7条の2第1項）。このとき、銀行口座の名義は、社員本人のものでなければなりません。

　また、保険代理店においては、前述の戻入金を賃金から控除している

場合がみられますが、このような取扱いがⅲ)「全額払いの原則」との関係で許されるのかが問題になります。

　労基法では、所得税等の源泉徴収や雇用・社会保険料を控除する場合など「法令に別段の定めがある場合」のほか、過半数代表者と締結した労使協定で定めた「事理明白なもの」を控除できることが定められています。したがって、戻入金のほか、社員旅行の積立費用のように法令によらないものについては、労使協定であらかじめ控除することを定める必要があります（図表７－６）。

　もっとも、戻入金の返還のように一度支払った賃金をどういう根拠で返還させるのかということは難しい問題です。裁判の中には戻入の返金があっても特段問題とならなかった事例（大阪地判H25.10.25「MID事件」）もありますが、正面から争われたわけではありません。そのためこのような払戻しはないようなしくみとすることが適当と筆者は考えます。特に保険会社から手数料がL字型（第１章・第１節(6)）で支払われる場合は、戻入の額も大きくなる傾向がありますので、社員への支払いは均して平準型にして支払うことか、前述のように一定期間後に賞与として支払うようにして、戻入が発生してもあまり金額が多くならないようにするべきでしょう。また、労使協定があっても、控除額は賃金額の４分の１までとした裁判例があることにも留意してください（東京地判H21.11.16「不二タクシー事件」）。

　なお、社員の都合で欠勤や遅刻、早退をした場合に、その欠勤日や遅刻時間に応じて賃金の一部を控除することについては、そもそも就業していない時間について賃金債権は発生しないのが原則であるため、本条に違反するものではありません（ノーワーク・ノーペイの原則）。

図表7-6　賃金控除に関する労使協定例

賃金控除に関する協定書

株式会社○○○○（以下「会社」という。）と従業員代表○○○○　　　　　　は、賃金の控除に関して、次のとおり協定した。

(賃金より控除するものの範囲)
第1条　会社は、毎月賃金支払いの際に次に掲げるものを控除して支払うことができる。
　① 源泉所得税および住民税
　② 雇用保険料、健康保険料、介護保険料および厚生年金保険料の被保険者負担分
　③ 社員旅行積立金
　④ 過払いとなった賃金
　⑤ 戻入金

(有効期間)
第2条　この協定は　××××年○月○日から1年間有効とする。ただし、有効期間満了の1か月前までに会社または従業員代表から改定の申出がない場合には、1年ごとに自動更新するものとする。

　　　　　　　　　　年　　月　　日
　　　　　　　　　　使用者職氏名　株式会社　○○○○
　　　　　　　　　　　　　　　　　代表取締役　○○　○○　㊞

　　　　　　　　　　従業員代表　　　　　　　○○　○○　㊞

　最後に、あまり問題になることは少ない「毎月1回払い」について触れます。よく挙げられるのは、この原則により、年俸制を採用した場合でも、賃金の支払いは少なくとも毎月実施しなければならないことです。もちろん、賞与などのように、その性質上毎月支払われないものは、この原則の例外となります。
　このように、賃金支払5原則は厳格な規制である一方で、それぞれについて、例外が法令によって定められています（図表7-7）。

☞図表7-7　賃金支払5原則とその主な例外

原　則	例　外
通貨払い	社員の同意を得た場合は預貯金口座等への振込みも可能
直接払い	「使者(注)」に支払うことは可能（実務上は避けるべきです）
全額払い	法令に別段の定めがある場合（社会保険料、所得税、住民税など）、または、労使協定による場合は控除可能
毎月1回以上払い	臨時に支払われる賃金、賞与、査定期間が1か月を超える場合の精勤手当・能率手当などは可能
一定期日払い	

(2) 最低賃金法による規制

① 最低賃金はすべての労働者が対象となる

　最低賃金とは、国が賃金の最低額を定め、全労働者に対して最低賃金額以上の賃金を支払うことを会社に義務づけるものです。最低賃金は、パートタイマー、アルバイト等の非正規雇用社員や試用期間中の社員を含む、雇用関係にある全社員に適用されます。

　たとえ社員の同意があったとしても、最低賃金を下回るような労働条件の労働契約を締結することはできません。仮に社員と会社が最低賃金額より低い賃金で合意して雇用契約書に定めた場合であっても、そのような労働条件は無効となり、最低賃金の金額と同様の定めをしたものとみなされます（最賃法4条2項）。

　労働契約の場合には、賃金をフルコミッション（完全歩合給）とすることはできないといわれるのは、この最低賃金と次にとりあげる保障給の規制があるためです。仮に1か月の手数料が仮に0円だったとして

（注）　たとえば、「病気中に妻に〔給料を〕取りに行かせたりすること」（菅野和夫「労働法〔第11版補正版〕」弘文堂）。

も、雇用主である保険代理店は最低賃金以上の賃金を支払わなければなりません。そのため、最低賃金をクリアするために固定給を10万円とか15万円支払っている保険代理店もあります。

　最低賃金には、各都道府県に1つずつ定められた「地域別最低賃金」と、特定の産業に従事する労働者を対象に定められた「特定（産業別）最低賃金」の2種類があります。保険代理店の場合は、「地域別最低賃金」にのみ注意しておけば足ります。

②　最低賃金をクリアしているかはどのように確認するか

　最低賃金をクリアしているかどうかはどのように確認すればよいのでしょうか。

　地域別最低賃金の具体的な金額は、インターネット等で検索すればすぐにわかります。平成30年度の最高額は東京都で時給985円、最低額は鹿児島県で時給761円です（地域別最低賃金は、例年10月に改定されます）。地域別最低賃金は時給額で定められていますので、月給制、日給制そして歩合給などの場合には、時間額に換算して、適用される最低賃金と比較します（最賃則2条1項）。

　ここで、時間外割増賃金と同じように、日給や月給は「所定」労働時

図表7−8　最低賃金の確認のための時間額の算定方法

ⅰ）時給制	時給額
ⅱ）日給制	日給÷1日の所定労働時間 （日によって所定労働時間が異なる場合は、「1週間における1日の平均所定労働時間数」で除します。）
ⅲ）月給制	月給÷1か月の所定労働時間 （月によって1か月の所定労働時間が異なる場合は、「1年間における1月平均所定労働時間数」で除します。）
ⅳ）歩合給制	歩合給によって計算された賃金の総額を、賃金計算期間において歩合給制によって労働した総労働時間数で除した金額
ⅰ）〜ⅳ）の組み合わせ	それぞれⅰ）〜ⅳ）の方法で時間額に換算し、それを合計した金額

間で除すことになっていますが、歩合給制の場合は「総」労働時間（実際の労働時間）で除すことになっている点に注意してください。時間換算の方法は**図表7－8**のとおりです。

なお、賃金の中に次のものが含まれている場合には、賃金総額から除外します（最賃法4条3項、最賃則1条）。

> ⅰ）臨時に支払われる賃金（結婚手当など）
> ⅱ）1か月を超える期間ごとに支払われる賃金（賞与など）
> ⅲ）所定労働時間を超える時間の労働に対して支払われる賃金（時間外手当など）
> ⅳ）所定労働日以外の労働に対して支払われる賃金（休日手当など）
> ⅴ）午後10時から午前5時までの間の労働に対して支払われる賃金のうち、通常の労働時間の賃金の計算額を超える部分（深夜手当など）
> ⅵ）精皆勤手当、通勤手当および家族手当

以上をふまえて、具体的に最低賃金を満たしているかどうかを2つの事例で確認してみましょう（最低賃金は平成30年度の東京の985円とします）。初めに月給制の場合です。

【賃金関係】
基本給　　　126,000円　　資格手当　　10,000円
通勤手当　　　6,000円　　時間外手当　28,680円

【労働時間関係】
年間休日　　　110日　　1日の所定労働時間　　8時間

【確認】
対象賃金(注) ＝ 126,000円 ＋ 10,000円
　　　　　　＝ 136,000円
年間所定労働時間 ＝（365日 － 110日）× 8時間
　　　　　　　　＝ 2,040時間
1か月平均所定労働時間 ＝ 2,040時間 ÷ 12月
　　　　　　　　　　　＝ 170時間
時間換算額 ＝ 136,000円 ÷ 170時間
　　　　　　＝ 800円（≦985円 ⇒ 最低賃金違反）

次に、月給と歩合給を併せて支給している場合です。前述のように、歩合給の部分については「総労働時間」を用いて時間あたりの金額を算定します。

```
【賃金関係】
基本給    126,000円    資格手当    10,000円
歩合給     40,000円    通勤手当     6,000円
時間外手当  36,180円（固定部分と歩合部分を合算）

【労働時間関係】
年間休日       110日    1日の所定労働時間    8時間
当月総労働時間  200時間

【確認】
時間換算額（月給）＝800円（月給制の計算を参照）
時間換算額（歩合）＝40,000円÷200時間
           ＝200円
合計＝800円＋200円
   ＝1,000円（≧985円：最低賃金クリア）
```

　なお、最低賃金は、現政権の意向もあって、平成29年は全国加重平均25円の引き上げ、平成30年はさらに26円の引き上げとなるなど、近年急上昇を続けていることに留意してください。

（注）　通勤手当および時間外手当は対象外となる。

(3) 保障給

　歩合給制の場合に、最低賃金とともに問題になるのが、労基法による保障給の規制です。すなわち、歩合給制の労働者については、歩合給が少ない場合でも実収入賃金が低下することを防ぐために、会社は「労働時間に応じ一定額の賃金の保障をしなければならない」とされています（労基法27条）。

　ここで、保障給は単に一定額を保障するのではなく「労働時間に応じ」とされている点に注意してください。つまり、保障給は、原則としては時間額で決定しなければなりません。

　では、月給の一部を固定給で支給している場合、これを保障給とすることはできるのでしょうか。

　このように月などの一定期間で保障給を定めた場合については、その保障給に基準となる労働時間数が設定され、社員の実労働時間数がこれを上回ったときはその上回った時間に応じて増額されるようなものであれば、労基法27条の保障給にあたると考えられています（前掲・労基局）。つまり、単に月額の固定給を定めただけでは、労基法上の保障給を定めたことになるとは限りません。したがって、1時間あたりの保障給を定める必要があります。

　なお、「賃金構成からみて固定給の部分が賃金総額中の大半（おおむね6割程度以上）を占めている場合」については、保障給は必要ないとされているため（S22.9.13発基17、S63.3.14基発150）、固定給の割合を高めることで保障給の規制をクリアすることも1つの方法です。

　次に、「一定額の賃金の保障」とは、どの程度の金額が求められているのかが問題となります。実は労基法ではこれ以上の詳しい定めはないのですが、この点について、厚労省は、平均賃金の6割程度を保障することが妥当としていますので（前掲・労基局）、これが実務における拠り所となります（平均賃金については**第6章・第1節**(2)①参照）。平均賃金は1日の額ですので、1時間分の額に換算し、その6割に実際の労

働時間を乗じた額に満たない部分を保障給として支払うことなどの方法でクリアすることが考えられます。

以上をふまえた、歩合給制の場合の就業規則の規定例については、次のようなものが考えられます。

☞ 規定例

> （保障給）
> 第○条　一賃金計算期間において、基本給に歩合給を加えた額が次の額に満たない場合には、その不足する額を保障給として支払う。
>
> $$\frac{平均賃金}{1日の所定労働時間} \times 60\% \times 実労働時間$$

なお、前述の「山昌（トラック運転手）事件」では保障給も問題となっていました。判決では形式的に「最低保障給」を支払っていても本人の運賃収入から経費等を控除した残額が「最低保障給」を下回る場合に、その不足額を「貸付金」として処理するような方式[注]は、「給与を実質的に保障するためになされたものとはいえない」として労基法27条違反と判示されました（名古屋地判H14.5.29「山昌（トラック運転手）事件」）。

保険代理店でも、最低保障給を定めているものの、保険手数料収入から計算した歩合給がこれを下回る場合は、そのマイナス分を将来の歩合給から清算するといった取扱いをしているケースもあるようですが、この裁判例から考えると、このような場合も実質的に賃金を保障しているとは認められないと考えられます。

（注）　半年で集計して黒字であれば賞与として支給し、赤字であれば貸付金として処理、また退職時にマイナスの場合はマイナス分の支払いを請求するとしていた。

(4) 賃金台帳等の保存

　労働基準法では、会社に対して、事業場ごとに賃金台帳を調製し、次の事項を賃金支払いの都度遅滞なく記入しなければならないと定められています（労基法108条、労基則54条）。

ⅰ）賃金計算の基礎となる事項
ⅱ）賃金の額
ⅲ）氏　　名
ⅳ）性　　別
ⅴ）賃金計算期間
ⅵ）労働日数
ⅶ）労働時間数
ⅷ）非常災害（労基法33条）または時間外労働・休日労働・深夜業の時間数
ⅸ）基本給、手当その他賃金の種類毎にその額
ⅹ）賃金の一部を控除した場合には、その額

　賃金台帳は、給与計算ソフトを使用していれば自動的に作成されている場合がほとんどです。この場合、賃金台帳は常に最新版を紙に印刷して保管している必要はなく、提出を求められた場合、たとえば監督官による臨検時に閲覧、提出等を求められた場合に、直ちに写しを提出できるようにしてあれば足ります（H7.3.10基収94）。

　賃金台帳は、最後に記入した日から３年間保存しなければならないとされています（労基法109条、労基則56条２号）。

第3節 社会保険と賃金

　業務委託契約から労働契約に切り替わったことにともない、一定の要件を満たす社員を労働・社会保険に加入させなければならなくなりました。

　労働・社会保険に加入した場合には、当然保険料負担が生じます。保険代理店の中にはこの保険料負担が重いため、また、社員の中にも手取り額が減少するため、労使双方が社会保険加入を嫌がることもあるようです。一部の保険代理店では、実態と異なる雇用契約を締結して社会保険の適用を潜脱していたり、報酬の一部を社会保険料の算定から除外したりするなどの問題があることも指摘されています。

　しかし、平成29年3月に、厚労省と金融庁担当課が、連名で「厚生年金保険法等に基づく届出の適正化の徹底について」（H29.3.28年管管発0328第5、金監632）と題する指導文書を発出し、業界団体に対して、その会員に適正な厚生年金保険等の諸手続きや届出が行われるよう周知することを依頼しているため、適切な手続きが行われない場合は行政の指導の対象となるおそれがあります。

　また、加入を嫌がる社員に対しては、保険料は会社が半額負担となること、傷病手当金など国民健康保険にはない給付があること、扶養する家族を被扶養者として、実質的に保険料負担なしで保険証が使えること、将来年金額が増額されることなどのメリットを説明して理解を求めるようにしてください。

(1) 労働・社会保険にはどのような場合に加入するのか

これから社会保険の適用と保険料について解説するにあたって、会社やその社員に関係する労働・社会保険には、どのようなものがあるかを確認しておきましょう（図表7－9）。なお、このほかにも介護保険について、保険料の徴収事務を行う場合がありますが、会社が適用や給付の手続きを行うということはほとんどありません。

図表7－9　労働・社会保険の種類

分類・名称等			給付の概要
（広義の）社会保険	労働保険	労災保険	仕事や通勤が原因で負傷・病気になった場合、障害の状態にある場合、死亡した場合等に、給付を行う
		雇用保険	失業した場合や働き続けることが困難になった場合、自ら教育訓練を受けた場合等に給付を行う
	（狭義の）社会保険	健康保険	仕事や通勤以外の原因で負傷した場合や病気になった場合、出産した場合等に給付を行う
		厚生年金保険	老齢、障害、死亡した場合に年金や一時金等の給付を行う

① 加入義務のある会社（適用事業所）とは

保険代理店が労働・社会保険に事業所として加入しなければならないのは、図表7－10のような場合です。健康保険・厚生年金保険（狭義の社会保険）については、法人か個人事業かで扱いが異なりますので、留意してください（労災保険法3条1項、雇用保険法5条1項、健保法3条3項1号、厚年法6条1項1号）。

ところで、加入基準を満たしている代理店であるにもかかわらず、労働・社会保険に加入していない場合には、どのような指導が行われるのでしょうか。たとえば、（狭義の）社会保険未加入事業所に対しては、年金事務所のほか外部委託した事業者により文書や電話での指導が随時

図表7-10 労働・社会保険の適用事業所

労働保険	労災保険	常勤、パート、アルバイト等の名称や雇用形態にかかわらず、労働者を1人でも雇った場合
	雇用保険	加入しなければならない労働者を1人以上雇った場合
(狭義の)社会保険	健康保険	〔法人〕 　すべての事業所 〔個人事業〕 　加入しなければならない者が5人以上となった場合
	厚生年金保険	

行われています。平成26年からは国税庁が保有する企業情報と日本年金機構の加入状況の突合を行って、人件費に比べて法定福利費が少ない企業を抽出するなど、加入勧奨を進める方針を打ち出しており、実際に未適用の事業所に対しては文書や来所依頼による指導が行われています。労働保険についても、都道府県労働局が中心となって同様の加入指導が行われています。

ちなみに、事業主からは、これを放置した場合にはどうなるのかと聞かれることがあります。この場合、一般的には、年金事務所への来所要請や個別訪問による加入指導が行われ、最悪の場合には、年金事務所の職員が立入検査を行い、被保険者の資格の有無の事実を確認したうえで、職員の認定により最長2年遡って強制的に加入手続が行われます。

最近では、土曜日や日の暮れた後でも年金事務所職員による訪問が行われるケースもあり、職員の姿勢も厳しさが増しているように感じられます。万が一、適用事業所であるにもかかわらず未加入である場合には、速やかに加入手続を行わなければなりません。

② 加入義務のある社員とは

労働・社会保険にはどのような社員が加入しなければならないのかは図表7-11のとおりです（雇用保険法6条、健保法3条1項、厚年法12

条)。社会保険に加入した者は「被保険者」といいます。この呼び方は、保険代理店の社員であればおなじみのものでしょう。

なお、介護保険については、40歳以上65歳未満の健康保険等の公的医療保険の加入者（第2号被保険者）とされており、その保険料は、健康保険の保険料と一体的に徴収されます（健保法156条1項1号）。給与計算では、介護保険料の控除を始めるタイミングはミスしやすいポイントなので、注意してください。

図表7－11　原則的加入対象者

種　別		加入対象となる社員	事業主
労働保険	労災保険	すべての労働者	加入できない（中小事業主の特別加入制度により加入することができる）
	雇用保険	①31日以上引き続き雇用されることが見込まれ、かつ、1週間の所定労働時間が20時間以上である者（学生は除く）	加入できない
（狭義の）社会保険	健康保険	1週間の所定労働時間および1か月の所定労働日数が同じ事業所で同様の業務に従事している正社員の4分の3以上である者（注❶）（注❷）	〔法人の場合〕　常勤の役員は加入する〔個人事業主の場合〕　事業主は加入できない
	厚生年金保険		

ここで、注意が必要なのは、加入対象となるかどうかは「正社員」とか「パートタイマー」といった社員区分で決められているのではなく、所定労働日数や所定労働時間で判断されることです。そして、所定労働日数（時間）は、原則として雇用契約書や就業規則の規定によって判断されます（労災保険は労働日数等にかかわらず、全労働者に適用されます）。

この点を形式的にとらえて、一部の代理店では、実態はフルタイム勤

務であるにもかかわらず、加入基準を下回る所定労働時間の雇用契約を交わして社会保険に加入しない社員がいるというような事例があることが指摘されています（「代協活動の現状と課題〔平成29年度版〕」）。このような社会保険の潜脱は、週刊誌などでもとりあげられているので、行政も把握しているとみて間違いありません。

なお日本年金機構は、就業規則や雇用契約書等で定められた所定労働時間または所定労働日数が4分の3基準を満たさない者であっても、「実際の労働時間及び労働日数が連続する2月において4分の3基準を満たした場合で、引き続き同様の状態が続いている又は続くことが見込まれるときは、4分の3基準を満たした月の3月目の初日に被保険者の資格を取得します」としており（日本年金機構「短時間労働者に対する健康保険・厚生年金保険の適用拡大Q＆A集」）、実態に基づいた加入指導が行われています。

最近では、年金事務所により定期的（おおむね4年に1度）に既加入

（注❶）　平成28年10月から厚生年金保険・健康保険の適用対象者が拡大となり、厚生年金保険の被保険者数が常時501人以上の法人に雇用される短時間労働者で、次のすべての要件を満たす者は健康保険・厚生年金保険の加入対象となる。保険代理店では、これに該当する事業所は少ないと思われるが、報道によれば、さらにパートタイム労働者への適用を拡大される見込み（H30.8.27日本経済新聞）。
　　　ア）週の所定労働時間が20時間以上あること
　　　イ）雇用期間が1年以上見込まれること
　　　ウ）賃金の月額が8.8万円以上であること
　　　エ）学生でないこと
（注❷）　健康保険については75歳以上の者、厚生年金保険については70歳以上の者は、それぞれ加入することができない（老齢年金の受給資格を満たせないで在職中の場合は、高齢任意加入とよばれる制度がある）。
　　　なお、雇用保険についても従前は65歳以降に雇用された者は加入できなかったが、平成29年1月から年齢による加入要件は廃止され、65歳以上の社員も労働時間等の要件を満たせば雇用保険に加入しなければならないこととなった。

事業者に対して、年金事務所への呼び出しによる調査（総合調査）が行われており、筆者も何度かその対応のために年金事務所へ出頭したことがあります。調査では、源泉所得税領収証書などを基に労働者数、賃金台帳等で労働時間、賃金額等を確認され、疑義や問題があれば質問や指導が行われます。もし、加入漏れが疑われるような場合には、手続きを指導されます。

調査に対して、正当な理由なく文書等の不提出・不提示、または職員の質問に対して不答弁・虚偽答弁、帳簿書類等の検査の拒否・妨害・忌避したときは、6か月以下の懲役または50万円以下の罰金に処するものとされていますので（健保法208条5号、厚年法102条4号）、調査・指導については現実的には従わざるをえません。

このように、年金事務所による継続的なチェックのしくみもあるため、適正に労働・社会保険に加入させるようにしてください。

なお、実施件数は少ないものの、会計検査院による調査も行われています。この場合は、さらに厳格に指導が行われており、もし、以前から加入要件を満たしている事実が確認されれば、最長2年間さかのぼって加入するよう指導されることになります。

(2) 労働・社会保険料の決まり方

それでは、経営者にとって最も関心の高い労働・社会保険の保険料がどのように計算されるのか解説します。

保険料の計算方法は、労働保険と社会保険で大きく異なりますので、以下ではこの2つに分けて説明していきます。なお、社員が負担する保険料の大まかな数字としては、（賃金が月額63万5千円以下の場合）賃金総額の14～15％程度となります。

① 労働保険料は安い？

労働保険料（労災保険料＋雇用保険料）は、1年単位で計算します。

すなわち、毎年4月1日から翌年3月31日までを保険年度として、労災保険・雇用保険の加入者ごとに、1年間の賃金総額を集計し、事業の種類ごとに定められた保険料率を乗じて算出します（徴収法11条1項）。

◉図表7－12　労働保険料の計算

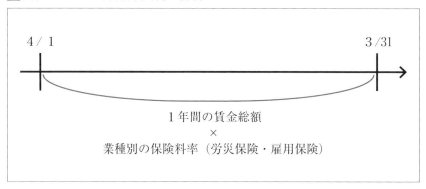

　負担割合は、労災保険では全額を、雇用保険料は3分の2を保険代理店が負担します。社員が負担する雇用保険料は、毎月の賃金で控除します。保険代理店と社員の負担する保険料率は、それぞれ**図表7－13**のとおりです。

◉7－13　労働保険料率（平成30年度）

保険の種類	会社負担分	被保険者負担分	合　計
労災保険料	0.25%	（なし）	0.25%
雇用保険料	0.6%	0.3%	0.9%

　たとえば、年間賃金が400万円の場合には、労災保険料は年間400万円×0.25%＝1万円（全額会社負担）、雇用保険料は年間400万円×0.9%＝3万6千円となります（社員負担分は1万2千円）。
　このように、労働保険料は、負担割合という観点からは、会社負担分は賃金の約1%と、次にみる社会保険料と比べれば割安といえるかもし

第3節　社会保険と賃金

れません。

　労働保険料は、毎年6月1日から7月10日までに管轄労基署または労働局にⅰ）実際に支払った賃金総額に基づいて前年度の保険料を確定させ、同時にⅱ）今年度の概算保険料（保険料の見込み額。原則として前年度の確定保険料と同額とします）を申告・納付します（これを「年度更新」といいます。徴収法15条、19条）。このように労働保険料は見込み額を前払いで納付し、社員負担分は毎月の賃金から控除したうえで、保険年度終了後に精算と同時に新年度分の見込み額を申告・納付するという流れを毎年行います。

②　社会保険料はやっぱり高い？

　（狭義の)社会保険には、健康保険料と厚生年金保険があります。また、介護保険料も健康保険料と同じルールで計算しますので、ここでは、あわせてみていきます。

ア）標準報酬月額の決定のしかたの基本

　社会保険料の計算では、賃金額を基に決定される「標準報酬月額」を用いて、これにそれぞれの保険料率を乗じて算出します（健保法156条、厚年法81条）。

　標準報酬月額とは、被保険者が受け取る賃金（健康保険・厚生年金保険では「報酬」といいます）に応じて決定された、1か月あたりのみなしの賃金額です（たとえば「報酬月額」が29万円以上31万円未満の場合には、標準報酬月額は30万円となります）。

　標準報酬月額は、健康保険が1等級（58,000円）から50等級（1,390,000円）、厚生年金保険が1等級（88,000円）から31等級（620,000円）まであり、健康保険の標準報酬月額と厚生年金保険の標準報酬月額は通常同額になります(標準報酬月額の上限と下限は両保険で異なっているため、報酬が著しく低額だったり、逆に著しく高額だったりすると、両者は異なる金額になります）。

標準報酬月額は、原則として毎年7月に行う定時決定と呼ばれる手続きによって決定されます。定時決定では、4月から6月までに支払われた報酬の平均額を基に、標準報酬月額が決定されます。その例を示します（図表7－14）。

☞図表7－14　定時決定の計算例

	4月	5月	6月	3か月総支給合計 1,130,000円 1か月平均 376,666円 標準報酬月額 380,000円
基 本 給	150,000	150,000	150,000	
歩 合 給	150,000	300,000	200,000	
通勤手当	10,000	10,000	10,000	

算出された1か月平均額を基に9月分からの保険料の基礎となる標準報酬月額が決定され（この場合は38万円）、その後標準報酬月額が改定される原因（後述）がない限り、翌年の8月分まではこの金額を基に保険料が決定されます。

イ）歩合給が事業所得として支払われている場合の留意点

歩合給部分を「事業所得」として支払っている保険代理店において、算定などの賃金額の届出の際に、歩合給を報酬に算入していないという「不適切な事例」があることが、すでに行政通達で指摘されています（H29.3.28年管管発0328第5、金監632）。社会保険では、報酬を「労働の対償として受けるすべてのもの」（賞与等を除きます）とされており（健保法3条5項、厚年法3条1項3号）、事業所得として支払われる歩合給も、労働契約に基づいて労働の対償として受けるものであれば、標準報酬月額の算定基礎に含めなければなりません。所得税の取扱いとして給与所得なのか、事業所得なのかはここでは関係ありません。この点については、通達でも、「契約件数等実績に応じて支払われる報酬は保険代理店と使用人との間の委託契約が禁じられている観点から、標準報酬

の対象となる報酬に含まれる」とされています（前掲通達）。

ウ）算定以外の標準報酬月額の決定

入社時に決定された標準報酬月額は次の定時決定まで、また、定時決定された標準報酬月額は原則としてその年の9月分から翌年8月分の保険料まで適用されます。この間は、随時改定など図表7－15にある標準報酬の改定がない限り、(保険料率の改定による若干の変動はありますが)原則同じ社会保険料になります。

図表7－15　標準報酬月額の決定

標準報酬月額決定	内　容
資格取得時の決定	資格取得した時点での賃金に基づいて標準報酬月額を決定します。歩合給の場合は、資格取得月の前1か月間に同じ事業所で、同様の業務に従事し、かつ同様の報酬を受ける者が受けた報酬の額を平均した額です。
随時改定（月変）	昇給・降給等で固定的賃金（基本給、役職手当などの支給額がきまっているもの）に変動があり、継続した3か月間に受けた報酬総額を3で除して得た額が従前の標準報酬月額に比べて2等級以上高低が生じた場合に、4か月目から標準報酬月額が改定されます。 　なお、単なる歩合給の増減は「固定的賃金の変動」とはみませんが、歩合給の単価、歩合率の変更は「固定的賃金の変動」と扱います（日本年金機構「算定基礎届の記入・提出ガイドブック」）。
育児休業等終了時の改定	被保険者からの届出によって、育児休業等終了日の翌日が属する月以後3か月間に受けた報酬の平均額に基づき、その翌月から新しい報酬月額に改定します。

ところで、歩合給制の場合に問題となるのが、たまたま大きな契約による多額の手数料が発生して4月から6月までの間に社員に対して支払われた場合（たとえば、年度末に大きな法人契約が取れた場合など）、平均的な収入の水準に見合わない過大な社会保険料負担となってしまう

ことがありうることです。

　そこで、定時決定には、報酬月額を1年間の報酬の平均を用いて算定する特例を利用することができるしくみがあります。すなわち、次のⅰ）とⅱ）の2つの標準報酬月額の間に2等級以上の差を生じた場合であって、かつ、この差が業務の性質上例年発生することが見込まれる場合には、年間の月平均額による標準報酬月額とすることが可能となります（健保法44条、厚年法24条、H23.3.31保保発0331第6、年管管発0331第14）。

```
ⅰ）通常の定時決定による標準報酬月額          ← 2等級以上の差
ⅱ）前年の7月から当年の6月までの間に受け         ＋
　　た報酬の月平均額から算出した標準報酬月額 ← 業務の性質上例年発生
```

　この特例を利用するためには、例年4月から6月に報酬の変動が予想される業種等にあたる必要があります。これにあたるかどうかは、ⅰ）4月～6月が繁忙期になる業種、ⅱ）4月～6月が繁忙期になる部署、ⅲ）4月～6月の報酬平均が年間の報酬平均よりも低くなる業種「等様々な業種等が考えられる」とされています（H23.7.1「保険者算定の基準の見直しに関するＱ＆Ａ（その2）」）。この特例を利用する場合には、社員本人の同意が必要となりますので、その点も含めて利用できるか検討するとよいでしょう。

　なお、平成30年10月1日からは随時改定でも、同様の特例が設けられています。

エ）保険料の決定

　保険料は、上記の手続きで決定した標準報酬月額にそれぞれの次の保険料率を乗じて算出した金額となります（図表7－16）。なお、実務では、いちいち計算せずに、保険料額表によって個々の保険料額を求めます。保険料額表は、協会けんぽや日本年金機構のホームページからダウンロードできます。なお、健康保険の保険料率は、都道府県ごとに異なりま

す。

図表7－16　社会保険料率（平成30年3月時点）

名　称	事業主負担分	従業員負担分	合　計
健康保険 ※協会けんぽ東京支部	4.95％	4.95％	9.90％
介護保険	0.785％	0.785％	1.57％
厚生年金保険	9.15％	9.15％	18.30％

③　賞与にかかる労働・社会保険料

　賞与についても、労働・社会保険料はかかります。労働保険については、月々の給与と同様に、賞与額に保険料率を乗じて算出します。したがって、雇用保険の被保険者負担分については、支払われる賞与額に雇用保険料率（0.3％）を乗じて控除します。

　一方、社会保険料については、賞与が年3回以下の回数支払われる場合には、賞与額の1,000円未満を切り捨てた額を「標準賞与額」として、それぞれの保険料率を乗じて算出します。

　この標準賞与額には、それぞれ上限があります。それは、健康保険では年度の累計額573万円（年度は毎年4月1日から翌日3月31日まで）、厚生年金保険は1か月あたり150万円とされています。つまり、それぞれの金額を超える部分については、保険料がかからないことになります。

　ところで、このようなしくみを利用した「社会保険料の節約」と称する方法を紹介する書籍もあるようです。たとえば、賞与の支給回数を減らし、支給額を150万円以上となるように月給と賞与を調整すれば、150万円を超える部分には厚生年金保険料がかからないようになるわけです。しかし、このようなことをする前に、賞与の目的をもう一度考える必要はあるのではないでしょうか。また、賞与は健康保険の傷病手当金や雇用保険の失業等給付の給付額には反映されないため、これらの生活保障のための給付の機能低下を生じさせるおそれがあることに十分留意

する必要があります^(注)。

なお、就業規則等に年間を通じて4回以上賞与を支払うことが定められている場合には、標準報酬月額の算定の基礎となる報酬に含めて計算する必要があります（S53.6.20保発47、庁保発21）。

(3) 老齢年金受給者は年金の減額にも注意

① 老齢厚生年金の支給開始年齢

保険代理店に勤める社員の中には、高齢であっても元気に勤務している方が珍しくありませんが、厚生年金保険の加入歴がある社員（たとえば保険会社から転職してきた社員）については、60歳以上であれば老齢厚生年金を受給している場合があります。このような社員については、在職老齢年金とよばれる年金の減額のしくみがあることに注意が必要です。

老齢厚生年金は、老後の生活を支えるために給付されるもので、厚生年金保険の加入期間が1か月以上あり、老齢基礎年金を受け取るために必要な資格期間（平成29年8月から保険料納付済期間、保険料免除期間および合算対象期間を合算した期間が10年以上ある者とされました。厚年法42条）を満たした者に対して、原則として65歳になった月から支給されます。

しかし、昭和36年（女性は昭和41年）4月1日までに生まれた者は、生年月日に応じて受給開始年齢が65歳よりも前から老齢厚生年金（特別

（注）　健康保険の傷病手当金の1日あたりの支給額は、原則として「〔支給開始日以前の継続した12か月間の各月の標準報酬月額を平均した額〕÷30×2／3」となるため、標準報酬月額算定の基礎とならない年3回以下の賞与は反映されない。

　　　また、雇用保険の失業等給付のうち基本手当もまた、臨時に支払われる賃金は支給額に反映されない。

支給の老齢厚生年金。厚年法附則8条、同条の2）が支給されます。これは、もともと老齢厚生年金の受給開始年齢が60歳だったところ、それが65歳に引き上げられたときの経過措置です。特別支給の老齢厚生年金を受給するためには、老齢基礎年金の受給資格期間を満たし、かつ厚生年金に1年以上加入していることが必要です。この場合の支給開始年齢は、図表7−17のとおりです。

図表7−17　特別支給の老齢厚生年金の支給開始年齢

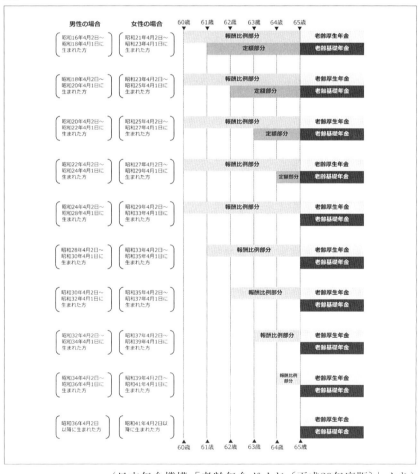

（日本年金機構「老齢年金ガイド〔平成29年度版〕」より）

② 在職老齢年金の減額のしくみ

ア）在職老齢年金とは

働きながら年金を受け取る者については、老齢厚生年金の額と給与や賞与の額に応じて、年金の一部または全額が支給停止となる場合があります（厚年法46条）。これを「在職老齢年金」といいます。

ところで、在職老齢年金による年金の支給停止は、説明をするとしばしば納得できないといった反応をされる場合が少なくありません。せっかく保険料を納めたのに年金が受け取れないことに不満を感じるのも無理からぬところです。

このような場合には、厚生年金保険に加入していない社員は、在職老齢年金の規定は適用されませんので、前述の加入基準に照らして所定労働日数および時間を短縮した労働契約の内容に変更することもあります。高年齢の社員の中には、収入はそこまで必要ないという場合もあるのではないでしょうか。一方、年金に加入していれば退職時や65歳到達時に年金が加算にされますので、厚生年金に加入することが必ずしも損というわけではありません。重要なのは、本人にとってのライフプランニング次第ということになるわけです（保険代理店の読者には「釈迦に説法」ですね）。

さて、在職老齢年金は、65歳未満の場合と65歳以上の場合で、しくみが大きく異なりますが、共通するのは、「基本月額」および「総報酬月額相当額」に応じて、決定される点です。まず、この２つがどのように算出されるのかを確認します。

ⅰ）基本月額＝加給年金を除いた（特別支給の）老齢厚生年金額÷12
ⅱ）総報酬月額相当額＝その月の標準報酬月額＋その月以前１年間の標準賞与額の合計÷12

これをふまえて、以下でその概要についてみていきます。

イ）60歳以上65歳未満の在職老齢年金（厚年法附則11条）

60歳以上65歳未満の社員が厚生年金保険に加入しながら老齢厚生年金を受ける場合の支給停止額は次のように算出します（図表7－18）。ポイントは、月収相当額が28万円を超えれば一部または全部が減額される点です。

図表7－18　65歳未満の在職老齢年金による支給停止額

基本月額＋総報酬月額相当額が	支給停止額（月額）		
28万円以下	0円（全額支給）		
28万円を超える	基本月額28万円以下	総報酬月額相当額46万円以下	（総報酬月額相当額＋基本月額－28万円）÷2
		総報酬月額相当額46万円を超える	（46万円＋基本月額－28万円）÷2＋（総報酬月額相当額－46万円）
	基本月額28万円を超える	総報酬月額相当額46万円以下	総報酬月額相当額÷2
		総報酬月額相当額46万円を超える	46万円÷2＋（総報酬月額相当額－46万円）

（注）「28万円」とか「46万円」は支給停止調整開始額と呼ばれる額で、毎年改定される。

支給停止により年金受給月額が0円以下になる場合は、老齢厚生年金（加給年金額を含む）は全額支給停止となります。

ウ）65歳以上の在職老齢年金（厚年法46条）

65歳以上の場合は、支給停止調整開始額が46万円に一本化され、基本月額と総報酬月額相当額の合計が同額になるまでは支給停止されません（図表7－19）。これにより年金額が減額される社員は、そうは多くないと思われます。

◆図表7-19　65歳以降の在職老齢年金による支給停止額

基本月額+総報酬月額相当額が	支給停止額（月額）
46万円以下	0円（全額支給）
46万円を超える	（総報酬月額相当額+基本月額-46万円）÷2

③　雇用保険の高年齢雇用継続給付金を受給する場合には、さらに支給停止がある

　特別支給の老齢厚生年金などの65歳になるまでの老齢年金を受けながら厚生年金保険に加入している社員が、高年齢雇用継続給付を受ける場合には、前述のイ）在職老齢年金の支給停止だけでなく、さらに年金の一部（最高で標準報酬月額の6％）が支給停止されます（厚年法附則11条の6）。

　高年齢雇用継続給付とは、雇用保険の加入期間が5年以上ある60歳以上65歳未満の加入者について、賃金額が60歳到達時の75％未満となった場合に、最大で15％（60歳到達時賃金の61％未満になった場合）に相当する額が雇用保険等から支給されるものです。

　このように、60歳から65歳までの社員の賃金は、会社から支払われる賃金のほかに、特別支給の老齢厚生年金と高年齢雇用継続給付の3つの組み合わせとなる場合があります。

コラム❹

保険代理店と歩合給をめぐる最新動向と

　近時、歩合給をめぐって注目されている最高裁判決（最三小判H29.2.28「国際自動車事件」）があります。
　この事件で問題となったのは、タクシー会社の歩合給の計算にあたって残業手当等に相当する金額を歩合給から控除していたことが、時間外労働等について割増賃金の支払いを義務づける労基法37条に違反するのかどうかでした。その計算方法をおおまかに説明すると、歩合給を算出する過程で、揚高（売上高）を基にして「対象額A」を算出し、対象額Aを基礎として歩合給部分にかかる残業代等の割増賃金を算出し、最後に歩合給の計算にあたって、対象額Aから残業手当等の割増賃金および交通費を控除するというものでした。

基本給＝1乗務（15.5時間）あたり12,500円
服務手当＝乗務せずに勤務した場合1時間あたり1,200円または1,000円
対象額A＝（所定内揚高－所定内基礎控除額）×0.53＋（公出揚高－公出基礎控除額）×0.62
残業手当＝①＋②
　　　　①＝｛（基本給＋服務手当）÷（出勤日数×15.5時間）｝×1.25×残業時間
　　　　②＝（対象額A÷総労働時間）×0.25×残業時間★
歩合給＝対象額A－｛割増金（残業手当、深夜手当、公出手当の合計）＋交通費｝

　ここでのポイントは、★の箇所のように、歩合給にかかる残業手当等を「対象額A」を用いて計算して法定の割増賃金を支払ったものとしたうえで、最終的な歩合給の計算にあたって、その残業手当等相当分を控除しているところです。
　このような計算方法は実質的に割増賃金を支払っていないといえるため違法ではないかとして争われましたが、上記最高裁は、このような割増賃金の支払いが労基法37条の割増賃金の支払いといえるかどうかは問題となりえるものの、「当然に同条〔筆者注：労基法37条〕の趣旨に反するものとして公序良俗に反し、無効であると解することはできない」と判示したうえで、上記の計算方法が労基法37条を下回っていないかど

うかを検討していないとして高裁に差し戻しました。
　そして、差戻審でも公序良俗違反ではない判断は維持され、その限りで賃金体系の設計は「私的自治の原則に従い、当事者の意思によって決定することができる」として、上記の支払い方法を認めました（東京高判H30.2.15「国際自動車事件（差戻控訴審）」）。
　本判決は、今後の歩合給制に大きな影響を与える可能性をはらんでいます。

第8章 労務の知識

退職・解雇をめぐる問題

第1節　解雇〜営業成績不振者の解雇を中心に〜

第2節　解雇以外の労働契約の終了

第3節　退職後のトラブル防止のために

社員が自分から会社を辞めたり、逆に辞めさせられたりすると、労働契約（雇用関係）は終了することになります。この労働契約の終了の形として、本書では、次の３つに分けて解説します。

> ⅰ）任意退職
> 　労働者の一方的な意思表示または労使の合意により労働関係を終了させること
> ⅱ）自動終了
> 　一定の事由が生じた場合に、労働契約が自動的に終了すること。定年や労働契約期間の満了、休職期間の満了、労働者の死亡など
> ⅲ）解雇
> 　使用者の一方的な意思表示により労働契約を終了させること。いわゆる「クビ」。

　これらのうち、トラブルになりやすいのは、いうまでもなくⅲ）**解雇**です。

　保険代理店の収入のほとんどは保険手数料が占めています。そのため、その多寡が経営に大きな影響を及ぼします。しかし、営業社員の中には、なかなか成果が上げられずに営業成績不振に陥る社員が出てくることがあります。

　それでも、かつてはフルコミッションによる業務委託契約のため、本人の成績に応じた手数料報酬を支払えばよく、あるいは、業務委託契約を解除するか、そうする前に自然と会社から去っていくことでそのような社員は淘汰されていました。

　ところが、労働契約に切り替わり、部分的でも固定給を支払うようになった保険代理店も多くなったことから、状況は大きく変わりました。固定給に見合う成果を上げられない社員がいれば経営にも重荷となってしまうため、いきおいその社員をクビにできないかという相談が寄せられるようになるわけです。

　しかし、労働契約を会社から一方的に解除する「解雇」について、労働法では、さまざまな規制が設けられています。そのため、ノルマ（予

算）未達などの営業不振社員であっても、その者を解雇する場合には、これらの規制が適用されることになります。

　そこで、本章では、最初に解雇がどのように規制されているのかについて、保険代理店でもしばしば問題となる成績不振の社員の解雇という論点を中心にみていきます。

解雇～営業成績不振者の解雇を中心に～

(1) 解雇に関する労働法の規制

① 解雇の種類

解雇とは、前述のように、会社の一方的な意思表示により労働契約を終了させることをいいます。

☞図表8-1　解雇の種類と概要

普通解雇	労働契約の継続が困難な事情があるとき ・勤務成績が著しく悪く、指導を行っても改善の見込みがないとき ・健康上の理由で、長期にわたり職場復帰が見込めないとき ・著しく協調性に欠けるため業務に支障を生じさせ、改善の見込みがないとき 　　　　　　　　　　　　　　　　　　　　　　　　　　　　など
整理解雇	会社の経営悪化により、人員整理を行うための解雇 ・これまでの裁判例を参考にすれば、労働組合等との協議や労働者への説明を行うとともに、次のことについて慎重に検討を行うことが重要 　ⅰ）人員削減を行う必要性 　ⅱ）できる限り解雇を回避するための措置を尽くすこと 　ⅲ）解雇対象者の選定基準が客観的・合理的であること
懲戒解雇	従業員が極めて悪質な規律違反や非行を行ったときに懲戒処分として行うための解雇 ・就業規則や雇用契約書にその要件を具体的に明示しておくことが必要

（東京労働局パンフレット「労働基準法のあらまし」を基に作成）

解雇は、図表8－1の3つに分類することができます。営業不振者の解雇は、通常「普通解雇」として行われます。

解雇について、労働関係法令では次のような規制が設けられています。

ⅰ）労基法等で定められている解雇できない場合に該当しないこと
ⅱ）30日以上前に予告するか予告手当を支払うこと
ⅲ）客観的に合理的な理由があり解雇が社会通念上相当と認められるものであること

以下、順にみていきます。

② 法令により解雇できない場合がある

次の場合には、法律の規定により解雇が禁止されていますので、解雇することはできません。

禁止されている解雇

ⅰ）業務上傷病により休業する期間およびその後30日間の解雇（労基法19条）
ⅱ）産前産後の休業期間およびその後30日間の解雇（同19条）
ⅲ）国籍、信条、社会的身分を理由とする解雇（同3条）
ⅳ）労働者が労働基準監督署に申告したことを理由とする解雇（同104条2項）
ⅴ）労働組合の組合員であること、労働組合の正当な行為をしたこと等を理由とする解雇（労組法7条）
ⅵ）女性であること、あるいは女性が婚姻、妊娠、出産したこと、産前産後の休業をしたこと等を理由とする解雇（均等法9条）
ⅶ）育児休業等の申出をしたことまたは育児休業等をしたことを理由とする解雇（育介法10条ほか）
ⅷ）介護休業等の申出をしたことまたは介護休業等をしたことを理由とする解雇（育介法16条ほか）
ⅸ）労働者が都道府県労働局長に対して個別労働関係紛争の解決援助を求

めたことを理由とする解雇（個別労働紛争の解決の促進に関する法律4条3項）
x）公益通報をしたことを理由とする解雇（公益通報者保護法3条）
xi）裁判員となったり、裁判員の職務をするために休暇を取ったこと等を理由とする解雇（裁判員法100条）

③ 解雇には30日以上前の予告か予告手当が必要

　解雇をする場合、30日以上前に解雇を予告する必要があります（労基法20条）。これを、「解雇予告」といいます。たとえば、3月31日付けで解雇する場合、遅くとも3月1日に解雇予告を行う必要があります。また、解雇予告をしないで即時に解雇しようとする場合は、解雇と同時に平均賃金の30日分以上の「解雇予告手当」を支払わなければなりません。

　この2つは、併用することもできます。たとえば、解雇の15日前に予告して、平均賃金15日分の解雇予告手当を支払うような場合です。

　なお、図表8－2の左欄の社員については、原則として解雇予告は不要とされていますが、右欄の例外も定められています（労基法21条）。

図表8－2　解雇予告手当が不要な労働者と例外

解雇予告が不要な者	必要となる場合（例外）
日々雇い入れられる者	1か月を超えて引き続き使用された場合
2か月以内の期間を定めて使用される者	所定の期間を超えて引き続き使用された場合
季節的業務に4か月以内の期間を定めて使用される者	
試みの使用期間中の者	14日を超えて引き続き使用された場合

　これらのほか、天災事変その他やむをえない事由のために事業の継続

が不可能となった場合、または「労働者の責に帰すべき事由」によって解雇する場合には、労基署長の認定を受ければ、解雇予告手当を支払う必要はありません（労基法20条）。

「労働者の責に帰すべき事由による解雇」に該当するかどうかの認定基準については、次のような場合が例示されています（S23.11.11基発1637、S31.3.1基発111）。なお、懲戒解雇に該当するような非違行為があった場合でも、労働基準監督署長の認定がなければ、解雇予告手当を支払わなければならないことに留意してください。

◉「労働者の責に帰すべき事由」として認定すべき事例

> ⅰ）原則として極めて軽微なものを除き、事業場内における盗取、横領、傷害等刑法犯に該当する行為（以下「盗取等」といいます）のあった場合。
> 　また、「極めて軽微」な事案であっても、あらかじめ不祥事件の防止について諸種の手段を講じていたことが客観的に認められ、しかもなお労働者が継続的・断続的に盗取等またはこれに類する行為を行った場合、あるいは事業場外で行われた盗取等であっても、それが著しく当該事業場の名誉もしくは信用を失墜するもの、取引関係に悪影響を与えるものまたは労使間の信頼関係を喪失せしめるものと認められる場合。
> ⅱ）賭博、風紀紊乱等により職場規律を乱し、他の労働者に悪影響を及ぼす場合。
> 　また、これらの行為が事業場外で行われた場合であっても、それが著しく当該事業場の名誉もしくは信用を失墜するもの、取引関係に悪影響を与えるものまたは労使間の信頼関係を喪失せしめるものと認められる場合。
> ⅲ）雇入れの際の採用条件の要素となるような経歴を詐称した場合および雇入れの際、使用者の行う調査に対し、不採用の原因となるような経歴を詐称した場合。
> ⅳ）他の事業場へ転職した場合。
> ⅴ）原則として2週間以上正当な理由なく無断欠勤し、出勤の督促に応じない場合。
> ⅵ）出勤不良または出欠常ならず、数回にわたって注意を受けても改めない場合。

④ 解雇には、客観的に合理的な理由と、解雇が社会通念上相当であると認められることが必要

　解雇予告を適法にしたからといって解雇が有効になるわけではありません。むしろ、実務で最も重要なポイントとなるのは労契法16条で定められた次の要件です。すなわち、「解雇は、客観的に合理的な理由を欠き、社会通念上相当であると認められない場合は、その権利を濫用したものとして、無効とする」と定められており、客観的合理性と社会通念上の相当性という2つの要件を満たさなければなりません。

　しかし、これでは内容が抽象的でわかりづらく、参考にはなっても、判断材料としては不十分です。そこで、大雑把な解雇に関する理解としては、「解雇は簡単には認められない、解雇が法的に有効と認められるハードルは高い」と理解してください。そのため、解雇については「最後の手段の原則」という考え方もあります（土田道夫「労働契約法〔第2版〕」有斐閣）。

　このことを理解してもらうために筆者がよく挙げる判例（最三小判H22.5.25「小野リース事件」）があります。この事件は、幹部社員が「酒に酔った状態で出勤したり、勤務時間中に居眠りをしたり、社外での打合せ等と称し嫌がる部下を連れて温泉施設で昼間から飲酒をしたり、取引先の担当者も同席する展示会の会場でろれつが回らなくなるほど酔ってしまったりすることがあった」ためにした解雇の有効性が争われたものです。最終的に最高裁はこの解雇を有効と判断したのですが、驚くべきことに、第1審と控訴審では、勤務態度を改める機会を与えていなかったなどとして解雇は無効と判断されていました。つまり、このくらいのケースでも、裁判所によって判断が変わる「微妙なケース」なのです。

　このように、解雇は会社にとって厳しく審査される傾向にあるため、慎重に行わなければならないということを知っておきましょう。

(2) 営業成績不振者への対応

① 成績不振を理由に解雇はできるのか

　本章の冒頭で述べたように、保険代理店の就業規則では、営業社員について事業年度や半期などの一定の期間を区切って最低限のノルマを設定し、それに満たない場合には営業成績不振として解雇するという規定が頻繁にみられます。実際、筆者が就業規則作成業務を請け負う場合でも、このような規定をオーダーされることが多いです。

　たしかに、就業規則等で明確な基準を設けておくことにより、社員の納得感を高めることは可能で、トラブル防止に資するものと考えます。

　しかし、仮にそれが外部の紛争解決機関、典型的には裁判で争われた場合、前述のような裁判の傾向に照らすと、単に営業成績が不良というだけでは、簡単には解雇は認められないと考えられます。

　成績不振者に対する解雇の裁判例をみると、たとえば、人事考課が下位10％未満の労働者を能力不足として解雇したことについて、「平均的な水準に達していないというだけでは不十分であり、著しく労働能率が劣り、しかも向上の見込みがないときでなければならない」とか、体系的な教育、指導を実施していない段階では上記の理由に該当するとはいえないなどとして、解雇を無効としたものがあります（東京地決 H11.10.15「セガ・エンタープライゼス事件」）。

　また、予算（ノルマ）の未達について、「営業職としての勤務については、原告の後任の者でも予算を達成できなかったことや同社の営業自体が不振であったことなどをも考慮すれば、原告の成績不振を一概に非難はできない」ことを解雇無効の理由の１つに挙げたもの（大阪地判 H14.3.22「森下仁丹事件」）があるように、目標がそもそも達成可能かどうか、ひいてはそれが解雇の基準として妥当かどうかが審査される場合もあります。

　このように、成績不振者に対する解雇は、必ずしも有効と認められる

わけではありません。仮に営業目標未達の場合は解雇である旨を明確にしても、必要な教育を行ったのか、そもそも目標は合理的かといった点も吟味して判断されるとみるべきです。

　そうはいっても、最終的に解雇をせざるをえない場合もあるでしょう。そこで、そこに至るまでに実施しておきたい、トラブル防止のための方法について考えていくことにしましょう。これらの方法を実施することが、解雇の有効性の判断にも大きく影響します。

②　社員の納得性を高めることがトラブル防止に繋がる

ア）雇用契約書に達成するべき目標も定める

　解雇トラブル防止のためには、最終的に解雇となるとしても、紛争とならないよう話し合いで解決するために、社員に納得してもらえるように解雇回避努力を尽くすことが大切です。

　そこで、成績不振の基準を客観的かつ妥当なものにする必要があります。この場合、面談等を通して達成するべきノルマを決定するとか、これを下回れば経営に支障が生じることが客観的に説明できる最低基準額を設定することなどが考えられます。

　このように設定されたノルマは、書面で明らかにするようにします。第4章で示した雇用契約書でも、その旨が明示できるよう、期待される成果を記載する欄が設けてあります。このように、特定の職種で一定の成績を上げるところまで内容に含めて労働契約を締結することによって、社員の自覚を促し、万一の場合にも同意を得やすくなります。また、紛争になったとしても、担う職務や果たすべき成果（営業成績）を具体的に決定した労働契約を締結した社員の場合と、新卒で職務を限定されない長期雇用が前提の社員の場合では、解雇の有効性の判断においても当然違いがあるものと考えます。

イ）目標の達成状況に応じた指導・教育

　次に、目標の達成状況は定期的に確認し、進捗状況によっては営業手法の改善など適切な指導・教育やOJTなどで行うようにします。これは、前述のセガ・エンタープライゼス事件等の裁判例において、解雇無効と判断された理由として教育・指導を実施していないことが挙げられていることをふまえた措置です。

　また、これらの指導・教育の過程は、万一トラブルに発展してしまったときのために記録をとっておくようにします。本人に対しては指摘事項や改善点を定期的に報告させ、それを基にふり返りの機会を設けるようにします。このふり返りの機会は、指導当初は細めに行うことが望ましいです。もし指導に従わないような場合には、文書で警告します。

　このように、営業成績不振の営業社員が生じた場合には、早め早めの指導・教育を行うことが大切です。この段階で改善するのが望ましいことに異論はないでしょう。なお、成績不良の原因がメンタルヘルスの不調によるものであることもありますので、その場合は、治療または療養を優先させなければなりません。

ウ）目標未達の場合

　指導・教育の措置を講じたにもかかわらず、結果的に目標未達になった場合にも、すぐに解雇とすることは慎重であるべきです。たとえば3か月から6か月程度の期間を定めて、その期間での達成目標を定めて、それに向けて集中的に指導を行うなど、会社として解雇回避努力を行うことが望ましいと筆者は考えています。具体的には、面談を通じて本人に現状を理解させ、原因を探ったうえで、目標を設定して、OJTを行うようにします。

　この場合も、前述のように定期的に面談して、取組等のふり返りの機会を設けて、その中で把握した事項について再度教育を実施します。以上のように、目標の相互確認と達成のための支援を行ってもなお成果が上がらない場合や目標が達成できない場合には、いよいよ解雇すること

になります。

　なお、解雇前の措置について、初めからアリバイづくりのような態度で臨むとかえってトラブルに繋がることがあると感じます。逆に何とか成績を上げられるように手を尽くしたけれども目標に達しなかったという場合のほうが、次にみる退職勧奨を受け入れられやすくなります。

③　解雇の前に退職勧奨をするなど合意退職を目指す

　前述のような教育などを実施したにもかかわらず、なお改善の見込みがなく、解雇もやむをえないと判断される場合でも、すぐに解雇するのではなく、退職勧奨を通じて、合意退職を目指すようにします。あくまで、「最後の手段の原則」にのっとって、できる限り話し合いの場をもって、解決することを目指すというわけです。

　これは、会社と社員の交渉ですので、会社としては、退職してもらいたい理由を、事実に基づいて説明するとともに、これまでの指導・教育の記録や報告なども資料として使用するなどして同意を促すようにします。

　また、当面の生活費のために金銭を支払って合意を成立させてもよく、金銭を支払う以外にも、たとえば1か月間は転職活動のために有給の特別休暇を認める、消化しきれない有給休暇を買い上げる、再就職のための便宜の提供、退職後の雇用保険の手続きや（公的）医療保険の選択肢について社会保険労務士からレクチャーさせるなど、本人の退職後の不安を解消できるようなさまざまな措置を検討して、提案するべきです。結果的に相手が応じなかったとしても、このような解雇回避努力を尽くしたという事実も重要なのです。

　ただし、退職勧奨の場面で、パワハラにあたるような行為、たとえば長時間にわたって執拗に退職を迫ったり、懲戒解雇をちらつかせて脅迫したりした場合は、不法行為が成立したり（民法709条）、その場では退職に同意しても後日脅迫による取消（民法96条1項）が認められたりすることもあります。裁判例では、退職意思のないことを理由を示して明

確に表明した高校の教諭に対して、10回ないし12回、1人ないし4人で、1回につき短いときでも20分、長いときには1時間半にも及ぶ勧奨を繰り返した事件で、「明らかに退職勧奨として許容される限界を越えているもの」として市に損害賠償の支払いを命じたものがあります（山口地下関支判 S49.9.28「下関商業高校事件」）。

　以上で解雇までの流れを概観しました。保険代理店の経営者の中には、営業成績を管理して、必要に応じて教育を行うというのは、迂遠なものと思われる人もいるでしょう。
　しかし、このような一連のプロセスは、解雇をしないためにも、解雇をするためにも必要なものです。つまり、指導教育を通じて改善がみられればリスクのある解雇を防止することができ、残念ながら改善がみられなくても、これだけのことをやったと説明できることが、解雇有効と主張する重要な材料になるということです。
　また、小規模な保険代理店における解雇を争った裁判例では、中途採用であることをふまえたうえで、雇用時に予定された保険業務経験者としての能力を有さないことを認め、かつ、小規模な代理店であったため勤務態度や能力改善を待つ余裕も限られていたことなどを指摘して、解雇を有効としたものもあります（東京地判 H30.2.2「有限会社Ｐ２事件」）。したがって、求められる解雇回避努力も、会社の規模も勘案されますので、自社で、どのような措置が考えられるのか、可能な範囲で取り組みましょう。
　実際には、目標未達の社員に特段のケアをしないまま解雇しても、何も問題は起きなかったということも多いのですが、これは、委託型募集人の時代の意識がまだ残っているという要因も大きいように、筆者は思います。今後、保険代理業に携わる人が入れ替わり、あるいは労働契約である認識が浸透すれば、解雇トラブルが増加していく可能性も否定できません。したがって、これからは、「最後の手段の原則」に則って、できるだけ解雇は避けるようにするべきです。

④ 解雇する場合は、手続きを遵守する

　退職勧奨を行っても相手が明確にそれを拒否した場合には、いよいよ解雇となります。該当する就業規則で定められた解雇事由を示し、前述の解雇予告など労基法の手続きを遵守して実施するようにします。

　最後に、解雇に関する規定例を示します。

📖規定例

> **（解　雇）**
> 第○条　会社は、社員が次の各号のいずれかに該当する場合には解雇する。
> 　①　身体、精神の障害により、業務に耐えられない場合
> 　②　業務外の傷病による欠勤が継続または断続して1か月に及び、通常の業務が遂行できる程度の回復が見込まれない場合（休職する場合を除く。）
> 　③　会社の事業年度において、歩合給の総額が180万円に満たない場合。ただし、事業年度途中に雇い入れられた場合その他算定期間が1年に満たない場合には、会社が個別に定める期間および基準額に満たない場合（本条第2項の場合を除く。）
> 　④　職務遂行能力、協調性がない、または職務怠慢等のため、勤務を継続することが不適当と認められた場合
> 　⑤　懲戒解雇相当の事由があると認められた場合
> 　⑥　特定の地位、職種または一定の能力を条件として雇い入れられた者で、当該条件を満たさないと認められる場合
> 　⑦　事業の縮小等、事業の運営上やむを得ない必要がある場合
> 　⑧　天災事変その他のやむを得ない事由により、事業の継続が困難になった場合
> 　⑨　試用期間中または試用期間満了時までに、社員として本採用することが不適当と認めた場合
> 　⑩　前各号に掲げるもののほか、これらに準ずる理由がある場合
> 　2　前項第3号に該当する場合において、当該社員と協議の上で6か月以内の期間を定めた業務改善計画を立てて社長の承認を得たときは、その実施期間中の解雇を猶予することができる（目標を達成できなかった場合は解雇となる。）。
>
> **（解雇予告）**
> 第○条　解雇する場合には、会社は、本人に対してその30日前までに予告する。ただし、この予告をせず、平均賃金の30日分を解雇予告

手当として支払い、即時解雇することができる。
　２　前項の予告日数は平均賃金を支払った日数だけ短縮することができる。
　３　社員が次の各号のいずれかに該当する場合には、予告をせず、かつ解雇予告手当を支払うことなく即時解雇する。
　　① 試用期間中の社員で、雇入れ日以後14日以内の者を解雇する場合
　　② 本人の責に帰すべき事由による解雇の場合で、所轄労働基準監督署長の認定を受けた場合
　　③ 天災地変その他やむを得ない事由で事業の継続が不可能となった場合で、所轄労働基準監督署長の認定を受けた場合

（解雇制限）
第○条　解雇の規定にかかわらず、会社は、社員が業務上の傷病により療養のために休業する期間およびその後30日間、ならびに女性社員が産前産後休業する期間およびその後30日間は解雇しない。
　２　前項の規定にかかわらず、次の各号のいずれかに該当する場合には、解雇することができる。
　　① 業務上の傷病による休業中の者が療養開始後3年を経過した日もしくは同日後において、労働者災害補償保険法の傷病補償年金を受けている場合、または労働基準法第81条に規定する打切補償を行った場合
　　② 天災事変その他やむを得ない事由のために、事業の継続が不可能となったことについて、所轄労働基準監督署長の認定を受けた場合

(3) 成績不振の社員を懲戒処分することはできるか

① 懲戒処分は企業秩序の維持のためのもの

　以前、保険代理店の社長から「営業成績が振るわない社員を懲戒処分したい」という相談を持ちかけられたことがあります。社長としては、奮起を促したいという考えなのだと思いますが、一般的に営業成績が低迷していることだけを理由に懲戒処分とすることは適切ではありません。

なぜなら、会社が社員に対して懲戒処分を行うことができるのは、「広く企業秩序を維持し、もって企業の円滑な運営を図るため」とされているからです（最一小判 S58.9.8「関西電力事件」）。つまり、懲戒処分は、会社の規律や秩序、風紀の乱れを回復するために必要な範囲で認められるものなのです。

　したがって、成績不振の原因が、指導や業務命令に従わないとか、反抗する、仕事中に株取引をする、サボってパチンコをするといった非違行為があったのであればともかく、本人が一応真面目に業務に従事した結果成績が悪いという場合には、社内秩序を乱したとはいえず、懲戒処分を行うには相応しくありません。たとえるなら、高校生が喫煙という明白な非違行為をすれば罰として停学や退学になってもおかしくありませんが、真面目に授業を受けているのにテストで学年ビリだった場合に、罰として停学・退学処分とするのはおかしいのと同じです。

　このように、成績不振の社員については、上述のように罰ではなく指導・教育を行い、解雇する場合には、**本章冒頭の解雇の3類型では「懲戒解雇」ではなく、「普通解雇」**として行います。

② 懲戒処分を行うための要件

　前述のように、成績不振者については通常懲戒処分は行いませんが、その原因がサボりなどのように服務規律に違反しているということであれば、懲戒処分を行う場合があります。保険代理店の場合、ほかにも、違法な募集行為や書類、金銭などの紛失、自動車を使用する場合は飲酒運転等の道路交通法違反などが考えられます。

　どのような行為が処分の対象となるのかについては、就業規則に根拠を定めておかなければなりません。最高裁判決でも、会社が社員を「懲戒するには、あらかじめ就業規則において懲戒の種別及び事由を定めておくことを要する」とされています（最小二判 H15.10.10「フジ興産事件」）。したがって、どのような行為をすれば懲戒の対象となるのか、そして懲戒にはどのような処分があるのかは、就業規則に具体的に記載す

ることが必要です。

懲戒処分の種類としては、一般的に軽いものから順に、けん責、減給、出勤停止、降給、降格（役職等がある場合）、諭旨解雇、懲戒解雇などがあります（それぞれの意味については以下の規定例を参照）。また、懲戒事由については、具体的な事由を列挙するとともに、必ず最後に包括的条項（規定例では、「前各号に掲げるもののほか、これらに準ずる行為をおこなった場合」）を規定しておくことが大切です。これは、懲戒事由をいくらたくさん書いても、必ず抜け・漏れが生じるためです。

規定例

（懲戒の種類、程度）
第○条　懲戒の種類は、次に掲げるとおりとする。
① けん責　　始末書をとり将来を戒める。
② 減　給　　始末書をとり将来を戒めるとともに、賃金を減額する。この場合には1回の額は平均賃金の1日分の半額以内、かつ総額は一賃金支払期における賃金総額の10分の1以内とする(注❶)。
③ 出勤停止　始末書をとり将来を戒めるとともに、10日以内の出勤停止を命じ、その期間の賃金は支払わない(注❷)。
④ 降　格　　現在の役職を下位の役職に変更、また役職を解任する。
⑤ 諭旨退職　懲戒解雇事由に該当する社員がその非を反省していると会社が認めた場合で、自主的に退職届を提出したときは、諭旨退職とする。ただし、説諭した日

(注❶)　労基法91条の規定による、減給の制限。この規定のため、「6か月間20％減給」というような懲戒処分を行うことはできない（公務員や労基法の適用のない役員であれば、このような処分をすることも可能である）。
(注❷)　この場合も出勤が停止された期間の賃金は減額されるが、これは出勤停止の当然の結果であって、「減給制裁に関する法91条の規定には関係ない」とされている（S23.7.3基収2177）。

　　　　　　　　　　から3日以内に退職届の提出がない場合には懲戒解
　　　　　　　　　　雇とする。
　　⑥　懲戒解雇　　原則として即時解雇する。この場合において、所
　　　　　　　　　　轄労働基準監督署長の認定を受けたときは解雇予告
　　　　　　　　　　手当を支払わない。

（懲戒事由）
第○条　社員が次の各号のいずれかに該当する場合には、その社員に対して前条で定める懲戒処分を行う。
　①　無許可欠勤、または正当な理由なく遅刻、早退もしくは私用外出をした場合
　②　就業時間中に私語が多い、株、ＦＸ（店頭外国為替証拠金取引）、仮想通貨等の取引を行う、業務に関係のない行為を行う、しばしば自己の職場を離脱（喫煙の場合を含む。）する、携帯電話を私的に使用する等業務に専念しない場合
　③　本規則で定める報告、届出、通報等を怠った場合、または虚偽の報告もしくは届出を行った場合
　④　機密情報を外部に公表、または漏洩した場合、またはその準備をした場合
　⑤　喧嘩、口論、他の従業員、役員、顧客等の中傷、噂の流布等会社の職場秩序または風紀を乱す行為をした場合
　⑥　セクシュアルハラスメント、パワーハラスメントまたは妊娠・出産・育児休業等に関するハラスメントに該当する行為をした場合
　⑦　始業または終業の時刻を不正に記録した場合
　⑧　故意または過失により会社に損害を与えた場合
　⑨　過失により会社の機密情報が保存されたパソコン、携帯電話もしくは保険契約申込書、備品、金銭等を紛失した場合、または盗難にあった場合
　⑩　会社もしくは他の従業員の金品、備品等を盗み、または横領した場合
　⑪　会社のパソコン、タブレット、携帯電話等を不適正に使用した場合
　⑫　重要な経歴をいつわり、または不正な方法により採用された場合
　⑬　私生活上の非違行為、会社に対する誹謗中傷、軽率な言動（webサイト、SNSへの投稿、書き込み等を含む。）、破廉恥行為等によって会社の名誉信用を傷つける行為、業務に悪影響を及ぼすような行為等があった場合

⑭ 業務上外を問わず、飲酒運転（酒気帯び運転を含む。）、著しい速度超過、ひき逃げ等重大な道路交通法、自動車運転死傷行為処罰法その他関係法令に違反した場合
⑮ 会社の許可を受けずに、会社以外の者に役務を提供し、または自己の事業を営む場合
⑯ 保険業法関係法令、ガイドライン、保険募集に関する諸規程等に違反した場合
　　　　　　　　　　　　　　　⋮
○ 前各号に掲げるもののほか、これらに準ずる行為をおこなった場合
2　懲戒処分は、社長がこれを決定する。

③　懲戒処分の決定にあたって気を付けるべきこと

　懲戒処分は、行為の性質や態様など照らして、客観的に合理的な理由を欠き、社会通念上相当であると認められない場合は、無効とされてしまいます（労契法15条）。たとえば、少々遅刻した程度で懲戒解雇のような厳しい処分をすることはできません。

　しかし、現実には、非違行為があった場合にどのような処分がふさわしいのか、その判断は容易ではないことが少なくありません。できればこれまでの処分歴をふまえた独自の処分基準を作成することが望ましいですが、多くの保険代理店では、そもそも処分歴が稀で、そこまで手が回らないというのがほとんどでしょう。

　そこで、人事院の「懲戒処分の指針について」（H12.3.31職職-68）の標準例を示します（**図表8-3**）。これは国家公務員に適用されるものですが、どのような処分をするか検討するにあたって参考になります。

　懲戒処分の決定方法については、就業規則に懲戒処分のための手続き（懲戒委員会による決定、弁明の機会の付与など）を定めている場合にはこれを遵守しなければならないため、小規模の保険代理店では、前述の規定例のように社長が決定するのが適当です。もっとも、弁明の機会などの手続規定がない場合であっても、出勤停止や懲戒解雇などの本人

に不利益の大きい処分を行う場合には、本人から事情を聴取することが適切な処分の判断と本人の納得のためには必要です。

　なお、1つの違反行為に対して、2回以上懲戒処分をすることはできません（二重処罰の禁止）。

図表8-3　人事院「標準例一覧」

事由	免職	停職	減給	戒告
1 一般服務関係				
(1) 欠勤				
ア 10日以内			●	●
イ 11日以上20日以内		●	●	
ウ 21日以上	●	●		
(2) 遅刻・早退				●
(3) 休暇の虚偽申請			●	●
(4) 勤務態度不良			●	●
(5) 職場内秩序を乱す行為				
ア 暴行		●	●	
イ 暴言			●	●
(6) 虚偽報告			●	●
(7) 違法な職員団体活動				
ア 単純参加			●	●
イ あおり・そそのかし	●	●		
(8) 秘密漏えい				
ア 故意の秘密漏えい	●	●		
自己の不正な利益を図る目的	●			
イ 情報セキュリティ対策のけ怠による秘密漏えい		●	●	●
(9) 政治的目的を有する文書の配布				●
(10) 兼業の承認等を得る手続のけ怠			●	●
(11) 入札談合等に関与する行為	●	●		
(12) 個人の秘密情報の目的外収集			●	●
(13) セクシュアル・ハラスメント				
ア 強制わいせつ、上司等の影響力利用による性的関係・わいせつな行為	●	●		
イ 意に反することを認識の上での性的な言動の繰り返し		●	●	
執拗な繰り返しにより強度の心的ストレスの重積による精神疾患に罹患	●	●		
ウ 意に反することを認識の上での性的な言動			●	●
2 公金官物取扱い				
(1) 横領	●			
(2) 窃取	●			
(3) 詐取	●			
(4) 紛失				●
(5) 盗難				●
(6) 官物損壊			●	●
(7) 失火				●
(8) 諸給与の違法支払・不適正受給			●	●
(9) 公金官物処理不適正			●	●
(10) コンピュータの不適正使用			●	●

	事　由	免職	停職	減給	戒告
3 公務外非行関係	(1) 放火	●			
	(2) 殺人	●			
	(3) 傷害			●	●
	(4) 暴行・けんか			●	●
	(5) 器物損壊			●	●
	(6) 横領				
	ア　横領	●	●		
	イ　遺失物等横領			●	●
	(7) 窃盗・強盗				
	ア　窃盗	●	●		
	イ　強盗	●			
	(8) 詐欺・恐喝	●	●		
	(9) 賭博				
	ア　賭博			●	●
	イ　常習賭博		●		
	(10) 麻薬等の所持等	●			
	(11) 酩酊による粗野な言動等			●	●
	(12) 淫行	●	●		
	(13) 痴漢行為			●	●
	(14) 盗撮行為			●	●
4 飲酒運転・交通事故・交通法規違反	(1) 飲酒運転				
	ア　酒酔い	●			
	人身事故あり	●			
	イ　酒気帯び	●	●	●	
	人身事故あり	●			
	措置義務違反あり	●			
	ウ　飲酒運転者への車両提供、飲酒運転車両への同乗行為等	●	●	●	●
	※飲酒運転をした職員の処分量定、飲酒運転への関与の程度等を考慮し決定				
	(2) 飲酒運転以外での人身事故				
	ア　死亡又は重篤な傷害	●	●	●	
	措置義務違反あり	●	●		
	イ　傷害			●	●
	措置義務違反あり			●	●
	(3) 飲酒運転以外の交通法規違反				
	著しい速度超過等悪質な交通法規違反			●	●
	物損・措置義務違反あり			●	
5 監督責任	(1) 指導監督不適正			●	●
	(2) 非行の隠ぺい、黙認		●	●	

解雇以外の労働契約の終了

この節では、解雇以外に労働契約が終了する場面を考えます。

(1) 自動退職～有期雇用・定年・休職等～

① 有期労働契約の期間満了

　有期労働契約とは、1年や6か月契約など契約期間の定めのある労働契約のことをいいます。したがって、有期労働契約は、本来短期の雇用を前提としたものです。労働契約期間は、原則として3年以内の期間で定めなければなりません（労基法14条）。

　ところで、前節では、ノルマ未達の場合に解雇することが可能かどうかについて、これまでの裁判例の傾向からそのような解雇が必ずしも有効にはならないことを解説しました。

　これに対して、有期労働契約はもともと期間満了をもって終了するものですので、このような一定の基準をもって更新の可否を決定することは、後述する「雇止め法理」に抵触しない限り有効です。したがって、ノルマ達成を重視する場合には、有期労働契約は、有力な選択肢となりえます。

ア）雇止めにも予告が必要

　前述のように、有期労働契約は、本来期間満了をもって終了するものですが、現実には1回の労働契約で終了とならずに反復更新されることが多いです。そのため、いざ、会社が更新をせずに契約を終了させよう

とする（これを「雇止め」といいます）場面で、社員からは更新してもらえると思っていたと抗議され、労使間でトラブルが発生することがあります。

　そこで、有期労働契約の終了時のトラブル防止を目的に、「有期労働契約の締結、更新及び雇止めに関する基準」（H15厚労告357）が定められており、雇止めにあたって次の事項を遵守することとされています。

> ⅰ）雇止めをしようとする場合には、少なくとも期間満了日の30日前までに、雇止めの予告をしなければならないこと（有期労働契約を3回以上更新し、または雇入れの日から起算して1年を超えて継続勤務している者に係るものに限り、あらかじめ当該契約を更新しない旨明示されているものを除く）
> ⅱ）雇止めの予告をした場合、または雇止めをされた場合に、社員が会社に対して雇止めされた理由について証明書を請求したときは、遅滞なくこれを交付しなければならないこと
> ⅲ）会社は、有期労働契約を更新しようとする場合においては、契約の実態および有期契約労働者の希望に応じて、契約期間をできる限り長くするよう努めなければならないこと（当該契約を1回以上更新し、かつ、雇入れの日から起算して1年を超えて継続勤務している者に係るものに限る）

　これらのうち、特にⅰ）の雇止め予告は重要です。やむを得ず雇止めをしなければならない場合には、なるべく早めに本人に伝えて、本人から不満や不安に対してしっかり話を聞いたうえで、それでも雇止めをしなければならない理由を説明するなどの対応をすることが大切です。

イ）雇止めが無効となる場合もある（労契法19条）

　有期労働契約が何年にもわたって反復更新されて、実質的に無期労働契約と変わらないと認められるなどの一定の場合には、雇止めが制限される場合があります。これを「雇止め法理」とよびます。

　雇止め法理は、2段階で審査されます。第1段階では、次のどちらかに該当するかどうかが検討されます。

> ⅰ）有期労働契約が反復更新されたことにより、雇止めが解雇と社会通念上同視できると認められる場合（実質無期型）
> ⅱ）有期労働契約が更新されるものと期待することについて合理的な理由が認められる場合（期待保護型）

　このうち「実質無期型」に該当するのは、仕事の種類は無期契約労働者と差異がないこと、有期契約労働者が雇止めされた事例はなくそのほとんどが長期間にわたって継続雇用されていること、更新手続も簡易であったこと、長期継続雇用を期待するような言動があったことなどの実態が認められるような場合です（第一最判 H49.7.22「東芝柳町工場事件」。つまり、契約期間が有名無実化しているような場合です。

　これに対して「期待保護型」に該当するのは、実質無期型とまではいえないまでも、実質無期型で挙げたような雇用の継続を期待させる事情があって「雇用関係はある程度の継続が期待されていた」場合です（最一小判 S61.12.4「日立メディコ事件」）。

　このいずれかに該当した場合には、その雇止めは「客観的に合理的な理由」と「社会通念上の相当性」が認められなければ無効とされます。そして、雇止めが無効となった場合、同一の労働条件で有期労働契約が更新されたものとみなされることになります。

　このように、有期労働契約だからといって、雇止めが常に有効となるわけではありません。特に、上記の実質無期型の場合には、ほとんどの事案で雇止めは認められていません。

　しかし、前述のように、更新の条件としてノルマを達成することを定めて、これを更新の都度面談で確認しているなど徹底されているような場合には、ノルマ未達による雇止めも有効と認められやすいと考えます。したがって、入社した当初は有期契約で雇用し、能力や成果をみて正社員に登用するというような方法は、十分検討の余地があります（ただし、次にみる無期転換ルールに留意してください）。

　もっとも、他の未達成者が更新されているような実態がみられるなど

の場合には、「期待保護型」に該当することも考えられます。会社が恣意的に運用しているととられないよう、運用面でルールを徹底することが大切です。

ウ）無期転換ルール（労契法18条）

　平成25年４月に創設された「無期転換ルール」は、ⅰ）同一の使用者との間で有期労働契約が１回以上更新されており、ⅱ）それらの通算期間が５年を超え、ⅲ）現に締結している有期労働契約の満了日までに無期労働契約に転換することを申し込むという３つの要件を満たした場合に、会社は、その申込みを承諾したものと「みなす」制度です。前述のように「みなす」というのは、事実にかかわらずそのように取り扱うということです。したがって、会社が無期転換の申出を拒否したとしても、法的には、申込時の有期労働契約満了日の翌日から、無期労働契約が成立することになります（図表８－４）。

　無期転換ルールに関して留意すべき点は、次の２つです。

　第１に、有期労働契約とその次の有期労働契約の間に、契約がない空白期間が原則６か月以上あるときは、その空白期間より前の有期労働契約は通算契約期間に含めないとされています（いわゆる「クーリング」。労契法18条２項）。

　第２に、無期転換ルールについて、しばしば誤解されている点ですが、無期転換申込権を行使された場合であっても、その社員をいわゆる正社員にしなければならないというわけではありません。無期転換申込権を行使した労働者の労働条件は、別段の定めがない限り、契約期間が無期になることを除いて、直前の有期労働契約と同一になるとされています。したがって、無期転換権を行使したことだけでは、賃金や労働時間は原則として変わりません。

　しかし、「別段の定め」、具体的には個別の雇用契約書や就業規則により、労働条件を変更することも可能とされています（H24.8.10基発0810002）。したがって、無期転換後に適用される就業規則を明確にして

図表8-4　無期転換ルール

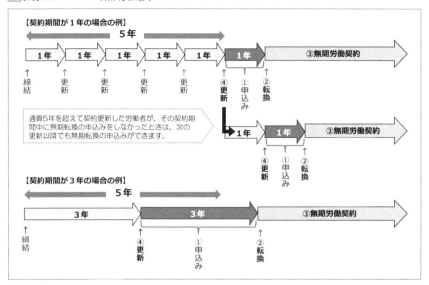

(厚労省パンフレット「労働契約法改正のあらまし」より)

おく必要があります。

　このように、一定の要件を満たした有期契約労働者は、会社の意向にかかわらず、労働契約の期間を無期契約に変更することができます。そうすると会社としても、このような社員への対応を検討しなければなりません。対応としては、無期転換申込権を受け入れるか、それが発生しないように雇用期間を管理するか（この場合、雇用契約書に更新の上限を定める方法も考えられます）の2つが考えられます。

　さらに、無期転換を受け入れる場合には、転換後の労働条件をどうするのかも問題となります。これについては、大きく次の3つに分けて検討するとよいでしょう。

ⅰ）正社員として登用する
ⅱ）労働条件は基本的に変えない（最低限の労働条件の変更をする）
ⅲ）あらたな雇用形態（限定正社員等）を創設する

ⅰ）～ⅲ）のどれがよいかは、無期転換後の労働者をどのように活用していくのかによって異なりますが、前述のように、営業成績や能力をみるために有期労働契約を利用する場合は、正社員として登用するということになるでしょう。

なお、定年後の継続雇用者については、適切な雇用管理に関する計画を作成し、都道府県労働局長の認定を受けることにより、無期転換権が発生しない特例を受けることができます（有期特措法6条、8条2項）。

エ）有期契約期間途中の解雇

有期労働契約は、一定の期間雇用することを契約しているので、その期間の途中で労働契約を解消することは、原則として認められません。労契法17条では、会社は「やむを得ない事由がある場合でなければ、その契約期間が満了するまでの間において、労働者を解雇することができない」と定めており、一般の解雇よりも厳しい表現で解雇を規制しています。

保険代理店に限らず、パートタイム社員を有期労働契約で雇い入れることは多いのですが、パートだからいつでも解雇できるというわけではありません。

② 定年制

定年制は、労働者がその年齢に達したときに自動的に労働契約が終了する制度で、ほとんどの会社にある制度です。定年の定めをする場合には、定年は60歳を下回ることはできません（高年齢者雇用安定法8条）。一般的には、定年は60歳としている会社が多いのですが、保険代理店では、高齢の社員が在籍している場合も多いため65歳と定めている場合もあります。

なお、定年を65歳未満としている場合には、65歳までの安定的な雇用確保措置を図るために、次の3つのいずれかの措置（以下「高年齢者雇用確保措置」といいます）を講じなければならないとされています（同

9条)。

> ⅰ) 定年年齢を65歳まで引上げ
> ⅱ) 65歳までの継続雇用制度の導入(希望者全員を65歳まで継続雇用する制度)
> ⅲ) 定年の定めの廃止

　高年齢者雇用確保措置について他社はどのように対応しているのかというと、多くの企業が60歳定年を定めたうえで、上記ⅱ)の継続雇用制度を導入しています(厚労省「平成29年就労条件総合調査」)。
　継続雇用制度には、さらに次の2つの方法があります(図表8-5)。

図表8-5　2つの継続雇用制度

再雇用制度	定年に達した社員を一度退職させた後、新しい労働契約で雇い入れること
勤務延長制度	定年に達した社員を退職させないで、引き続き雇用すること

　このうち、利用が多いのは再雇用制度です。なぜなら、再雇用制度は新たに労働契約を締結することになるので、労働条件の見直しを行うことができるためです。
　保険代理店では、年齢にかかわらず活躍している社員も多い一方で、前述の在職老齢年金の支給停止などもふまえて、労働日数や労働時間を減らすことを希望する社員もいます。要するに、高年齢者の働き方に対するニーズは人によって異なりますので、定年を本人のキャリアの見直しのタイミングと位置づけて、対応する必要があります。
　なお、65歳以降の再雇用については、前述の雇用確保措置は義務づけられませんので、以下の就業規則例では、会社に広い裁量を認める規定としています。

規定例

> （定年退職）
> 第○条　社員の定年は満60歳とし、定年年齢に達する誕生日の前日が属する賃金計算期間の末日に退職するものとする。
> 2　前項の定年到達者が引き続き勤務を希望した場合には、解雇事由または退職事由に該当する者を除き、原則として満65歳に達するまで、有期労働契約により再雇用する。
> 3　会社は、65歳以上の社員が、有期労働契約が満了するにあたって、その更新を希望し、かつ、当該社員のこれまでの成果、能力、健康状態、会社の経営状況等を総合的に勘案して適当と認められる場合には、1年以内の有期労働契約により再雇用する。

③　行方不明・音信不通

社員が突然出社しなくなり、電話やメールをしても折り返しの電話もメールの返信もないといったことが現実に起こる場合があります。この場合、無断欠勤をもって解雇をしようにも、本人に意思表示が到達しなければ解雇は成立しません。公示送達（民法98条）の申立ての手続きをとることも考えられますが、費用と手間を考えるとあまり現実的とはいえません。

そこで、就業規則には、一定の日数が経過した場合には、自動的に退職する旨を規定しておきます。この場合の日数については、「30日～60日間程度であれば、不合理とはいえ」ないと考えられています（前掲・安西愈）。

就業規則における規定例は、次のとおりです。

☞規定例

（退　職）
第○条　社員が次の各号のいずれかに該当する場合には、当該各号に規定する日に退職とする。
　　①　自己の都合により退職を申し出た場合：第３項で定める期限までに退職を申し出た場合には、原則として退職届に記載された日
　　②　会社と社員が退職の合意をした場合：合意により決定した日
　　③　定年に達した場合：定年となる誕生日の前日が属する賃金計算期間の末日
　　④　休職期間満了日までに休職理由が消滅しない場合：当該休職期間の末日
　　⑤　有期労働契約の期間が満了した場合：当該満了した日
　　⑥　死亡した場合：死亡した日
　２　社員が行方不明または音信不通となって40日（休日を含む。）を経過した場合には、退職の意思表示があったものとして、最後に出勤した日に退職したものとみなす。
　３　社員が自己の都合により退職しようとする場合には、遅くとも30日前までに社長に対して、文書により退職の申し出をしなければならない。

④　休職による退職
ア）休職制度とはなにか

　「休職」とは、一般的に業務外の傷病や出向などの就業規則で定めた事由により、長期間にわたって就業できないと見込まれる場合に、会社に在籍したまま、一定期間の就労義務を免除または禁止するものです。そして、私傷病や家族の介護などのように本人の事情による休職の場合は、休職期間中に復帰できなければ、退職または解雇となります（一般的には、就業規則により「退職」扱いとします。図表８－６）。

図表8−6　休職制度の流れの例（私傷病休職の場合）

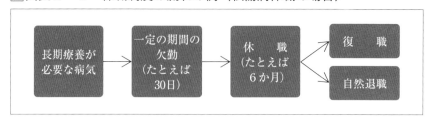

　法令上、休職制度を設ける義務はありませんが、現実には7割近くの会社で導入されており、広く普及しています（JILPT「労働条件の設定・変更と人事処遇に関する実態調査」）。保険代理店においても、設けている会社がほとんどです。なぜなら、長期療養が必要な場合にいつまで待つのか（いつ解雇するのか）を事案ごとに判断するよりも、あらかじめ休職制度として整備しておいたほうが、対応が容易であるだけでなく、社員の納得性も高まるためです。

　ところで、社員が休職制度を利用する理由として、近年、メンタルヘルス疾患によるケースが増加しています。メンタルヘルス疾患の場合、ほかの病気やケガの治療と比べて療養期間の見込みが不明確で、さらに治癒したかどうかの判断も難しいケースがあるなど、新たな労務管理上の問題として近年問題となることが多いテーマです。

　厚労省の調査によれば、過去1年間にメンタルヘルス不調により連続1か月以上休業または退職した労働者がいる事業所の割合は8.1％（金融業・保険業では15.8％と高い）（厚労省「平成24年労働者健康状況調査」）となっており、休職制度を設ける場合は、このようなケースも想定しておくことが大切です。

　以上の内容をふまえて、休職制度をどのように設計するか検討するわけですが、前述のように休職制度は法令で義務づけられているわけではありませんので、休職原因や休職期間などについては、合理的といえる範囲で会社が決めることができます。

イ）休職期間中の賃金の取扱いは、無給でよい

休職期間中の賃金については、私傷病など社員の事情による場合は、無給として問題ありません（ノーワーク・ノーペイの原則）。

ただし、保険代理店の場合、本人が休職していても、保険会社から手数料が支払われる場合がありますので、この点は明確にする必要があります。たとえば、休職期間中の手数料にかかる歩合給も含めて支払わないこととし、復職後に支給する賞与でその分を調整することなども考えられます(注)。

ところで、事業主の方には驚かれることがあるのですが、休職期間中を無給とする場合であっても、狭義の社会保険料（健康保険料、介護保険料、厚生年金保険料等）の負担は発生し続けます（労災保険料、および雇用保険料は賃金の支払いがなければ発生しませんので無給の場合は０円）。したがって、休職期間中は、社会保険料の本人負担分を社員に請求するか、復職後に請求する必要があります（退職してしまう場合がありえるので、毎月請求したほうがよいです）。この点についても、あらかじめ就業規則で明確にしておくことが社員にとってもわかりやすいでしょう。

ウ）休職期間満了時はトラブルが起こりやすい

休職期間中に休職原因が解消しない場合に「自然退職」とするか「解雇」とするかで、必要となる手続きが異なります。仮に、解雇とすると、少なくとも解雇予告等の労基法上の手続き（**本章第１節**(1)③参照）が必要となりますので、就業規則で、「自然退職」であることを明確に規定することが適当です。

（注） 健康保険の被保険者については、私傷病により継続して３日以上欠勤した場合には、４日目以降の賃金が支払われない日に対して、支給開始日より１年６か月間、過去１年間の平均標準報酬月額の１日分の３分の２が傷病手当金として支給される。ただし、この傷病手当金の支給期間中に賃金が支払われた場合には、その分が減額される。

そのうえで、問題になることが多いのが、私傷病休職の場合に、傷病が治癒しているのかどうか、つまり、復職することが可能かどうかの判断です。これをめぐって会社と社員の意見が対立する場合もあります。

　では、この問題はどのように考えられているのでしょうか。裁判例によれば、「治癒」したときとは、「従前の職務を通常の程度に行える健康状態に復したときをいうものというべき」とされています（浦和地判S40.12.16「平仙レース事件」）。つまり、治癒したかどうかは、原則として、もともと就いていた業務を基準に、それに再び就けるかどうかで判断することになるわけです。

　しかし、別の最高裁判決で、職種や業務内容を特定していなかった場合には、従前の業務に復帰できる状態ではない場合でも、「配置される現実的可能性があると認められる業務が他にあったかどうかを検討すべき」であるとしたものがあります（最一小判H10.4.9「片山組事件」）。この場合、雇用契約書などで配置転換や職種変更をどのように定めているのかが、復職の判断においても重要となります。保険代理店においては、雇用契約書の節（**第4章・第1節**）でも述べたように、職種を限定したほうが、実態に則した対応が可能となると考えられます。

　復職の判断にあたっては、社員から主治医の診断書の提出を求めることになります。復職を認めるかどうかの客観的な根拠として、診断書の内容はとても重要です。しかし、主治医は必ずしも会社の業務に知悉（ちしつ）しているわけではありません。患者である社員を通じて把握した内容で、復職可能かどうかを判断している場合もあります。医師の判断は裁判例でも重視されるため、実態と合わない内容では会社のためにも、本人のためにもなりません。そこで会社によっては、社員の同意のもとに主治医に自社の業務内容などの情報提供を行ったうえで改めて診断を仰いだり、面談の機会を設け、フルタイムで働けることの確認や就業上注意すべき点などについて意見を聴く機会を設けている場合もあります。

　このように、復職をめぐってはさまざまな論点があり、ケースバイケースで対応するしかないのが現実です。判断が難しい場合には、就業

規則に基づき休職期間を延長して、様子をみてもよいでしょう。

エ）復職後、病気がぶり返すことがある

メンタルヘルス不調者の場合、復職後に症状が再発する場合も珍しくありません。このような場合に、また新たに6か月とか1年の休職を認めてしまうと、いつまで休職を認めなければならないのかということが問題になります。

そこで、就業規則には、再休職（復職取消）の取扱いを明確にしておく必要があります。たとえば、復職後一定期間（たとえば6か月）内に同一または類似の傷病が再発した場合には、復職前の休職期間と通算することを定めることなどが考えられます。

なお、円滑に復職させるために、本来よりも短い労働時間で「リハビリ勤務」を経てから復職させることもあります。

規定例

> **（休　職）**
> 第○条　社員が次の各号のいずれかに該当する場合には、会社は休職を命じることができる。ただし、復職する見込みがない場合には、休職を命じない。
> ① 業務外の傷病により継続または断続して1か月以上にわたり欠勤した場合、または1か月以上にわたると見込まれる場合
> ② 健康診断の結果、または客観的な状況から社員の業務外の傷病等の理由により休職が必要であると認められた場合
> ③ 出向した場合
> ④ 前各号に定めるもののほか、特別の事情があって、会社が休職をさせることが必要と認めた場合
> 2　会社は、社員が前項第1号または第2号の事由により休職を命じるにあたっては、その必要性を判断するために、医師の診断書の提出を命じることができる。この場合、会社が医師を指定することができる。
> 3　社員は、前項の命令に協力しなければならない。
> 4　会社は、試用期間中の社員、パートタイマー、契約社員、および

嘱託に対して、第1項第1号および第2号の休職を命じない。
（休職期間）
第○条　休職期間は、次の各号で定める場合ごとに、当該各号で定める期間を上限として会社が定めた期間とする。
　①　前条第1項第1号および第2号の場合
　　　　勤続期間　1年未満　　　　　3か月
　　　　　　　　　1年以上3年未満　6か月
　　　　　　　　　3年以上　　　　　1年
　②　前条第1項第3号および第4号の場合
　　　　その必要な範囲で、会社が認める期間
2　社員は、休職期間中であっても、会社の求めに応じて、健康状態その他の現況を報告するとともに、医師の診断書その他の会社が提出を命じた書類を提出しなければならない。
3　勤続年数の計算にあたって、出向による休職の場合を除き、勤続年数に算入しない。ただし、年次有給休暇の付与日数の算定にあたっては、勤続年数に算入する。
4　休職中の社員は、復職を命じられるまで会社の許可なく出勤してはならず、医師の指導に従い、療養に専念しなければならない。
5　休職期間満了日においても休職事由が消滅しない場合には、その日をもって当然に退職とする。ただし、医師の意見等を勘案して治癒が30日以内に見込まれる場合には、30日を限度として休職期間を延長することができる。

（復　職）
第○条　休職の事由が消滅した場合には、会社は、復職を命じる。
2　業務外の傷病により休職した社員が復職するにあたっては、医師の診断書を提出しなければならない。
3　業務外の傷病による休職の場合において、前項の「休職の事由が消滅した」とは、休職前に従事していた通常の業務を遂行できる程度に回復したことをいうものとし、会社は、復職にあたって必要と認めた場合には、会社が指定した医療機関で受診させ、または会社が指定した者が当該社員の主治医と面談し、その結果によって復職の可否を判断することができる。
4　社員が前項の措置に協力しない場合には、会社は、復職を命じないものとする。

（再休職）
第○条　社員が復職後6か月以内に同一もしくは類似の理由で欠勤し、または業務中断、遅刻もしくは早退が多い等通常の業務が遂行できないと会社が認めた場合には、ただちに期間を定めて再休職を命じる。

> 2　前項の場合において、休職期間の上限は、第○条第1項各号に規定する期間から、同一または類似の理由によるすべての休職期間を減じた期間とする。ただし、残期間が30日に満たない場合には、30日を上限とする。
>
> **（休職期間中の賃金）**
> 第○条　休職期間の賃金は、支払わない。
> 2　休職その他の社会保険料等の負担が免除されない休暇、休業等により、その月の賃金支払額が社会保険料等を合計した額に対して不足する場合には、正社員は、その不足額を指定期限までに会社に支払わなければならない。

(2) 任意退職（辞職）

　労働者からの意思表示による退職（辞職）については、労基法による規制はありませんが、民法では、無期労働契約の場合、その意思表示から2週間で効力を生じることになっています（民法627条）。

　しかし、会社からすれば、実際には2週間前に退職の申出があったとすると、かなり急だと感じるのではないでしょうか。欠員募集や引継ぎをしようにも、2週間では到底間に合いません。

　そこで、多くの会社では、就業規則に2週間よりも早い時期、具体的には30日前までに退職を申し出ることを定めている場合がほとんどです。このような規定があっても民法の規定が優先されるという見解が有力ですが、保険代理店の場合には、顧客の後任への引継ぎなど退職にあたって多くの業務が発生することが考えられますので、就業規則には30日前までに退職届を提出させるなどの会社のルールを定め、社員にも周知し、理解を求めるべきです（規定例は**本節**(1)③を参照）。

第3節 退職後のトラブル防止のために

　任意退職にせよ解雇にせよ、退職後は保険代理店と社員との間には雇用関係はなくなってしまうため、当然会社の指揮・命令も及ばなくなります。そのため、故意か過失かにかかわらず、(元) 社員も在職時より保険代理店の利益に反するような行為をしやすくなることもあるようです。特に、顧客と個人的な関係で結びついていることが多い保険代理業では、既存顧客の取扱いが大きな問題となります。

　そこで、以下では、退職後も保険代理店の利益を保護するための注意点についてみていきます。

(1) 退職にあたって注意すべき事項

① 不正競争防止法と秘密保持義務

　退職した社員による情報漏えいは現実に起こっており、保険代理店としても無関心ではいられない問題です。過去には、保険会社を退職した社員や保険代理店の保険販売員が、保険会社のシステムに不正アクセスし、退職後の仕事の営業などで使用されていた事件が報道されたこともありました (H24.11.8付日本経済新聞)。特に (見込み客を含む) 顧客情報は、保険代理店がこれまで培ってきた営業の成果であり、将来の利益の源でもあるので、その管理は、経営上もきわめて重要です。

　ところで、元社員が在職中に秘密として管理されていた顧客名簿を持ち出し、他社で使用するといったような不正な手段による取得・使用などの行為は、「不正競争防止法」により禁止されています。同法では、

不正競争の１つとして「営業秘密の侵害」を挙げており（不正競争防止法２条１項４号）、これに該当する場合の差止請求権や損害賠償請求権などの民事上の措置だけではなく、罰則等の刑事上の措置についても定められています。

「営業秘密」として同法の保護を受けるためには、ⅰ）**秘密管理性**、ⅱ）**有用性**、ⅲ）**非公知性**の３つの要件を満たす必要があります（同法２条６項）。

ⅰ）**秘密管理性**とは、その情報に合法的かつ現実に接触することができる従業員等からみて、その情報が会社にとって秘密としたい情報であることがわかる程度に、アクセス制限やマル秘表示といった秘密管理措置がなされていることをいいます。

ⅱ）**有用性**の要件は、脱税情報などの公序良俗に反する内容の情報を、法律上の保護の範囲から除外することに主眼を置いた要件であり、それ以外の情報であれば有用性が認められることが多いとされています。

ⅲ）**非公知性**とは、合理的な努力の範囲内で入手可能な刊行物には記載されていないなど、保有者の管理下以外では一般に入手できないことをいいます。

これらのうち、ⅰ）**秘密管理性**は、保険代理店の取扱い方でそれが不正競争防止法による保護を受けられるかどうか決まることになりますので、特に注意したいポイントです。言い逃れを防止するためにも、重要な情報が記録されている資料には、「㊙」や「持出禁止」などをわかりやすく表示して鍵付きロッカーに保管するなど会社の秘密管理の意志に対する社員の認識可能性が確保される必要があります。

このように、不正競争防止法により、秘密情報は一定の保護を受けることができます。しかし、同法の定める「営業秘密」に該当しない情報は、当然その保護を受けることはできません。

そこで、保険代理店としては、さらに広範囲な秘密保持義務を、契約上課す必要が生じるわけです。そのために、就業規則に秘密保持義務を

定めた条項に、「退職後においても同様とする。」などのように退職後の義務を課す文言を加えるほか、退職時に誓約書（後掲の「退職時の誓約書」を参照）を提出させ、その義務を確認しておくようにします。

② 転職を制限することはできるか（競業避止義務）

退職にあたって、一定の期間、同業者への転職を禁止する義務を課すことがあります。これを「競業避止義務」といいます。このような義務を定めておくことにより、退職者の転職先の代理店により自社の顧客を奪われるといった事態を防止することができるため、保険代理店ではニーズの高い条項です。

しかし、競業避止義務を課される元社員にとっては、日本国憲法22条で保障されている職業選択の自由を制約されるなど、一方的に不利益が生じるおそれがあります。そのため、このような条項は、法的に無制限に認められるものではありません。保険代理店の営業社員の場合、現実には同業への転職が多いと考えられるため、すべての保険代理店への転職を禁止すると、就職することが事実上不可能になってしまうことも考えられます。

そこで、どのような競業避止義務であれば有効と認められるのかが問題となります。この点について参考になるのが、経済産業省が作成した「秘密情報の保護ハンドブック～企業価値向上に向けて～」です。ここでは、そのポイントを次のようにまとめています。

競業避止義務契約締結に際して最初に考慮すべきポイント
- 企業側に営業秘密等の守るべき利益が存在する。
- 上記守るべき利益に関係していた業務を行っていた従業員等特定の者が対象。

競業避止義務契約の有効性が認められる可能性が高い規定のポイント
- 競業避止義務期間が1年以内となっている。
- 禁止行為の範囲につき、業務内容や職種等によって限定を行っている。

- 代償措置（高額な賃金など「みなし代償措置」といえるものを含む）が設定されている。

有効性が認められない可能性が高い規定のポイント
- 業務内容等から競業避止義務が不要である従業員と契約している。
- 職業選択の自由を阻害するような広汎な地理的制限をかけている。
- 競業避止義務期間が2年超となっている。
- 禁止行為の範囲が、一般的・抽象的な文言となっている。
- 代償措置が設定されていない。

労働法との関係におけるポイント
- 就業規則に規定する場合については、個別契約による場合がある旨を規定しておく。
- 当該就業規則について、入社時の「就業規則を遵守します」等といった誓約書を通じて従業員の包括同意を得るとともに、十分な周知を行う。

　では、実際の競業避止義務の有効性の判断はどのように行われているのでしょうか。たとえば、保険会社でバンクインシュアランス業務（銀行等の職員への研修の実施、商品の営業等）に従事していた執行役員という高度な役職者について、2年間、地域の制限なくバンクアシュアランス業務を行う生命保険会社への転職が禁止される競業避止について、「競業が禁止される業務の範囲、期間、地域は広きに失するし、代償措置も十分ではないのであり、その他の事情を考慮しても、本件における競業避止義務を定める合意は合理性を欠き、労働者の職業選択の自由を不当に害するものであると判断されるから、公序良俗に反するものとして無効」としたものがあります（東京地判 H24.1.13「アメリカン・ライフ・インシュアランス・カンパニー事件」）。このように、広範かつあいまいな競業避止義務は、法律的に無効とされてしまうおそれがあることに留意が必要です。

　以上をふまえて、再就職を禁止する地域や期間などを具体的に定めて、締結してください。誓約書の例については、後掲の「退職時の誓約書」を参照してください。

(2) 情報漏洩防止の実践

　情報漏洩を未然に防止するためには、単にルールをつくるだけではなく、具体的なしくみで運用し、予防しなければなりません。

　そこで、以下では、退職後の情報漏えいや不正利用のないよう、対策のポイントとして、前掲「秘密情報の保護ハンドブック～企業価値向上に向けて～」を参考に、ポイントとなるⅰ）接近の制御、ⅱ）持出し困難化、ⅲ）視認性の確保、ⅳ）秘密情報に対する認識向上、ⅴ）信頼関係の維持・向上等について、概観していきましょう。

①　「接近の制御」に資する対策

　「接近の制御」とは、「退職までの間、秘密情報に近づけないようにする」ための対策です。退職の申出後の適当な時期に、機密情報へのアクセス権を削除する等の対策を講じます。たとえば、退職（予定）者の社内システムの利用者IDやアクセス権限を削除します。近年のインターネットブラウザには、ログインIDやパスワード情報を記録し、他のパソコン、スマートフォンなどでも共有する機能がついている場合があります（たとえば、chromeでは、他のパソコンでもIDやパスワード情報を共有できます）。そこで、退職後に専用サイトや管理ページなどにログインされることのないようにこれらの情報も削除するようにしなければなりません。

　加えて、IDカードや会社への入館証、鍵などを回収する必要があります。これらは、最終出勤日か不要となった時点で返却させるようにします。

②　「持出し困難化」に資する対策

　「持出し困難化」とは、「秘密情報が記録された媒体等を社外へ持ち出す行為を物理的、技術的に阻止する」ためのものです。

　たとえば、社員から退職の申出を受けた場合には、引継ぎ等を速やか

にすませたうえで、会社が貸与した記録媒体やパソコン、タブレットなどの情報機器を返却させるようにします。記録媒体、情報機器等の返却時には、その記録媒体や内部に保管された電子データ等に対して、利用者が設定したパスワードも提出させるのも忘れないようにしてください。もちろん、紙や記録媒体による物理的な持出し、電子メール等を使用した持出し、コピー等の複製についても原則禁止とし、必要な場合に限るようにします。

　保険代理店では、社員個人が所有しているスマートフォンなどを業務利用している場合も非常に多くみられます（BYOD：Bring Your Own Device）。可能であれば、会社の携帯電話を貸与するほうが管理しやすいのですが、個人所有の携帯電話の使用を認めている場合には、退職までにそれらの媒体に顧客情報が残っていないかについても、確認が必要です。

③　「視認性の確保」に資する対策

　「視認性の確保」とは、「秘密情報の漏洩を行ったとしてもみつかってしまう可能性が高い状態であることを認識させるようする」ための対策です。たとえば、外部へ送信するメールのチェックや印刷者の氏名等の「透かし」が印字される設定の導入、ＰＣやネットワーク等の情報システムにおけるログの記録・保存とその周知などがあります。

④　「秘密情報に対する認識向上」に資する対策～退職時誓約書の提出等～

　「秘密情報に対する認識向上」とは、「漏洩してはいけない自社の秘密情報について、再度確認等することでその認識を高める」ための対策です。特に、退職時には、改めて明確な注意喚起を行うべく、退職者と個別に秘密保持契約等を定めた誓約書を提出させることが重要です。誓約書は書類を本人に渡して提出させるのではなく、退職予定者との面談等を通じて、内容を読み合わせて確認するようにしたいものです。

ただし、退職時の誓約書については、その内容によっては、提出を拒否される場合があります。入社時にはあまりこのようなことはないのですが、退職時はもはや雇用関係がなくなるため、社員も意見をいいやすくなるのは自然なことでもありますし、誓約事項を守ろうとしている表れでもありますので、冷静に対応するようにしてください。

　特に問題になりやすいのが、競業避止義務を定めた条項です。競業避止義務は転職するうえで足かせになるおそれがあるためです。筆者の経験では、誓約書の中の競業避止義務の条項に二重線を引いたものを提出されたことがありました。

　誓約することを強要することはできませんので、このような場合に備えて、入社時の段階で退職時の誓約書の提出を誓約させるとか、就業規則に提出義務を定めることも考えられますが、前述のような競業避止義務の有効性の議論もふまえて、過度に転職の妨げになるような内容ではないか配慮することも必要です。

　万一提出を拒否するような社員が現れた場合には、個別にその内容と目的等を十分に説明するなどの対応が必要になるでしょう。

退職時誓約書

株式会社○○○○
代表取締役　○○　○○　殿

私は、以後、次に掲げる事項を遵守することを誓約します。
- ☐　在職中に担当した顧客および契約にかかる一切の権利を放棄し、当該権利が貴社に属することを確認し、その権利を侵害しないこと
- ☐　次に掲げる貴社の秘密情報について、貴社の許可なく、不正に開示又は不正に使用しないこと
    ① 　貴社の顧客に関する情報（見込み客に関するものを含む。）
    ② 　貴社の経営状況、賃金制度、顧客管理手法、営業手法等に関する情報
    　　　　　　　　　　⋮
    ○ 　前各号のほか、貴社に不利益を及ぼす恐れのある情報
- ☐　前項各号に掲げる情報が記録された資料（文書、図画、写真、ＵＳＢメモリ、ＤＶＤ、ハードディスクドライブその他一切の記録可能なもの）は全て貴社に返還しており、自己が所有する携帯電話、ＵＳＢメモリ等にもその情報の一切を保有していないこと
- ☐　貴社または貴社の役員、従業員等の信用やイメージを傷つけ、またはそのおそれのある言動（Facebook、Twitter、ブログ等への投稿を含む。）は、一切しないこと
- ☐　貴社を退職してから1年間は、○○市および○○市において、保険募集の業務を行わないこと。また同市内において自ら保険代理店を設立しないこと
- ☐　私が担当した保険契約について戻入金が発生した場合には、その全額を負担すること
- ☐　貴社の従業員、役員に対して、退職の勧誘、引き抜き、秘密情報の持ち出しの依頼その他の貴社に損害を与える行為を一切しないこと
- ☐　本誓約書に違反した場合には、ただちに当該違反行為を中止し、それにより貴社に生じた損害の一切を賠償すること

　　　　　　　年　　　月　　　日
　　　　　　　　　　　　住　所　千葉市中央区○-○-○
　　　　　　　　　　　　氏　名　　○○　○○　　　　㊞

⑤ 「信頼関係の維持・向上等」に資する対策

「信頼関係の維持・向上等」とは、「退職時まで退職者等との信頼関係を持続させる」ための対策です。たとえば、漏洩事例の周知や社内コミュニケーションの推進などが考えられます。

こうした対策は、退職後においても退職者等との良好な関係を維持することにもつながり得るものとされています。

(3) 退職後の保険契約等に関する取り決め

最後に、社員の退職にあたって、保険代理店特有の注意点を3点指摘します。

第1に、保険契約の帰属です。保険の営業社員は顧客との関係性の強さを武器に営業の成果につなげることが多いため、退職した社員が他の代理店に移籍する場合に、その社員が獲得した保険契約の帰属が問題になる場合があります。そこで、あらかじめその取扱いについて就業規則等に定めておくことがトラブル防止の観点から有用です。

もっとも、これはあくまで会社と元社員との取り決めにすぎません。実際に顧客との関係を繋ぎとめるのは在職時の引継ぎや退職後の新担当者によるフォローなどが重要であることは、筆者が指摘するまでもないでしょう。

第2に、退職後の戻入です。退職後に元社員が担当した保険契約について戻入が発生する場合も考えられます。この場合の負担についても、明確にしておきます。もっとも、前述のように、戻入金の返還は求めないようなしくみをつくったほうが無難です。

第3に、退職後の手数料です。在職期間中に担当した契約にかかる手数料について、退職後に社員から請求されるおそれがありますので、この点についても就業規則で明らかにしておくとよいでしょう。通常は、退職後は支払われないことがほとんどですので、その旨を就業規則上も明確にして、あらかじめ説明しておくことが大切です。

規定例

(保険契約の帰属)
第○条　社員が成約させた保険契約は、会社に帰属する。退職後においても同様とする。

(退職後の戻入金)
第○条　社員または社員であった者が在職中に成約させた保険契約について戻入金が発生した場合には、当該社員は当該戻入金のうち歩合給として支払われた額に相当する額を返還しなければならない。解約が退職後であっても、その責を免れることはできない。

(退職後の手数料の取扱い)
第○条　社員が退職した日後において、当該社員であった者が成約させた保険契約にかかる手数料は、全て会社に属するものとする。

第9章 労務の知識

労働基準監督署対応と健康管理

第1節　労働基準監督署の基礎知識
第2節　社員の健康障害の防止
第3節　保険代理店の働き方改革の展望

第1節 労働基準監督署の基礎知識

　保険業の監督官庁は金融庁ですが、労働関係法令については厚生労働省の地方機関である労働基準監督署の労働基準監督官(以下「監督官」といいます)が事業場(事務所、店舗等)に立ち入り、労基法等に関する必要な監督・指導を行っています。もちろん、保険代理店もその例外ではありません。

　また、近年過労死が社会問題化するなど労働者の健康確保が大きな課題になっており、長時間労働、それに伴う未払い残業代については監督署も厳しく指導を行っています。

　本章では、監督官による監督・指導の内容と、近年特にクローズアップされている社員の健康管理に関する法令の内容についてみていきます。

(1) 監督官はいつやってくるのか?

　はじめに、労基法等の取り締まりにあたる監督官の主な業務について確認します(図表9-1)。

図表9-1　労基法等の取り締まりに関する業務

申告・相談の受付	法定労働条件に関する相談や、勤務先が労基法などに違反している事実について行政指導を求める申告の受付をする。
臨検監督 (監督指導)	定期的にもしくは労働者からの申告などを契機として、事務所などに立ち入り、帳簿などを調査して労働条件について確認を行い、その結果、法違反が認められた場合

	には事業主などに対しその是正を指導する。
司法警察事務	度重なる指導にもかかわらず是正を行わない場合など、重大・悪質な事案については、労基法などの違反事件として取調べ等の任意捜査や捜索・差押え、逮捕などの強制捜査を行い、検察庁へ送検する。

(厚労省リーフレット「労働基準監督署の役割」を基に作成)

　このように、監督官は、さまざまな業務をとおして、労基法関係法令の遵守を指導しています。そして、その取り締まりのために、実際に監督官が店舗や事務所を訪問して調査を行うのが「臨検監督」（通称「臨検」）です。

　臨検は、ⅰ）各労働局の管内事情に即して対象事業場を選定し、年間計画により実施する「定期監督」と、ⅱ）労働者からの申告により把握した事業場に対して実施する「申告監督」、ⅲ）労働災害の発生による「災害調査」の3つに分類することができます。

　ちなみに、監督官が取り締まることができるのは労基法、安衛法、最賃法等の労働基準関係の法律に関するものであって、それ以外の、たとえば労契法に関しては指導する権限はありません。したがって、解雇に関する規制については、解雇予告などの労基法で定める解雇手続については指導することができますが、客観的合理性などの労契法で定める解雇の有効性について判断することはもちろん、指導する権限もありません。

　ところで、「うちは10年以上やっているけど監督官なんて来たことないよ」という声はよく聞かれます。実は監督指導の対象となる事業場は約412万か所に上るのに対して、監督官の数は全国で3,241人（平成28年度）にすぎません（「第2回『労働基準監督業務の民間活用タスクフォース』」資料）。監督業務の実施件数は定期監督等で年間約13万4千件ですので、実施率にして約3.3％で、単純計算で33年に1回しか来ない計算になります。

　では、監督署は、どのように臨検の対象事業場を選定しているので

しょうか。

　規制改革推進会議の「労働基準監督業務の民間活用タスクフォース」(以下「監督業務ＴＦ」といいます）に提出された資料によれば、窓口・電話相談、投書、申告等の情報や過去の監督結果などにより収集した情報を分析し、労働条件や安全衛生上の問題が認められる企業に対し、重点的に指導すべき対象として決定しているとされています。また、近年は、求人系口コミサイト、掲示板サイト、SNS（facebook、mixi 等）、ブログ等の検索、監視員による監視等により問題が認められれば監督署に通報するというしくみも導入されています。これにより、平成28年４月から翌年２月までの間に612件が通報されています。

　このように、臨検はまんべんなくやっているというよりも、労基法違反が疑わしい事業場にしぼって行われています。

(2)　臨検を受けた場合のその後は

　臨検は、労基法101条１項の「労働基準監督官は、事業場、寄宿舎その他の附属建設物に臨検し、帳簿及び書類の提出を求め、又は使用者若しくは労働者に対して尋問を行うことができる」という規定に基づき実施される場合もありますが、一般的には、立入調査を行うことに協力を要請する形で実施されることが多いです。もっとも、事業主がこの要請に応じない場合には、同条に基づいて強制的に調査を行うことができるため、協力要請だからとって拒否することは難しいのが現実です。臨検は予告なく実施されることも多いため、日ごろから労働関係法令の遵守が求められます。

　臨検があった場合の一般的な流れは図表９－２のとおりです。

☞図表9-2　臨検の流れ

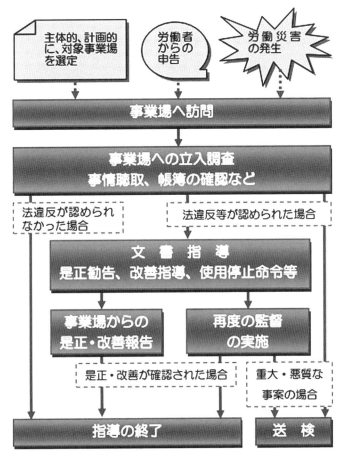

（注）　上図は一般的な流れを示したものであり、事案により、異なる場合もあります。

（厚労省HP（注）より）

　ここで、確認しておきたいのは、労基法違反が発覚したとしても直ち

（注）　http://www.check-roudou.mhlw.go.jp/law/kantokukan.html

に送検されるわけではないということです。送検処分をされるのは「重大・悪質な事案の場合」とされており、通常は、監督署の勧告・指導に対して、適切に是正・改善を行えば、指導は完了します。監督業務ＴＦにおいても、「違法な事業主に制裁を加えるということが第一眼目ではなくて、基準法に違反する労働実態を是正していただいて、将来にわたって働く方が安心して働けるような適正な労働環境を確保するといったことが目的」（第２回議事録）とされていますので、前向きに働きやすい職場づくりのきっかけにしてください。

なお、「臨検を拒み、妨げ、若しくは忌避し、その尋問に対して陳述をせず、若しくは虚偽の陳述をし、帳簿書類の提出をせず、又は虚偽の記載をした帳簿書類の提出をした者」については、30万円以下の罰金に処するものとされています（労基法120条）。

(3) 突然の臨検にどう臨むか～是正指導で多いのは労働時間と残業代の不払い～

臨検では、監督官の権限を説明したうえで、法定の帳簿（代表的なものとして、いわゆる法定三帳簿である労働者名簿・賃金台帳・出勤簿）をはじめとする、さまざまな書類の提出を求め、確認されます。たとえば、就業規則や雇用契約書（労働条件通知書）、三六協定などの労使協定、健康診断の実施記録等を準備するように指示され、それらの資料に基づいて調査、指導が行われます。

是正指導で多いのは、やはり労働時間と割増賃金に関係する事項です。どちらも、保険代理店では、問題があることが多い分野ですので注意してください。

割増賃金については、場合によっては賃金債権の時効である２年間遡及して支払うよう是正勧告されることもあります。全国の監督署の指導により支払われた割増賃金の平均額は、１企業あたり741万円、労働者１人あたり11万円と発表されており（平成27年度結果）、万が一の場合には、重い負担となるリスクがあります。

☞ 図表9-3 定期監督における立入調査の過程

是正勧告，司法処分等

立入	資料要求	概要確認	管理方法等の確認	実際の労働時間の確認
・労働基準監督官証票やリーフレット（労働基準監督官の仕事等）により監督官の権限を説明しながら、立入調査を開始する。	・事業場側に労務関係書類等の提出を求める。	・事業概要及び部署ごとの業務内容・配属人数、部署の管理体制を確認する。	・事業場が採用する労働時間制度ごとに、①所定労働時間、②時間外・休日労働の把握方法、③割増賃金の計算方法を確認する。 ※(2)について、「労働時間適正把握ガイドライン」に基づき労働時間の把握が適正に行われているか確認。 ※必要に応じ、労働者にも聴取を行う。	・時間外・休日労働の実績について、賃金台帳上の残業時間数とPCの使用時間記録等を突合し、乖離の有無及び違法な長時間労働、賃金不払残業の有無を確認する。 ・過重労働の原因について、取引条件等も確認を行う。 ※必要に応じ、労働者にも聴取を行う。
	事業場労務関係書類等の提出を求める	・会社案内・組織図（事業部署及び役職名が示されているもの）等	・就業規則、労働時間制度に係る労使協定・協定（みなし労働時間制、裁量労働制等）、36協定届・労働時間の管理マニュアル、労働時間管理に関して社内に指示した文書・メール、社内研修資料等	・賃金台帳又は給与明細等 ・タイムカード、PCの使用時間記録、日報、自己申告書、会議の記録、入退館記録、施錠記録、警備記録等

（規制改革推進会議TF第2回資料より）

第1節　労働基準監督署の基礎知識　301

平成29年度からは労基法等の法令違反で送検された事案などを企業名付きでホームページに掲載されるようになり、さらには是正指導段階での企業名公表制度も強化されるしくみが設けられました。これらは刑罰とは異なりますが、社会的サンクションの機能があるため、労務コンプライアンスは今後ますます重要なものになるでしょう。

　なお、委託型募集人の適正化（第１章・第３節参照）の時期に京都の監督署が適正化後の労働条件が労働関係法令に抵触しないか、注意喚起をしたことがあるように（図表９－４）、保険代理店もすでに監督対象として把握されています。

　監督署では事業主が自身で労働基準関係法令違反の有無を確認することができる自主点検表を作成しています。これについては「代協活動の現状と課題〔平成28年版〕」に掲載されていますので、参照するとよいでしょう。

図表９−４　京都下労働基準監督署より発出された文書

平成 26 年 4 月 23 日

各保険会社・保険代理店　御中

京都下労働基準監督署

「委託型募集人」の適正化にあたりご留意いただきたいことについて

　時下、ますますご清栄のこととお慶び申し上げます。
　また平素から、労働行政の運営につきまして、ご理解とご協力をいただき厚くお礼申し上げます。
　さて、「委託型募集人」については、今般、金融庁が保険業法第 275 条第 3 項に定める再委託の禁止に抵触するおそれがあると判断したことから、貴事業場及び貴事業場傘下の保険代理店におかれましては、その実態調査と適正化措置に向けた取り組みを行っておられることと存じます。
　この「委託型募集人」の適正化にあたり、今後、貴事業場において「雇用」・「派遣（の受け入れ）」・「出向（の受け入れ）」の勤務形態を選択する場合、「委託型募集人」は、貴事業場、派遣会社、出向元会社のいずれかに労働者として雇用されることとなり、労働基準関係法令・労働安全衛生関係法令が全面的に適用されることとなりますので、貴事業場及び貴事業場傘下の保険代理店におかれましては、これら関係法令に抵触することが無いよう、適正な措置を講じられますようお願いいたします。
　なお、労働基準関係法令・労働安全衛生関係法令についてご不明な点がございましたら、下記問合せ先までにお問い合わせください。(裏面もご覧ください。)

問合せ先：京都下労働基準監督署
〒600-8007
京都市下京区四条東洞院東入る立売西町 60
日本生命四条ビル 5F
TEL. 075-254-3196、FAX 075-254-3210
担当：第一方面

（参考事項）

「委託型募集人」が「雇用」・「派遣」・「出向」の勤務形態となる場合、当該「委託型募集人」は、貴事業場、派遣会社、出向元会社のいずれかに労働者として雇用されることとなります。

「労働者」を使用する事業主（者）は、労働基準関係法令・労働安全衛生関係法令に基づき以下の措置を講ずる必要があることに留意する必要があります。

1. 労働者を雇い入れる際には、労働条件を明示する必要があり、特に賃金、労働時間等法令で定める事項について書面の交付により明示する必要があります。（労基法第15条、労基則第5条）
2. 労働者を解雇する場合には、30日以上前に予告するか、解雇予告手当を支払わなければなりません。（労基法第20条）
3. 労働時間は、1週40時間、1日8時間以内としなければなりません。（労基法第32条）
   またこれを超える労働をさせる場合は、時間外・休日労働に関する労使協定（いわゆる「36協定」）を締結しなければなりません。
4. 賃金について最低賃金法が適用されます。（最賃法第4条）
5. 賃金のいわゆる5原則が適用されます。（労基法第24条）
6. 会社都合による休業については、休業手当の支払いが必要になります。（労基法第26条）
7. いわゆる「歩合給」等出来高払制の場合であっても労働時間に応じた一定額の賃金を保証する必要があります。（労基法第27条）
8. 1週40時間、1日8時間を超える労働については、割増賃金の支払いが必要になります。（労基法第37条）
9. 年次有給休暇を付与する必要があります。（労基法第39条）
10. 「委託型募集人」を雇用することにより、労働者が10人以上となった事業場では就業規則を作成し、これを所轄労働基準監督署長に届け出る必要があります。（労基法第89条）
11. 雇い入れ時とその後1年以内ごとに1回定期に健康診断を実施する必要があります。（安衛法第66条、安衛則第43条、44条）
12. 健康診断で所見のあった労働者については医師の意見聴取が必要です。（安衛法第66条の4）
13. 労働者が業務上の災害で休業する場合、労働者死傷病報告を提出する必要があります。（安衛法第100条、安衛則第97条）
14. その他、法令で定める事項

第2節 社員の健康障害の防止

　近年、過重労働が社会問題になっており、監督署も指導を強化しています。厚労省は、長時間労働が行われている事業場に対する監督指導の徹底することを掲げており、平成27年1月から月100時間超の時間外労働が行われているすべての事業場に対する監督指導を実施するとし、さらに平成28年4月からはその範囲を月80時間超に拡大しました。このような中、万一過労死が発生すれば、監督署による指導対応だけでなく、遺族から損害賠償を請求されるなど経営に極めて重大な影響を与えるおそれがあります。

　このように、過重労働対策は保険代理店にとっても無縁のものではありません。そこで、以下では、過労死を防止するための過労死の労災認定基準について、さらに社員の健康管理に関する法令の規制について解説します。

(1) 過労死防止のために

① 過労死とは

　「過労死」には、業務における過重な負荷による脳・心臓疾患を原因とする死亡と、業務における強い心理的負荷による精神障害を原因とする自殺による死亡があります。これらが「労災」と認定されるのはどのような場合なのかについては、次にみる厚労省が定めた基準に基づいて判断されます。

ア）脳・心臓疾患の労災認定基準

　脳・心臓疾患の労災認定基準（H13.12.12基発1063、H22.5.7基発0507第3）によれば、業務による明らかな過重負荷が加わることによって、血管病変等が自然経過を超えて著しく増悪して発症した脳・心臓疾患は、業務に起因することの明らかな疾病、つまり労災として取り扱うものとされています。

　同基準では、具体的な認定の枠組みを、大きく次の3つに区分しています。すなわち、ⅰ）異常な出来事に遭遇したこと、ⅱ）短期間の過重業務に就労したこと、ⅲ）長期間の過重業務に就労したことです。このうち、問題となることが多いのはⅲ）長期間の過重業務に就労したことです。

　ⅲ）長期間の過重業務に就労したことに該当するかどうかを具体的に評価するにあたっては、労働時間の長さのほか、不規則な勤務、拘束時間の長い勤務、出張の多い業務、交代制勤務・深夜勤務、作業環境、精神的緊張を伴う業務の負荷要因について十分検討することとされています。労働時間については、具体的に、次のａ）またはｂ）の場合に、「業務と発症との関連性が強いと評価できる」とされています。

> ａ）発症前1か月間におおむね100時間を超える時間外労働（1週間あたり40時間を超えて労働した時間数。本節において以下同じ）が認められる場合
> ｂ）発症前2か月間ないし6か月間にわたって、1か月あたりおおむね80時間を超える時間外労働が認められる場合

　このように、時間外労働80時間超とか100時間超に上るような恒常的な長時間労働等の負荷が長期間にわたれば脳・心臓疾患の発症に繋がるおそれがあります。脳・心臓疾患は特に中高年に多い疾病ですので、とりわけこれらの年齢層の社員についてはこの2つの数字には注意が必要です（脳・心臓疾患の労災認定件数の約9割が40歳以上です（厚労省「平成29年度『過労死等の労災補償状況』」））。

イ）精神障害の労災認定基準

近年、仕事によるストレスが関係した精神障害についての労災請求が増えていますが、精神障害が労災と認定されるのは、その発病が仕事による強いストレスによるものと判断できる場合です。

そこで、このような場合の労災認定をより迅速に行うために定められているのが、「心理的に負荷による精神障害の認定基準」（H23.12.26基発1226第1）です。

この基準では、次の3つを満たす精神障害は、業務上の災害と認められるものとされています。

---

a）対象疾病（「うつ病」、「急性ストレス反応」など）に該当する精神障害を発病していること
b）対象疾病の発病前おおむね6か月の間に、業務による強い心理的負荷が認められること
c）業務以外の心理的負荷および個体要因により精神障害を発病したとは認められないこと

このうち、業務に関連するb）に該当するかどうかついては、厚生労働省が作成した「業務による心理的負荷評価表」を用いて、心理的負荷が「強」と評価された場合には、要件を満たすものとされています。長時間労働については、次の3とおりの視点から評価されます。

☞長時間労働がある場合の心理的負荷評価

> ⅰ）極度の長時間労働による評価
> 　発病直前の極めて長い労働時間を評価します。
> 【「強」になる例】
> ・発病直前の1か月におおむね160時間以上の時間外労働を行った場合
> ・発病直前の3週間におおむね120時間以上の時間外労働を行った場合
>
> ⅱ）長時間労働の評価
> 　発病前の1か月から3か月間の長時間労働を出来事として評価します。
> 【「強」になる例】
> ・発病直前の2か月間連続して1月当たりおおむね120時間以上の時間外

労働を行った場合
  ・発病直前の３か月間連続して１月当たりおおむね100時間以上の時間外労働を行った場合
ⅲ）他の出来事と関連した長時間労働
　心理的負荷を伴う出来事が発生した前や後に恒常的な長時間労働（月100時間程度の時間外労働）があった場合、心理的負荷の強度を修正する要素として評価します。
【「強」になる例】
  ・転勤して新たな業務に従事し、その後月100時間程度の時間外労働を行った場合

（厚労省パンフレット「精神障害の労災認定」より）

　ちなみに、いわゆるパワハラが原因となって精神障害が発症した場合にも、「ひどい嫌がらせ、いじめ、又は暴行を受けた」できごととして、次のような場合には、心理的負荷が「強」と判定されることが示されています。

【「強」になる例】
・部下に対する上司の言動が、業務指導の範囲を逸脱しており、その中に人格や人間性を否定するような言動が含まれ、かつ、これが執拗に行われた
・同僚等による多人数が結託しての人格や人間性を否定するような言動が執拗に行われた
・治療を要する程度の暴行を受けた

　業務による心理的負荷によって精神障害を発病した人が自殺を図った場合は、精神障害によって、正常な認識や行為選択能力、自殺行為を思いとどまる精神的な抑制力が著しく阻害されている状態に陥ったもの（故意の欠如）と推定され、原則としてその死亡は労災認定されます。

　ウ）過労死を発生させないために
　過労死は決して許されないことであることはいうまでもありません。そのため、このようなことが決して起こらないよう、日ごろから社員の

健康状態や労働時間の状況に気を配ることが大切です。

　また、一般的に、時間外労働が月45時間を超えれば健康障害のリスクが高まると考えられていますので、この時間を超える時間外労働が行われている場合には、業務の遂行方法について改善できる部分はないか、検討する必要があります。また、時間外労働が月45時間超であるなど長時間に及んでいる場合には、次にみる面接指導などの健康確保措置を適切に実施する必要があります。

②　長時間労働者への面接指導

　長時間労働による健康障害を防止するために、労働安全衛生法では、時間外・休日労働時間（1週間あたりの労働時間が40時間を超えた時間数）が1か月あたり80時間(注)を超えており、かつ、疲労の蓄積が認められる社員が面接指導の実施を申し出た場合には、会社は、医師による面接指導を行わなければならないとされています（安衛法66条の8、安衛則52の2第1項）。前述のように時間外労働が80時間を超えていれば、過労死認定基準にかかわりますので、本人から申出がない場合には、面接指導の受診を勧奨するとよいでしょう。

　面接指導の申出を受けた保険代理店は、おおむね1か月以内に医師による面接指導を行わなければなりません（安衛則52条の3、H18.2.24基発224003）。この場合の医師は産業医によるのが原則ですが、保険代理店の場合、産業医を選任していることは少ないと思われますので、その場合には地域産業保健センターを利用することもできます。地域産業保健センターは、労働者数50人未満の小規模事業者を対象として、安衛法で定められた保健指導などの産業保健サービスを無料で提供しています。

（注）　従前の面接指導にかかる基準は1月100時間であったところ、法改正により平成31年4月1日からは80時間に見直された。そしてこの基準を超えた社員に対して、速やかに、80時間超えた時間に関する情報を通知しなければならないとされた（改正後の安衛則52の2第3項）。

事業者は面接指導後のおおむね1か月以内に、面接指導実施者の就業上の措置に関する意見を医師から聴取し、面接指導の結果の記録を作成します（安衛則52条の6、同条の7、前掲通達）。
　保険代理店は、この医師からの意見を勘案して、必要に応じて、労働時間の短縮等の措置を講じなければならないとされています（安衛法66条の8第5項）。

③　パワーハラスメント（パワハラ）にも注意を

　過労死は、前述のように長時間労働のほかにも、パワハラが原因となって精神障害を発症し、自殺に至る場合も含まれます（労災認定基準については**本節**(1)①参照）。
　しかし、パワハラには法令上の定義はなく、あいまいさを含む概念であり、その判断が難しい場合が少なくありません。そして、気を付けようにも「受け手の問題で、どうしようもない」という声も聞かれます。実際、パワハラかどうかの線引きは極めて難しいのが現実です。
　裁判例でも、保険会社において、「やる気がないなら、会社を辞めるべきだと思います。当ＳＣ〔筆者注：サービスセンター〕にとっても、会社にとっても損失そのものです」などというメールを、本人だけでなく同じ職場の従業員十数名にも送信するなどしたケースで、「名誉感情をいたずらに毀損するものであることは明らかであり、上記送信目的〔筆者注：叱咤督促する趣旨〕が正当であったとしても、その表現において許容限度を超え、著しく相当性を欠く」ものとして、慰謝料（5万円）を認めたものがあります（東京高判Ｈ17.4.20「Ａ保険会社上司（損害賠償）事件」）。しかし、実はこの事件の一審（地裁）では原告（労働者）の請求は棄却されていました。このことからも、パワハラなのか業務上必要な指導なのかの境界は、あいまいなものであることがわかります。
　そこでパワハラに該当するかどうかの基準として、参考になるのが「職場のパワーハラスメント防止対策についての検討会報告書」（以下「パワハラ防止報告書」といいます）です。この報告書では、パワーハラス

メントの要素を次のように整理しています。

> ⅰ）優越的な関係に基づいて（優位性を背景に）行われること
> ⅱ）業務の適正な範囲を超えて行われること
> ⅲ）身体的もしくは精神的な苦痛を与えること、または就業環境を害すること

　ここで最大のポイントは、ⅱ）で業務の適正な範囲を超えるものがパワハラとされている点です。つまり、個人の受け取り方によっては、業務上必要な指示や注意・指導を不満に感じたりする場合でも、これらが業務上の適正な範囲で行われている場合には、パワハラにはあたらないものとなります。社長や上司は、この点をふまえて、業務上の指揮監督や教育指導を行う必要があります。

　パワハラの具体例については、平成23年にとりまとめられた「職場のいじめ・嫌がらせ問題に関する円卓会議ワーキング・グループ報告」（以下、「パワハラWG報告」といいます）が参考になります（図表9－5）。ここでは、パワハラを6つの行為類型に分類・整理されています。すべてのパワハラがこれらのどれかに分類できるわけではありませんが、理解の助けになるでしょう。

図表9－5　パワハラの類型と具体例

類　型	具体例
暴行・傷害（身体的な攻撃）	・物を投げつけられ、身体に当たった ・いきなり胸ぐらをつかまれて、説教された
脅迫・名誉毀損・侮辱・ひどい暴言（精神的な攻撃）	・同僚の前で、上司から無能扱いする言葉を受けた ・必要以上に長時間にわたり、繰り返し執拗に叱られた
隔離・仲間外し・無視（人間関係か	・先輩・上司に挨拶しても、無視さ

らの切り離し）	・れ、挨拶してくれない ・根拠のない悪い噂を流され、会話してくれない
業務上明らかに不要なことや遂行不可能なことの強制、仕事の妨害（過大な要求）	・終業まぎわなのに、過大な仕事を毎回押しつけられる ・達成不可能な営業ノルマを常に与えられる
業務上の合理性なく、能力や経験とかけ離れた程度の低い仕事を命じることや仕事を与えないこと（過小な要求）	・営業職なのに、倉庫の掃除を必要以上に強要される ・事務職で採用されたのに、仕事は草むしりだけ
私的なことに過度に立ち入ること（個の侵害）	・個人所有のスマホを勝手にのぞかれる ・休みの理由を根掘り葉掘りしつこく聞かれる

（具体例は厚労省パンフレット「職場におけるセクシュアルハラスメント対策や妊娠・出産・育児休業・介護休業等に関するハラスメント対策は事業主の義務です！！」より）

　保険代理店では、ノルマに対する強いプレッシャーにさらされたり厳しい営業指導が行われたりする場合があります。もちろんノルマを課すことやプレッシャーをかけること自体が問題なわけではありません。

　しかし、それも度を超せば「過大な要求」に該当するおそれがあります。また、成果の上がらない社員に対して、不満や怒りにまかせて「バカ」「死ね」などの暴言や人格を否定する言葉を遣ったり、晒しもののように他の社員の前で執拗に叱りつけたりすれば、「精神的な攻撃」にも該当するといえます。

　このようなパワハラがはびこっていては、ストレスが溜まりやすい職場となってしまい、社員も心の余裕が失われ、顧客へのサービスがいきとどかなくなったり、職場内での人間関係が悪化しいじめが発生しやすくなったりします。もし、このような状況を放置し、社員がうつ病などの精神障害にかかれば、労災に認定され、会社も民事上の責任を負うおそれがあります。なにより、人の命にかかわるかもしれません。

このように、パワハラにはさまざまなリスクがあるため、経営者の方もその問題をよく理解し、会社の姿勢を明確化するなどパワハラ防止のための措置を講じることが適切です。

　保険代理店の経営者の中には、自分の腕一本でここまでのし上がってきたという自負がある方も少なくないので、若者や部下を頼りないと思ったり、必死さが足りないと感じて厳しく叱ってしまうこともあるのかもしれません。それを全面的に否定するわけではありませんが、このような場合でも、業務上必要なことなのかどうか、自問することが大切です。

　もとより、大切なのは社員が能力を発揮しやすい職場づくりです。そのためには、パワハラかどうか微妙なケースも含め、良い職場づくりを阻害するような言動については、しっかりと指導する必要があります。

規定例

> （パワーハラスメントの禁止）
> 第○条　社員は、他の従業員に対して、職務上の地位や人間関係などの職場内の優位性を背景に、業務の適正な範囲を超えて、精神的もしくは身体的苦痛を与え、または職場環境を悪化させる行為をしてはならない。
> 　2　社員は、前項に定める行為により被害を受けた場合には、社長に相談し、または苦情を申し出ることができる。

(2) 定期健康診断

① 定期健康診断の概要

　長時間労働にまでは至らないまでも、社員の健康管理にあたっては、健康状態を客観的な資料により把握することが重要です。安衛法では、会社は、雇入れ時および1年以内ごとに1回、社員に対して医師による

健康診断を実施しなければならないとされています。健康診断は保険代理店の規模を問わず、義務づけられています（安衛法第66条）。

健康診断の診断項目^(注)は、次のとおりです（安衛則43条、44条）。

```
ⅰ）既往歴・業務歴の調査
ⅱ）自覚症状・他覚症状の有無の検査
ⅲ）身長・体重・腹囲・視力・聴力の検査
ⅳ）胸部エックス線検査・喀痰検査
ⅴ）血圧の測定
ⅵ）貧血検査（血色素量、赤血球数）
ⅶ）肝機能検査（GOT、GPT、γ－GTP）
ⅷ）血中脂質検査（LDL・HDL コレステロール、TG）
ⅸ）血糖検査
ⅹ）尿検査（尿中の糖および蛋白の有無の検査）
ⅺ）心電図検査
```

健康診断の対象となるのは正社員だけでなく、一定のパートタイマーも含まれます。対象になるかどうかの基準は、ⅰ）労働契約期間が無期または1年以上の者（更新により1年以上雇用されることが予定される者、1年以上引き続き雇用されている者を含みます。）で、ⅱ）1週間の所定労働時間数が正社員の4分の3以上であることとされています（H19.10.1基発1001016）。

法定健康診断の「費用」は、会社が負担すべきものとされています。ただし、その「時間」について賃金を支払うことまでは求められていません（S47.9.18基発602）。ここは混同しやすいので注意してください。

健康診断の結果は、健康診断個人票を作成し、それぞれの健康診断に

（注） 定期健康診断の場合には、年齢等の基準に基づき、医師が必要でないと認めるときは省略できる項目がある。なお、雇入れ時健康診断においては、ⅳ）は胸部エックス線検査のみとなっている（喀痰検査は診断項目にない）。

よって定められた期間、保存しておかなくてはなりません（安衛法66条の３）。また、常時50人以上の労働者を使用する保険代理店は、定期健康診断を行ったときは、遅滞なく「定期健康診断結果報告書」を所轄労基署長に提出しなければなりません（安衛則52条）。

健康診断実施後は、その結果に基づき、健康診断の項目に異常の所見のある社員については、医師等の意見を聞き（安衛法66条の４）、その意見を勘案し必要があると認めるときは、作業の転換、労働時間の短縮等の適切な措置を講じなければならないとされています（安衛法66条の５）。実際には、健康診断の結果まではチェックしていないという代理店の経営者も少なくありませんが、高齢者の多い保険代理店では、たとえば前述の脳・心臓疾患と関連があるとされる血圧や血中脂質検査、血糖検査の結果などは注意しておきたいところです。

なお、定期健康診断等のうち、直近のものにおいて、脳・心臓疾患を発症する危険性が高いと判断された社員については、脳血管および心臓の状態を把握するための二次健康診断、および脳・心臓疾患の発症の予防を図るための医師等による特定保健指導を受診者の負担なく受けることができる労災保険制度の保険給付があります（労災保険法26条）。

② 健康情報の取扱いは慎重に

健康診断や医師による面接指導、ストレスチェック（注）などから取得した「労働者の心身の状態に関する情報」には、個人情報保護法でいう「要配慮個人情報」に該当する機微な情報も含まれています。このため、平成31年４月１日施行の改正安衛法により、保険代理店は、労働者の健康の確保に必要な範囲内で心身の状態に関する情報を収集し、収集の目

（注） 労働者のメンタルヘルス不調の未然防止等のために、常時使用する労働者に対して、医師、保健師等による心理的な負担の程度を把握するための検査（ストレスチェック）を実施することが会社の義務となった（安衛法66条の10）。なお、労働者数50人未満の事業場は当分の間努力義務とされている（平成26年改正安衛法附則４条）。

的の範囲内で適正にこれを保管し、使用しなければならないとされています。さらに、適正に管理するために必要な措置を講じなければならないとされています（改正後の安衛法104条）。

 第3節 保険代理店の働き方改革の展望

　本書を締めくくるにあたって、保険代理店の働き方改革について、業界団体の取組みを含めて、言及します。

　本書でもたびたび指摘したように、保険代理店業界では必ずしも労働時間管理が徹底されていない場合が多く、いまだ取り組む態勢には至らないまま長時間労働が見過ごされている場合も少なくありません。営業社員も、会社からノルマはあっても、その達成過程に関しては本人に任されているような場合も多く、そもそも会社があれこれと指示することに対しては反発を招くこともあります。

　しかし、そのような状況を変えようとする動きも出てきています。たとえば、日本損害保険代理業協会（以下「日本代協」といいます）は平成30年7月、「長時間労働の是正」に向けて、損害保険労働組合連合会（損保労連）と共同宣言を締結しました。宣言では、「保険会社と保険代理店との間にある長時間労働につながる商慣習を、両者が一体となって見直していくことが不可欠」という認識のもとで、次のような取組みを実践していくとしています。

○　自らが関係法令や社内のワークルールを遵守することに加え、相手が違反しないよう配慮する。
○　相手の営業時間外や休日における電話や打合せなどは控える。
○　各種業務の依頼にあたっては、適切な期日を設定するよう配慮する。
○　自らが対応すべき業務を相手に依頼することを控える。

　また、削減した労働時間に見合うかそれを上回る生産性の向上にも取り組まなければなりません。そのためには、営業社員がバラバラで活動

するのではなく、組織としての取組みが必要です。すでに保険会社が行う商品説明会や研修などに参加させるだけでなく、営業マニュアルやトークスクリプトを整備し、自社において面談シミュレーションや保険商品の勉強会などの教育に力をいれるなど組織的に営業ノウハウを研鑽し、また社員同士が協力し合う体制を整えている保険代理店も現れ始めています。

　事務スタッフについても、生産性向上と無関係ではありません。事務のミスが多いと嘆く社長は非常に多いのですが、取組みを進めている代理店では、管理者と現場スタッフでミスの原因や効率を阻害している要因は何なのか調査し、その改善を図ることで、業務の効率化を図ろうとしています（このとき、個人の注意力に頼っているだけではなかなか事務のミスは減りませんので、ミスを防止できるしくみづくりが大切です）。

　このような取組みを通して事務スタッフに余力が出てくれば、契約更改業務や保全業務の一部を担当させて、営業社員がより営業に集中できるようにすることも可能となります（このような事務スタッフの「戦力化」については、尾籠裕之「保険代理店成長モデル－仕事のやり方で生産性が上がる」（績文堂出版）で、事例を含めて紹介されています）。

　日本代協も、生産性の向上のため、次のような取組みを提案しています（日本代協「代協活動の現状と課題〔2018年版〕」）。

○　社員の仕事に余裕を持たせる ⇒ 保険会社を活用しながら効果を高める
　・計上業務のレベル向上、商品・システムの知識力向上、整理整頓、重複業務の排除、業務中断の削減、ルール・指針の徹底
○　事務の勉強会を継続し、実務能力を高める
○　「営業マニュアル」・「業務フロー」・「顧客対応スクリプト」を作り、業務を標準化する
○　成功確率の高い方法を取り入れる……顧客セグメント（３R顧客）・得意分野・タイミング
○　既存顧客（特に重要顧客）に時間を割いて対応する……新規より既存顧客の丸抱え

- ○ 世帯単位（世代単位）の契約管理に変えて世代交代に備える
- ○ 単品の取引をまとめ、継続の機会を事務からコンサルの時間に変える
- ○ ライフコンサルのプロセスを学び、拡大する人リスクを取り込む
- ○ 中小企業の新種リスク・エコノミックロス対策の知識・提案能力を上げる
- ○ 中小企業の事業承継への提案力を向上させる ⇒ 生保活用・M＆A専門家との協業

　このような施策を実施するためには、管理者（多くの場合は社長）の役割も重要になってきます。保険代理店では社長が営業のエースであることも多いのですが、今後は上記のような取組みをとりまとめて、主導するマネージャーの役割を果たすことが求められます。そのためにも自身の営業ノウハウやスキルの棚卸と伝承をすることが求められるようになるでしょう。

　賃金体系もそのような育成体制に相応しいものに見直す必要が出てきます。営業の方法について指導・管理をしていくことになれば、フルコミッションのような「成果」を重視した賃金体系（歩合給制）は、整合的ではなくなります。営業の仕方に裁量がなければ、報酬の多少を個人の責任に帰すようなしくみは適当ではないからです。組織として営業活動にあたるのであれば、行動プロセスを評価するようなしくみがふさわしいといえます。

　もっとも、このような方針の転換は、報酬体系にとどまらず、労働時間管理や服務規律の考え方など、労務管理全体にわたる問題となります。したがって、自社をどのようにして発展させていくのか、社員にどのような働き方を求めるのか、引き続き個人の裁量と成果を重視するのか、組織化を図るのか、成果かプロセスか、方針を定めて取り組むことが求められます。

就業規則　規定例　索引

（雇入れ時の提出書類）……………………………………………… 93
（マイナンバーの取扱い）…………………………………………… 93
（社員としての心構え）……………………………………………… 95
（遵守事項）…………………………………………………………… 95
（情報管理に関する遵守事項）……………………………………… 98
（試用期間）…………………………………………………………… 115
（出 退 勤）…………………………………………………………… 126
（直行直帰）…………………………………………………………… 126
（休　　日）…………………………………………………………… 129
（休日の振替）………………………………………………………… 129
（代　　休）…………………………………………………………… 130
（時間外、休日および深夜業）……………………………………… 137
（定額残業手当）……………………………………………………… 152
（外回り営業等）……………………………………………………… 158
（フレックスタイム制）……………………………………………… 165
（１か月単位の変形労働時間制）…………………………………… 171
（年次有給休暇）……………………………………………………… 186
（セクシュアルハラスメントの禁止）……………………………… 200
（妊娠・出産・育児休業等に関するハラスメントの禁止）……… 200
（基 本 給）…………………………………………………………… 214
（歩 合 給）…………………………………………………………… 214
（賞与の支給）………………………………………………………… 216
（保 障 給）…………………………………………………………… 225
（解　　雇）…………………………………………………………… 260
（解雇予告）…………………………………………………………… 260
（解雇制限）…………………………………………………………… 261
（懲戒の種類、程度）………………………………………………… 263
（懲戒事由）…………………………………………………………… 264
（定年退職）…………………………………………………………… 276
（退　　職）…………………………………………………………… 277
（休　　職）…………………………………………………………… 281
（休職期間）…………………………………………………………… 282
（復　　職）…………………………………………………………… 282

(再 休 職)……………………………………………… 282
(休職期間中の賃金)……………………………… 283
(保険契約の帰属)………………………………… 293
(退職後の戻入金)………………………………… 293
(退職後の手数料の取扱い)……………………… 293
(パワーハラスメントの禁止)…………………… 313

参考文献

浅井弘章〔監〕、保険業法研究会〔著〕『Q&A 改正保険業法ガイドブック』ビジネス教育出版
安西　愈『トップ・ミドルのための 採用から退職までの法律知識〔14訂〕』中央経済社
石嵜信憲〔編著〕ほか『就業規則の法律実務〔第4版〕』中央経済社
尾籠裕之『保険代理店成長モデル――仕事のやり方で生産性が上がる』績文堂
九條　守『損害保険代理店スーパープロフェッショナル　保険実務の道しるべ』保険教育システム研究所
栗山泰史『保険募集制度の歴史的転換―募集改革の経緯・狙い・展望―』保険教育システム研究所
桒原敏彰『保険業界で成長し続けるための8つの戦略』新日本保険新聞社
厚生労働省労働基準局〔編〕『平成22年版 労働基準法（労働法コンメンタールNo.3）上・下』労務行政
厚生労働省労働基準局〔編〕『労働基準法解釈総覧〔改訂15版〕』労働調査会
澤井清治〔監〕『保険代理店のための人事・労務管理Q&A』保険教育システム研究所
菅野和夫『労働法〔第11版補正版〕』弘文堂
株式会社トムソンネット〔編〕ほか『図説 損害保険代理店ビジネスの新潮流』きんざい
株式会社トムソンネット〔編〕ほか『図説 損害保険ビジネス〔第3版〕』きんざい
株式会社トムソンネット〔編〕ほか『図説 生命保険ビジネス』きんざい
中山慈夫『就業規則モデル条文 第3版―上手なつくり方、運用の仕方』経団連出版
西川幸孝『マネジメントに活かす歩合給制の実務』日本法令
日本実業出版社 月刊「企業実務」編集部〔編〕『「会社の自動車」管理規程と実務ノウハウ』日本実業出版社
藤原久嗣『ベーシック就業管理〔全訂版〕労働時間・休日・休暇』生産性出版
向井　蘭『書式と就業規則はこう使え！』労働調査会
八木田鶴子〔監〕、代理店ビジネス研究会〔著〕『損保代理店 成功の秘訣』同友館
安居孝啓『最新 保険業法の解説』大成出版社
吉田桂公『新しい保険募集と販売ルールまるわかり』近代セールス社
吉田桂公『一問一答 改正保険業法早わかり―保険募集・販売ルール＆態勢整備への対応策』近代セールス社

著者略歴

森 慎一（もり　しんいち）

MORI社会保険労務士・行政書士事務所　代表
社会保険労務士・行政書士

立教大学法学部卒。進学塾講師、都内社会保険労務士事務所勤務等を経て独立。保険代理店をはじめ多くの会社の人事・労務管理の相談、就業規則の制改定、コンサルティング、労働者派遣事業許可申請や社会保険などの手続き代行など会社経営のサポートに携わる傍ら、講演・セミナーの講師も多数務める。また、学校での労働法教育などの社会貢献活動にも積極的に参加している。

住　所：千葉市中央区登戸1-15-32 キャピタル登戸6階
電　話：043-245-2288
メール：info@office-mori.biz

保険代理店の
人事・労務管理と就業規則　　2019年３月１日　初版発行

　　　　　　　　　　　　　　　　検印省略

〒101-0032　　　　　　　　　著　者　森　　　慎　　一
東京都千代田区岩本町１丁目２番19号　　発行者　青　木　健　次
https://www.horei.co.jp/　　　　編集者　岩　倉　春　光
　　　　　　　　　　　　　　　印刷所　東　光　整　版　印　刷
　　　　　　　　　　　　　　　製本所　国　　宝　　社

（営　業）TEL　03-6858-6967　　Ｅメール　syuppan@horei.co.jp
（通　販）TEL　03-6858-6966　　Ｅメール　book.order@horei.co.jp
（編　集）FAX　03-6858-6957　　Ｅメール　tankoubon@horei.co.jp

（バーチャルショップ）https://www.horei.co.jp/iec/
（お詫びと訂正）https://www.horei.co.jp/book/owabi.shtml

※万一、本書の内容に誤記等が判明した場合には、上記「お詫びと訂正」に最新情報を掲載
　しております。ホームページに掲載されていない内容につきましては、FAXまたはＥメー
　ルで編集までお問合せください。

・乱丁、落丁本は直接弊社出版部へお送りくださればお取替えいたします。
・JCOPY〈出版者著作権管理機構 委託出版物〉
　本書の無断複製は著作権法上での例外を除き禁じられています。複製される場
　合は、そのつど事前に、出版者著作権管理機構（電話03-5244-5088、FAX 03-
　5244-5089、e-mail: info@jcopy.or.jp）の許諾を得てください。また、本書を代行
　業者等の第三者に依頼してスキャンやデジタル化することは、たとえ個人や家庭
　内での利用であっても一切認められておりません。

　　　　　Ⓒ S. Mori 2019. Printed in JAPAN
　　　　　　ISBN 978-4-539-72658-7

書籍のご案内

マネジメントに活かす 歩合給制の実務

西川　幸孝【著】

Ａ５判　190頁　定価（本体価格2,400円＋税）

歩合給制の本質は何か。

歩合給制の現状と歴史を概観し、現在の企業における歩合給制の実態や法的背景と問題点、今後の可能性を考察。

裁判例や通達を掲げつつ実務へ役立てるためのポイントを示した書。

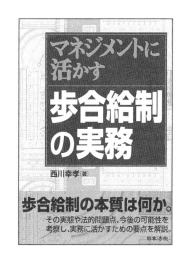

- 第１章　歩合給制の現状と歴史
- 第２章　歩合給制の法的側面
- 第３章　歩合給制と経営合理性
- 第４章　賃金とモチベーション、ルール支配行動
- 第５章　歩合給制度の実務考察
- 第６章　歩合給制度と労働条件の不利益変更
- 第７章　歩合給・出来高制のすすめ
- 資料編

お求めは、お近くの大型書店またはWeb書店、もしくは弊社通信販売係へ。
Tel：03－6858－6966　Fax：03－3862－5045　e-mail：book.order@horei.co.jp

書籍のご案内

警備・ビルメンテナンス業の労務管理ハンドブック

森田秀俊　吉川和子【共著】

Ａ５判　336頁　定価（本体価格2,500円＋税）

問題山積みの警備業・ビルメンテナンス業に特化した唯一の労務管理書！

　警備業・ビルメンテナンス業は労働集約型の事業であり、「高齢者・非正規従業員が多い」「長時間労働」「労災事故が多い」といった労務管理上の問題を抱えている業種です。
　さらに、2020年には東京オリンピックが開催されることもあって、両業界とも深刻な人手不足にも悩まされています。
　本書は、警備業およびビルメンテナンス業の顧客を数多く持つ社会保険労務士である著者が、警備業法をはじめとする業界の必須知識、労務管理上のポイント、6つの重要な安全衛生対策、社会保険の未加入対応、行政調査対応、助成金などについて解説するものです。随所に書式・規定例等も収録しました。

第1章	警備業界・ビルメンテナンス業界を知ろう
第2章	警備業・ビルメンテナンス業の労務管理ポイントを知ろう
第3章	働く人の健康と安全を守り、従業員が安心して働くための6つの対策
第4章	警備業・ビルメンテナンス業における社会保険対応
第5章	行政調査について知ろう
第6章	助成金活用を知ろう

お求めは、お近くの大型書店またはWeb書店、もしくは弊社通信販売係へ。
Tel：03－6858－6966　Fax：03－3862－5045　e-mail：book.order@horei.co.jp

書籍のご案内

歯科医院の採用・定着支援ハンドブック

牧 伸英【著】

A5判　208頁　定価（本体価格1,800円＋税）

新卒求人倍率20倍超でも歯科衛生士から選ばれる医院になる！

　歯科医院で働く歯科衛生士は、看護師同様、人手不足で資格があれば働く先に困らない職種で、新卒求人倍率が25倍を超える超売り手市場となっており、歯科医院は採用と定着率の低さに悩んでいるところが多いです。
　ところが、院長の大半は患者を増やすことや治療スキルの向上には熱心なものの労務管理には無頓着な人が多いため、社労士等労務コンサルを行う人にとって、これから開拓し甲斐がある業界と言えます。
　本書は、50以上の歯科医院を顧問先にもつ「歯科労務コンサルタント」が、歯科業界の現状、採用、職場環境・労務管理の改善、評価制度導入等による定着促進等を解説します。

- 第1章　歯科医院の最新事情と課題を知る
- 第2章　人が集まる採用・募集の仕掛け
- 第3章　働きやすさと職場定着の仕掛け
- 第4章　定着と成長を促進する人材育成と人事評価
- 第5章　歯科医院に選ばれるコンサルタントになるには

お求めは、お近くの大型書店またはWeb書店、もしくは弊社通信販売係へ。
Tel：03-6858-6966　Fax：03-3862-5045　e-mail：book.order@horei.co.jp

「労働・社会保険の手続き＋関係税務」「人事労務の法律実務」を中心に、企業の労務、総務、人事部門が押さえておくべき最新情報をご提供する月刊誌です。

ビジネスガイド

https://www.horei.co.jp/bg/

開業社会保険労務士専門誌 **SR**

開業社会保険労務士のため、最新の法改正やビジネスの潮流をとらえ、それらを「いかにビジネスにつなげるか」について追求する季刊誌です。

https://www.horei.co.jp/sr

便利でお得な 定期購読のご案内

定期購読会員（※1）の特典

- 送料無料で確実に最新号が手元に届く！（配達事情により遅れる場合があります）

- 少しだけ安く購読できる！
  - ビジネスガイド定期購読（1年12冊）の場合：1冊当たり約140円割引
  - ビジネスガイド定期購読（2年24冊）の場合：1冊当たり約240円割引
  - SR定期購読（1年4冊（※2））の場合：1冊当たり約410円割引
  - 家族信託実務ガイド定期購読（1年4冊（※3））の場合：1冊当たり320円割引

- 会員専用サイトを利用できる！

- 割引価格でセミナーを受講できる！

- 割引価格で書籍やDVD等の弊社商品を購入できる！

定期購読のお申込み方法

振込用紙に必要事項を記入して郵便局で購読料金を振り込むだけで，手続きは完了します！
まずは雑誌定期購読担当【☎03-6858-6960／✉kaiin@horei.co.jp】にご連絡ください！

1. 雑誌定期購読担当より専用振込用紙をお送りします。振込用紙に、①ご住所、②ご氏名（企業の場合は会社名および部署名）、③お電話番号、④ご希望の雑誌ならびに開始号、⑤購読料金（ビジネスガイド1年12冊：11,294円，ビジネスガイド2年24冊：20,119円，SR1年4冊：5,760円）をご記入ください。

2. ご記入いただいた金額を郵便局にてお振り込みください。振込手数料はかかりません。

3. ご指定号より発送いたします。

（※1）定期購読会員とは、弊社に直接1年（または2年）の定期購読をお申し込みいただいた方をいいます。開始号はお客様のご指定号となりますが、バックナンバーから開始をご希望になる場合は、品切れの場合があるため、あらかじめ雑誌定期購読担当までご確認ください。なお、バックナンバーのみの定期購読はできません。
（※2）原則として、2・5・8・11月の5日発行です。
（※3）原則として、3・6・9・12月の28日発行です。

■ 定期購読に関するお問い合わせは・・・
日本法令 雑誌定期購読会員担当【☎03-6858-6960／✉kaiin@horei.co.jp】まで！